Jörg Wippel (Hrsg.)

Wohnbaukultur in Österreich

Jörg Wippel (Hrsg.)

Wohnbaukultur in Österreich

Geschichte und Perspektiven

StudienVerlag
Innsbruck
Wien
Bozen

© 2014 by Studienverlag Ges.m.b.H., Erlerstraße 10, A-6020 Innsbruck
E-Mail: order@studienverlag.at
Internet: www.studienverlag.at

Buchgestaltung nach Entwürfen von Kurt Höretzeder
Satz und Umschlag: Studienverlag/Maria Strobl · maria.strobl@gestro.at
Umschlagabbildungen: siehe Abbildungsverzeichnis S. 178
Redaktion: Barbara Ruhsmann, wvg Bauträger

Gedruckt auf umweltfreundlichem, chlor- und säurefrei gebleichtem Papier.

Bibliografische Information Der Deutschen Bibliothek
Die Deutsche Bibliothek verzeichnet diese Publikation in der Deutschen Nationalbibliografie; detaillierte bibliografische Daten sind im Internet über <http://dnb.ddb.de> abrufbar.

ISBN 978-3-7065-5341-4

Alle Rechte vorbehalten. Kein Teil des Werkes darf in irgendeiner Form (Druck, Fotokopie, Mikrofilm oder in einem anderen Verfahren) ohne schriftliche Genehmigung des Verlages reproduziert oder unter Verwendung elektronischer Systeme verarbeitet, vervielfältigt oder verbreitet werden.

Inhalt

Franz Fischler und Jörg Wippel
Vorwort   7

Reinhard Seiß
Land der Häuser, folgenreich!   9

Cornelia Schindler und Rudolf Szedenik – s&s architekten
Sozialer Wohnbau im 21. Jahrhundert   16

Andrea Kunnert
Vom Recht auf Wohnraum –
Definitionen von „leistbar Wohnen" und Leistbarkeitsindikatoren in Österreich   25

Jörg Wippel
Die Erneuerung österreichischer Wohn(bau)politik   35

Silvia Forlati
Geschoßwohnbau im Wandel: Ein Überblick   40

Robert Temel
Wohnbau und Städtebau in Wien   47

Hermann Knoflacher
Wohnbau als Teil eines Systems   53

Gerlind Weber
Zersiedelung – Die verkannte Zukunftsbelastung   65

Josef Mathis
Baukultur der Bürger – Best-Practice Zwischenwasser   72

Fritz Matzinger
Les Palétuviers – Von den Wurzeln des Wohnbaus   80

Maik Novotny
Lichtblicke im Hindernisparcours – Vom Entwurf zur gebauten Realität   92

Christian Aulinger
Reform Wohn(bau)politik en détail – Schauplatz Normungswesen   102

Erich Raith
Gebäudetypologie als Thema der Stadtentwicklung　　　　　　　　　　　　　109

Rainer Münz
Das Österreich von morgen: Für wen wo gebaut werden muss　　　　　　　121

Neslihan Turan-Berger
Wohnpolitik ist Integrations- und Diversitätspolitik　　　　　　　　　　　128

Christian Donner
Zeitgemäße Wohnungspolitik – Sozial orientiert und ökonomisch effizient　　137

Barbara Ruhsmann
Die Wohnrechtsdebatte – Intro　　　　　　　　　　　　　　　　　　　142

Anton Holzapfel und Udo Weinberger
Mietrecht Österreich in Vergangenheit, Gegenwart und Zukunft –
Die Sicht der Immobilienwirtschaft　　　　　　　　　　　　　　　　　143

Michaela Schinnagl und Martin Schmid
Österreichisches Mietrecht im Wandel der Zeit – Geschichte und Perspektiven　155

Barbara Ruhsmann
„Re:think | Wohn.Bau.Politik." Ein Innovationslabor　　　　　　　　　　165

Marlies Felfernig, Christian Fölzer, Renate Hammer, Andrea Jany
Wohnbedürfnisse – Was wir wirklich brauchen　　　　　　　　　　　　170

Die Autorinnen und Autoren　　　　　　　　　　　　　　　　　　　175

Abbildungsverzeichnis　　　　　　　　　　　　　　　　　　　　　　178

Vorwort

Die österreichische Wohnbaukultur ist vielfältig und im europäischen Vergleich von herausragender Qualität. Der soziale Wohnbau Wiens hatte zu Beginn des 20. Jahrhunderts eine Leuchtturmfunktion, und die Versorgung der Bevölkerung mit Wohnraum findet bis heute auf hohem Niveau statt.

Dass es dennoch notwendig und geboten ist, den österreichischen Wohnbau und die dazugehörige Politik zu überdenken, soll diese Publikation zeigen. In dem Systemkomplex Wohnen – Wohnbau – Wohnpolitik bilden sich in sehr konkreter Weise gesellschaftliche Tendenzen und Problemfelder ab, wie etwa Vereinsamung als Folge von Zersiedelung und monofunktionaler Strukturen oder die in ihrem ganzen Ausmaß noch gar nicht erfassten ökologischen, sozialen und ökonomischen Folgekosten einer Infrastrukturpolitik, die jahrzehntelang auf den Fetisch Auto ausgerichtet war. Es ist höchste Zeit, dass die 1. Generation an Raumordnungsgesetzen, die aus den frühen 1960er Jahren stammt, die technischen Bauvorschriften, das Wohnrecht und die Wohnbauförderung neu gedacht und an die Erfordernisse unserer Zeit angepasst werden. Bei allem Verständnis für den Traum vom Eigenheim muss breitenwirksam kommuniziert werden, welche volkswirtschaftlichen Folgen Zersiedelung, verschwenderischer Umgang mit der wertvollen Ressource Boden und mangelnde infrastrukturelle Einbettung von Wohn(t)räumen nach sich ziehen.

Die funktionale Trennung von Wohn- und Arbeitswelten, die enorme Zunahme des Individualverkehrs, die Wirkungskraft der Globalisierung – das alles hat seit der Mitte des 20. Jahrhunderts dazu geführt, dass alte lokale Zentren oft im wahrsten Sinne des Wortes „unter die Räder" gekommen sind, Ortskerne zu veröden begannen, Plätze und Straßen nicht mehr Orte der Begegnung, sondern des Transits geworden sind. Seit einiger Zeit sind aber gegenläufige Tendenzen bemerkbar. Das Zusammen-Denken von Wohnen und Wohnumfeld wird längst nicht mehr ausschließlich von Experten propagiert. Engagierten Bürgerinnen und Bürgern ist vermehrt daran gelegen, selbst zu gelungener Baukultur in all ihren Facetten beizutragen.

Die Motivation zu diesem Buch ist während der Alpbacher Baukulturgespräche der letzten Jahre gewachsen. Wir wollen für die österreichische Wohn-, Bau- und Raumordnungspolitik neue, kritische und weiterführende Impulse generieren. Dabei treten Wissenschaft und Praxis miteinander in Dialog, Spannungsfelder werden interdisziplinär analysiert und diskutiert. Es eint uns die Ansicht, dass es hoch an der Zeit ist, Fehlentwicklungen in der Raum- und Siedlungsentwicklung aufzuzeigen und Best-Practice-Beispiele ausfindig zu machen, die als repräsentative Beispiele einer neuen österreichischen Baukultur dienen können.

Die vorliegende Publikation zeigt – in guter interdisziplinärer Alpbacher Tradition – Entwicklungen österreichischer Wohnbaukultur vom Beginn des 20. Jahrhunderts bis in die Gegenwart auf und skizziert die Baustellen heutiger und zukünftiger Wohnbaupolitik. Wir dürfen uns bei allen Autorinnen und Autoren dieser Publikation sehr herzlich für die Zusammenarbeit bedanken. Allen Leserinnen und Lesern wünschen wir eine gewinnbringende Lektüre. Möge dieses Buch ein wenig dazu beitragen, alle Akteure im österreichischen Wohnbaugeschehen zu mutigem, zukunfts- und damit verantwortungsbewusstem Handeln zu ermuntern!

Franz Fischler
Präsident, Europäisches Forum Alpbach

Jörg Wippel
Geschäftsführer, wvg Bauträger

Reinhard Seiß

Land der Häuser, folgenreich!

Wie wir Österreicher wohnen, ist nicht nur durch Kultur und Lebensstil, Traditionen und Moden geprägt – Gesetze und Verordnungen, Steuern und Förderungen bestimmen unsere Wohn- und Siedlungsformen mindestens ebenso sehr. Soll sich an der landläufigen Wohnbaupraxis etwas ändern, bedarf es neben einer anderen Wohnbaupolitik auch eines neuen Verständnisses von Raumordnungs-, Verkehrs- und Finanzpolitik.

80 Prozent der Österreicher träumen vom freistehenden Einfamilienhaus im Grünen – oder haben sich den Traum bereits erfüllt. Dabei stellt sich diese Wohnform oft als nur zeitlich begrenztes Ideal heraus. Längst kennt die Immobilienbranche den Begriff des Scheidungshauses, das für keinen der beiden ehemaligen Lebenspartner mehr finanzierbar ist und daher zu Schleuderpreisen verkauft werden muss. Aber auch im Falle intakter Familien erweisen sich die 100, 150 oder gar 200 Quadratmeter Wohnfläche als viel zu groß, sobald die Kinder ausgezogen sind. Und die Grundrisse sind nur selten so konfiguriert, dass ein Teil des Hauses problemlos vermietet werden könnte. Für ältere Menschen ist die Erhaltung eines solchen Gebäudes nicht nur teuer, sondern auch zunehmend mühsam – ganz zu schweigen vom großen Garten und dem Swimmingpool. Ja, auch als eiserne Reserve taugt diese Form des Eigenheims vielerorts nur bedingt, zumal kaum eine Immobilie einem größeren Wertverlust unterliegt als ein Einfamilienhaus in peripherer Lage.

Die größte Hypothek ist in vielen Fällen aber die Abhängigkeit vom Auto, zumal das Häuschen im Grünen üblicherweise nicht in fußläufiger Entfernung von Kindergarten, Schule, Arzt oder Supermarkt steht und ebenso wenig von Bus und Bahn erschlossen ist. Das heißt für Familien mit Kindern, dass zumindest ein Elternteil regelmäßig mit dem Bringen und Holen der Sprösslinge beschäftigt ist. Das bedeutet in Haushalten mit drei bis vier Erwachsenen in der Regel auch das Vorhandensein von drei bis vier Pkw und die damit verbundenen Kosten. Und das verurteilt Menschen, die aufgrund von Krankheit oder Alter nicht mehr Autofahren können, zur Immobilität – die auch kaum durch Nachbarschaftshilfe oder verwandtschaftliche Unterstützung zu kompensieren ist: Soziologische Untersuchungen belegen quasi seit Beginn der „Verhüttelung" Österreichs in den 1960er Jahren, dass die Vereinsamung der Menschen nirgendwo größer ist als in den klassischen Einfamilienhaussiedlungen.

Warum erfreut sich diese Wohnform aber dennoch unverändert breiter Beliebtheit? Einerseits wohl, weil viel zu wenig über attraktive Alternativen bekannt ist – und diese von der Bauwirtschaft kaum angeboten und von der Wohnbaupolitik zu wenig gefördert werden. Andererseits erfährt das Eigenheim mit Garten in der Öffentlichkeit eine permanente Imagepflege. Hermann Maier lebt in den Werbespots seiner Bausparkasse nicht etwa in einer Reihenhausanlage, sondern im freistehenden Einfamilienhaus. Und in jedem Fernsehfilm wohnen die Guten, Schönen und Erfolgreichen im Cottageviertel, die Bösen, Verwahrlosten und Gescheiterten dagegen in der Großsiedlung. Freilich ist es nicht die Aufgabe von ehemaligen Ski-Stars oder Drehbuchautoren, für eine Trendwende im heimischen Wohnbau zu sorgen.

Dies läge vor allem in der Verantwortung der Politik, zumal des Österreichers vermeintliches Wohnglück einen wahren Schadensfall für die Allgemeinheit bedeutet – in ökologischer wie in ökonomischer Hinsicht: Es ist für den immensen Flächenverbrauch und die Zersiedlung unseres Landes ebenso mitverantwortlich wie für den weltweit neunthöchsten Motorisierungsgrad samt aller Folgen für Umwelt und Klima. Die Erschließung der Einfamilienhausgebiete mit Straßen, Strom, Gas, Wasser oder Kanalisation kostet die öffentliche Hand ein Vielfaches im Vergleich zu kompakten Siedlungsformen. Und dasselbe gilt für die soziale Versorgung – seien es Kindergarten- und Schulbus, seien es „Essen auf Rädern" oder mobile Pflegedienste.

Nun ist es aber nicht unbedingt so, dass die Entscheidung der Bürgerinnen und Bürger, wo und wie sie wohnen, „naturgegeben" ist. Eine Vielzahl von Einflussfaktoren, die aufs Erste überhaupt nichts mit dem Thema Wohnen zu tun haben, machen das freistehende Einfamilienhaus für alljährlich Tausende zur logischen Konsequenz. Das beginnt bei den Bürgermeistern. Auch wenn es banal klingen mag: Allein schon der Anreiz, die Amtsgeschäfte ab einer bestimmten Gemeindegröße haupt- oder zumindest nebenberuflich und nicht mehr quasi ehrenamtlich führen zu können, animierte so manches Gemeindeoberhaupt zu einer recht großzügigen Flächenwidmung und Bebauungsplanung abseits lästiger raumplanerischer Zielsetzungen ebenso wie zu einem verschwenderischen Umgang mit öffentlicher Infrastruktur – nur um den Zuzug von Bürgern zu begünstigen. Denselben Effekt erzeugen die Zuwendungen aus dem Finanzausgleich, die sich nach der Einwohnerzahl einer Gemeinde richten: Die Kommunen werden dafür belohnt, neue Bewohner zu gewinnen – unabhängig von ihrer Eignung als Wohnstandort.

Dieser Konkurrenzkampf um Bürger und damit um öffentliche Gelder führt dazu, dass kaum eine Gemeinde ihre Bauwilligen zu flächensparenden oder gar verdichteten Bebauungsformen anhält, dass viele Kommunen darauf verzichten, den „Häuslbauern" die wahren Infrastrukturkosten in Rechnung zu stellen, dass Bürgermeister davor zurückschrecken, Baulandüberhang rückzuwidmen oder Baulandhortung zu besteuern. So werden bis heute quer durch ganz Österreich Baufelder von 800 bis 1.000 Quadratmetern parzelliert und Bebauungspläne mit ausschließlich offener Bebauungsweise beschlossen. Die Folge sind weitläufige Siedlungsgebiete, oft ineffizient genutzt und weitab von den Gemeindezentren sowie vom öffentlichen Verkehr. Und da die Grundstücke – abgesehen von den so genannten Speckgürtelgemeinden im Umland der Städte – in solchen Lagen nach wie vor relativ günstig sind, finden sie auch weiterhin ihre Abnehmer.

Instrumente, um dieser Vergeudung von Landschaft und Boden sowie öffentlicher Erschließung ein Ende zu setzen, gäbe es zum einen im Bereich der Raumordnung – was allerdings ein Abgehen von der bisherigen Willfährigkeit der Landespolitik gegenüber den Gemeinden bedingen würde: Übergeordnete Vorgaben der Regionalplanung könnten der Zersiedlung längst Einhalt gebieten und die Ortskerne wieder stärken. Eine Reform der Raumordnungsgesetze, Bauordnungen und Stellplatzverordnungen wiederum könnte das freistehende Einfamilienhaus mit Doppelgarage von der Norm zum Ausnahmefall machen. Zum anderen könnten Bund und Länder durch finanzpolitische Maßnahmen eine nachhaltigere Siedlungsentwicklung mit zukunftstauglicheren Wohnformen erwirken: sei es durch die Reform des Finanzausgleichs oder der Siedlungsinfrastrukturfinanzierung, sei es durch eine zeitgemäße Bemessung der Grundsteuer. Diese setzt bekanntlich nicht beim realen Verkehrswert eines Grundstücks an, sondern beim so genannten Einheitswert, der seit 1973 nicht mehr valorisiert wurde, und gewährt ausgerechnet Grundstücken mit Einfamilienhäusern noch weitere Abschläge. Ihre Anhebung und selektive Handhabung – etwa eine spürbar höhere Besteuerung von großen und abgelegenen Baugrundstücken – könnte der klassischen 1.000-Quadratmeter-Parzelle schlagartig ihren Reiz nehmen und verdichtete Bebauungsformen für viele attraktiv machen.

Eine zentrale Rolle bei der Gestaltung des Wohnbaus nimmt natürlich die Wohnbauförderung ein, zumal gut drei Viertel des heimischen Wohnbauvolumens auf diese Weise staatlich unterstützt werden. Damit hat sich diese Sozialleistung längst zu einer Mittelstandsförderung entwickelt – was, so lange der Staat es sich leisten kann, keineswegs als Verschwendung zu werten ist: Der hohe Anteil an geförderten Wohnungen wirkt vor allem in den Siedlungsschwerpunkten dämpfend auf das Wohnungspreisniveau, sodass das Leben in den Ballungsräumen hierzulande nach wie vor günstiger ist als in vergleichbaren Ländern, wo ein freier Wohnungsmarkt herrscht, der auch Durchschnittsverdiener vor Leistbarkeitsprobleme stellt.

Allerdings verabsäumte es die Politik über Jahrzehnte, die Wohnbauförderung an die Anforderungen einer nachhaltigen Siedlungsentwicklung anzupassen, sodass sie von Wissenschaftern längst als umweltkontraproduktiv eingestuft wird. Mangels Koppelung an städtebauliche, raumplanerische und verkehrspolitische Ziele hat die Wohnbauförderung massiv zur Suburbanisierung unserer Städte beziehungsweise zur Zersiedlung unserer Kulturlandschaft beigetragen. Während für ihre Vergabe inzwischen strenge Auflagen hinsichtlich der Heiz- und Haushaltsenergieeffizienz eines Hauses bestehen, spielen Bodenverbrauch, Standorteignung oder Erschließungsqualität nach wie vor kaum eine Rolle. Dabei kann ein noch so gut gedämmtes Haus mit fortschrittlichster Haustechnik niemals jene Energie einsparen, die bei Abhängigkeit des Wohnstandorts von einem Auto für die Mobilität der Bewohner aufgewendet wird – und erst recht nicht, wenn ein Haushalt zwei oder drei Pkw benötigt.

So unterscheidet die Wohnbaupolitik kaum zwischen einem freistehenden Einfamilienhaus auf 1.000 Quadratmetern Grund, fernab jeglicher Infrastruktur, und einem Reihenhaus auf 250 Quadratmetern in zentraler Lage. Die einzige nennenswerte Ausnahme stellt hier das Land Tirol dar, dessen Wohnbauförderung angesichts der topographisch bedingten Baulandknappheit auf eine bodensparende Siedlungsentwicklung abzielt und verdichtete Bauweisen auf Grundstücken von maximal 400 Quadratmetern belohnt: Während die herkömmliche Eigenheimförderung je nach Haushaltsgröße bei 21.000 bis 34.000 Euro liegt, kann das Förderdarlehen bei Verbauung einer Parzelle von nur 200 Quadratmetern bis zu 123.000 Euro betragen.

Die Reformversuche anderer Bundesländer zielen zwar ebenfalls in die richtige Richtung, vermögen aber mangels Konsequenz keine wirkliche Trendwende einzuleiten. So gewährt das Burgenland im Rahmen der Wohnbauförderung einen Ortskernzuschlag von bis zu 10.000 Euro, und Kärnten bietet im Bemühen um eine kompakte Siedlungsentwicklung eine erhöhte Sanierungsförderung in Ortskernen an. Die knappen Wohnbaufördermittel des Landes Steiermark fließen heute überwiegend in den Geschoßwohnungsbau, wobei jede Fördervergabe von einer Standortbeurteilung der Landesraumordnung abhängt. Während in anderen Bundesländern die Ressorts Planung und Wohnbau oft nebeneinander herlaufen, erfolgt in der Steiermark eine im Wohnbauförderungsgesetz verankerte Zusammenarbeit am so genannten „Wohnbautisch", an dem die Ziele der Wohnbaupolitik mit jenen der Raumordnung sowie des Orts- und Landschaftsbildschutzes in Übereinstimmung gebracht werden.

Im Grunde dürften freistehende Einfamilienhäuser aber überhaupt nicht mehr gefördert werden, zumal es sich hierbei um die volkswirtschaftlich teuerste Siedlungsform handelt, die ohnehin auf meist billigem Grund entsteht. Jede weitere Subvention verstärkt die finanzielle Bevorzugung solch ineffizienter Verbauung der Peripherie nur noch weiter gegenüber einer kompakten Bebauung der Zentren. Wie groß aber die politischen Widerstände gegen eine zukunftsorientierte Wohnbauförderung sind, zeigt allein das bisherige Scheitern aller Forderungen, die 2008 auf Drängen der Länder aufgehobene Zweckbindung der Fördermittel wiederherzustellen. Was Architekten-, Wirtschafts- und Arbeiterkammer, Gewerkschaften, Wohnbauträger und Bausparkassen inzwischen unisono fordern, prallt an jenen Landespolitikern, die die vom Bund alljährlich überwiesenen Millionen auch für andere Zwecke als den Wohnbau, namentlich für das „Stopfen von Budgetlöchern", verwenden, bis dato ab.

Geradezu beschämend fällt vor diesem Hintergrund der Vergleich mit anderen europäischen Staaten aus. In den Niederlanden sind Wohnbau- und Raumordnungspolitik auf nationaler Ebene angesiedelt. So sind Kommunen und Regionen in ihrer Siedlungsentwicklung alles andere als autonom. Der Staat teilt den Gemeinden beziehungsweise Gemeindeverbänden je nach ihrer Standortqualität Wohnbaukontingente zu. Für Wohnbau geeignete Grundstücke werden erst dann in Bauland umgewidmet, wenn sie bereits im Eigentum der Kommunen oder einer Wohnbaugesellschaft sind. Falls von den Bauträgern Wohnbauförderung in Anspruch genommen wird, verknüpft der Staat damit auch klare inhaltliche Vorgaben – etwa zum Verhältnis von Miet- und Eigentumswohnungen, zum Anteil von Sozialwohnungen oder zur Anzahl von Wohnungen für spezielle Bevölkerungsgruppen. Mit dieser Politik gelang es, den Bodenverbrauch möglichst gering zu halten und den Menschen dennoch ihr individuelles Wohnglück zu ermöglichen: In den niederländischen Ballungsräumen stehen Reihenhäuser auf 150 Quadratmetern Grundfläche.

In Deutschland wiederum wurde die „Eigenheimförderung" des Bundes, eine Möglichkeit zur Steuerabschreibung beim Erwerb von neuem Wohnungseigentum, im Jahr 2005 abgeschafft. Geblieben sind die Wohnraumförderungsprogramme der Länder: Das sind zinslose Darlehen, die – wie etwa in Nordrhein-Westfalen – ganz bewusst auch zur Steuerung der Siedlungsentwicklung eingesetzt werden. So ist es das vorrangige Ziel der Wohnungs- und Städtebaupolitik des Bauministeriums in Düsseldorf, die Wohnbautätigkeit in den stagnierenden Großstädten zu konzentrieren. Dazu wird zur Grundförderung von 20.000 bis 45.000 Euro ein so genannter Stadtbonus in Höhe von weiteren 20.000 Euro gewährt, wenn Wohnraum in einer der 32 Städte des Landes geschaffen wird. Darüber hinaus genießt die Sanierung von Wohnungsbestand Vorrang gegenüber Wohnungsneubau.

Eine schwerwiegende Auswirkung auf die Wohnentscheidung der Österreicher und damit auf die Siedlungsstruktur unseres Landes hat auch die Verkehrspolitik. Die jahrzehntelange direkte wie indirekte Subventionierung des Autoverkehrs hat das suburbane Wohnen – aber auch das Einkaufen und Arbeiten im Stadtumland – in der heutigen Dimension überhaupt erst ermöglicht. Trotz Kfz- und Benzinsteuern, trotz Vignette, Maut und Parkgebühren werden die Kosten des motorisierten Individualverkehrs zu einem großen Teil von der Allgemeinheit getragen – zumal nicht nur die Ausgaben für Straßenausbau und -sanierung zu Buche schlagen, sondern beispielsweise auch die Folgekosten von Autounfällen oder Umweltschäden, ebenso wie das viel zu günstige, meist aber kostenlose Parken im öffentlichen Raum.

Dazu kommen steuerliche Vergünstigungen, sei es für Pendler, sei es für Inhaber von Firmenautos, die in erster Linie jene lukrieren, die in den so genannten Speckgürteln der Städte wohnen. So hat Wiens Nachbarbezirk Mödling – und nicht etwa die Grenzlandbezirke Gmünd oder Zwettl – den höchsten Anteil an Beziehern der Pendlerpauschale. Gleichzeitig ist Mödling der wohlhabendste Bezirk Österreichs, was die Pendlerförderung nicht nur siedlungs- und verkehrspolitisch, sondern auch sozialpolitisch in Frage stellt. Denn faktisch belohnt der Staat jene, die es sich leisten können, sich in großer Entfernung von ihrem Arbeitsplatz anzusiedeln und den täglichen Weg dorthin per Auto zurückzulegen.

Mindestens so wichtig, wie all diese Begünstigungen der Zersiedlung zu stoppen, wäre es, die Ursachen dafür zu beheben, dass alljährlich Tausende Österreicher den Städten ihren Rücken kehren und „aufs Land" ziehen. Kein anderer Teilraum verzeichnet so hohe Bevölkerungszuwächse wie das jeweilige Umland von Wien, Graz, Linz, Salzburg oder Innsbruck. Unsere Städte bieten vor allem Familien mit Kindern nach wie vor kein optimales Wohnumfeld. Doch auch für andere Bevölkerungsgruppen schwindet der Reiz des Lebens in den Zentren, zumal diese mehr und mehr an Urbanität verlieren und in reine Wohn-, Einkaufs-, Büro- und Gewerbegebiete zerfallen. Warum also noch in der Stadt leben, wenn auch hier vieles nur mehr mit dem Auto zu erreichen ist?

Nicht zuletzt ist die anhaltende Stadtflucht eine unübersehbare Kritik am städtischen Wohnungsangebot an sich und somit an den dafür verantwortlichen Politikern, Beamten, Bauträgern und Architekten. In diesem Land, begnadet für das Schöne, herrscht auf der einen Seite viel zu wenig Bewusstsein für die Hässlichkeit all dessen, was per definitionem gar nicht unter Architektur fällt: banale Gewerbehallen und Bürokomplexe, Einkaufszentren und Supermärkte samt ihrer weitläufigen Parkplätze, Lärmschutzwände und jede Art von Werbeträgern im öffentlichen Raum. Auf der anderen Seite wird das, was mit baukünstlerischem Anspruch entworfen und von Jurys, Gestaltungsbeiräten, Bauausschüssen und Fachmagazinen kritisiert, kontrolliert und reflektiert wird, viel zu sehr nach Äußerlichkeiten beurteilt. Gerade im Wohnbau scheint dies aber zu kurz zu greifen: Auch wenn sich die Gestalt der Fassaden dem Geschmack der Zeit folgend periodisch verändert, ist dahinter seit Beginn des industrialisierten Bauens in den 1960er Jahren im Wesentlichen alles gleich geblieben.

Wir reden zwar permanent von den Veränderungen der Gesellschaft und ihres Mobilitäts-, Arbeits-, Freizeit- oder Konsumverhaltens, wir freuen uns über die Renaissance des Wohnens in der Stadt und die Wiederbesinnung auf den öffentlichen Raum, bleiben die überfälligen Verbesserungen im Planen, Bauen und Gestalten auch und gerade im Wohnbau sowie im Wohnumfeld aber bislang mehrheitlich schuldig. Und auch hier hinken die Gesetze und Verordnungen, die Förderungen und Verfahren den architektonischen, städtebaulichen und freiraumplanerischen, den ökologischen und sozialen Zielsetzungen hinterher.

So sind etwa in Wien die unsäglichsten Wohnbau- und Stadtentwicklungsprojekte der letzten zwei Jahrzehnte maßgeblich durch Wohnbaufördermittel ermöglicht, von den namhaftesten Architekten geplant und durch keinen auch noch so ambitionierten Bauträgerwettbewerb verhindert worden: seien es die Wienerberg City – ein dicht gestaffelter Hochhaus-Cluster bar jeder Freiraumqualität und abseits eines auch nur halbwegs akzeptablen öffentlichen Verkehrsmittels – oder Monte Laa – ein ebenso abgelegenes, monofunktionales Wohnquartier direkt über der meistbefahrenen Autobahn Österreichs; seien es die Wohnungen in der und um die Gasometer City, die mit den Qualitätskriterien des sozialen

Wohnbaus vergangener Jahrzehnte ebenso brechen, wie die einander beschattenden Hochhäuser im Wohnpark Alte Donau. Dutzende weitere banale Wohnquartiere, insbesondere in den großen Stadterweiterungsgebieten, zeigen, dass es für die Vergabe der Fördermittel sowie für die Qualifizierung der Projektentwicklung und -planung deutlich bessere Instrumente braucht, als dies bisher der Fall war – sprich: Kriterien, die auf einen ganzheitlich attraktiven Wohn-, ja, Lebensraum in urbanen, zukunftstauglichen Stadt- und Siedlungsstrukturen abzielen.

Ebenso müssten Österreichs Bauordnungen auf kontraproduktive Regelungen, die urbane Lebensqualität verhindern, hin durchforstet werden, wie dies aktuell im Zuge der Novellierung der Wiener Bauordnung[1] zumindest ansatzweise geschieht: Die Genehmigung straßenseitiger Balkone bietet ebenso Chancen zur Aufwertung städtischer Wohnbauten wie die mögliche Verordnung großzügiger Geschoßhöhen in den Sockelzonen. Und die Reduzierung der erforderlichen Mindeststellplatzzahl senkt nicht nur die Wohnbaukosten, sondern bedeutet auch einen ersten kleinen Schritt zu einer autounabhängigeren und damit lebenswerteren Stadt.

Ein enormes rechtliches Manko hingegen weist ganz Österreich nach wie vor im Bereich Bodenpolitik auf, was insbesondere den Wohnbau in den Städten immens verteuert: So lange die öffentliche Hand das knappe Gut Bauland im Zuge seiner Widmung um ein Vielfaches verteuert, indem sie den Widmungsgewinn dem Grundstückseigentümer zugesteht, ist es geradezu zynisch, wenn die Politik leistbares Wohnen durch Verkleinerung der Wohnflächen oder Senkung von Qualitätsstandards einfordert.

Im Sinne der sozialen Treffsicherheit der Wohnbaupolitik wäre zu klären, ob im städtischen Wohnbau weiterhin auch Eigentumswohnungen gefördert oder die immer knapperen Gelder auf den Bau von Miet- und Genossenschaftswohnungen konzentriert werden sollten. Ebenso denkbar wäre, die Förderung auf gemeinnützige Wohnbaugesellschaften sowie Baugruppen zu beschränken – und gewerbliche, gewinnorientierte Bauträger auf den freien Markt zu entlassen. Gleichzeitig müssten die Ziele der Wohnbaupolitik noch viel stärker mit jenen der Stadtplanungs- und Verkehrspolitik akkordiert werden, zumal der Wohnbau der Motor der Stadtentwicklung ist – und nur eine nachhaltige Stadtentwicklung hohe Wohn- und Lebensqualität in den Ballungsgebieten ermöglicht.

Auch hier gibt es erste, oft noch zögerliche, aber dennoch ermutigende Ansätze: In Vorarlberger Städten etwa erhalten Wohnbauprojekte ab 25 Wohneinheiten nur dann Wohnbauförderung, wenn im Zuge des Bauvorhabens eine so genannte Quartiersbetrachtung erfolgt, in deren Rahmen ein Mehrwert für das gesamte Quartier und alle Betroffenen geschaffen wird. Projekte wie die Verbauung der Gewerbebrache „In der Birkenwiese" in Dornbirn oder das neue Viertel „Am Garnmarkt" in Götzis stehen bereits für dieses Mehr an immobilienwirtschaftlicher Verantwortung. Dornbirn ist darüber hinaus die erste Stadt, die die Novelle des Vorarlberger Baugesetzes dahingehend nutzt, für Neu- und Umbauten im Nahbereich von Bahnhöfen eine Höchststellplatzzahl festzulegen – auch für Wohnbauten.

Den Landeshauptstädten Salzburg und Innsbruck wiederum gelingt es durch ihre selbstbewusste Planungspraxis – an der Salzach mit einem zweistufigen Bebauungsplan und der obligatorischen Architekturbegutachtung für jedwede Baumaßnahme, am Inn mit verpflichtenden Wettbewerben und zivilrechtlichen Qualitätssicherungsverträgen – seit Jahren, die Bauträger zur Umsetzung der wohnbau- und planungspolitischen Zielvorstel-

---

[1] Die neue Bauordnung des Landes Wien trat im Juli 2014 in Kraft.

lungen zu drängen. Bemerkenswert daran ist, dass sich die lokalen Akteure aus Planung und Bau in beiden Städten bald mit den gesteigerten Anforderungen arrangiert haben. Dies zeigt, dass Veränderungen eingefahrener Denk- und Handlungsweisen oft nur zu Beginn auf Widerstand stoßen, vor allem wenn rasch klar wird, dass die Neuerungen Verbesserungen bedeuten – Verbesserungen für alle. In solchen Fällen scheint dann auch denkbar, dass sich der Wohntraum der Österreicher wandelt – und ihr Idealbild von einem zufriedenen Leben mehr mit den Anforderungen unser aller Gegenwart und Zukunft übereinstimmt, als das bislang der Fall ist.

Cornelia Schindler und Rudolf Szedenik – s&s architekten

Sozialer Wohnbau im 21. Jahrhundert

In diesem Text werden weder beide Geschlechter unter dem grammatikalisch-männlichen subsumiert, noch wird das Binnen-I zur Kennzeichnung beider Geschlechter verwendet. Vielmehr wechseln wir im Text häufig und unsystematisch zwischen der weiblichen und der männlichen Form, um das Vorhandensein beider Geschlechter deutlich zu machen.

Allgemeines

Über Sozialen Wohnbau zu schreiben, ist ohne die Vorstellung, was wir uns gesellschaftlich von diesem Wohnbau erwarten, nicht möglich. Diese persönliche Vorstellung wird sich daher im folgenden Text wiederfinden. Die Autoren beschäftigen sich seit Jahrzehnten intensiv mit dem Sozialen/geförderten Wohnbau in Wien, sowohl als Planer, aber auch im Grundstücksbeirat und in Jurys. Der vorliegende Artikel befasst sich daher mit Wohnbau in urbanen Räumen und speziell mit der Situation in Wien.

Die gesellschaftlichen Bedingungen ändern sich laufend, sowohl die Bedingungen derer, die den Wohnbau ermöglichen und produzieren, als auch derer, die in diesen Bauten leben. Die Frage, die sich immer wieder neu stellt, ist: Was beabsichtigen wir mit dem Sozialen Wohnbau? Diese Frage betrifft alle an der Entstehung des Wohnbaus Beteiligten wie: Wohnbau- und Finanzpolitik, Banken, Gesetzes- und Normengeberinnen, Stadt- und Verkehrsplanerinnen, Bauträger, Architektinnen, Landschaftsplaner und viele mehr.

Vorrangig assoziieren wir mit dem Begriff „Sozialer Wohnbau" die ökonomischen Bedingungen dieses Wohnbaus. Und zwar die ökonomischen Bedingungen seiner Produktion und die ökonomischen Bedingungen seiner Bewohnerinnen. Die Betrachtung der ökonomischen Umstände ist zwar eine Grundvoraussetzung, greift allerdings zu kurz, wenn sie andere Aspekte vernachlässigt. Denn nimmt man den Begriff „sozial" in seiner gesellschaftlichen Bedeutung ernst, so wird klar, dass neben der Ökonomie Themen wie Ökologie, Stadtgefüge und Stadtbild, Wohn- und Wohnumfeldqualität, Sicherheit, Möglichkeiten des Miteinander-Lebens, Möglichkeiten der persönlichen Entfaltung etc. wichtige Themen sind. Nur unter Einbeziehung der ganzen Bandbreite der Aspekte kann es gelingen, „Sozialen Wohnbau" zu ermöglichen, der diesen Namen auch verdient.

Stadt – Wohnbau

Da der Wohnbau sehr große Teile einer Stadt ausmacht, ist er auch in sehr hohem Maß für das mitverantwortlich, was die Stadt *ist*. Es herrscht Konsens darüber, dass Wohnen und Wohnnebenfunktionen noch keine lebendige Stadt ergeben. Die funktionale Durchmischung von Stadtquartieren ist nur ein Aspekt eines Lösungsansatzes. Wir suchen daher im Wohnbau nach Lösungen, auch in den Wohngebäuden selbst, gemischte Nutzungen anzubieten. Vorrangig bieten sich Erdgeschoße, mit Lagen am öffentlichen Raum, für Sondernutzungen an. Ein Problem dabei ist aber, dass das Verwertungsrisiko auf die Wohnbauträger abgewälzt wird. Ein zweites Problem ist, dass der Bedarf an Sondernutzungen in Neubaugebieten erst einige Jahre nach Erstbesiedlung entsteht. Dann aber stehen diese Flächen nicht mehr zur Verfügung, weil sie, um Leerstände zu vermeiden, bereits als Wohnungen vermietet sind. Der Soziale Wohnbau in Wien unterliegt sehr starren gesetzlichen Rahmenbedingungen, die, auch wenn die Gebäudestruktur es ermöglichen würde, kein flexibles Handeln zulassen. Es wäre dringend nötig, die Gesetzeslage dahingehend zu ändern, dass Wohnen gemischt mit anderen Nutzungen flexibel, d. h. nachhaltig veränderbar, möglich wird. Den Gedanken der Durchmischung fortzusetzen und ihn nicht nur auf Erdgeschoßflächen zu beschränken, sondern auf gesamte Gebäude (hybride Gebäude) zu erweitern, scheint sehr sinnvoll. Das ist allerdings leider, wegen diverser legistischer Hindernisse, weit entfernt von einer machbaren Realität.

Ein heikles und kontroversiell diskutiertes Thema ist die für den Wohnbau verträgliche Dichte. Wien ist eine wachsende Großstadt und höhere Dichten sind unter einigen Aspekten sinnvoll und notwendig. Sehr hohe, vielleicht zu hohe, Dichten entstehen aber oft aufgrund eines rein ökonomischen Drucks, bedingt durch zu hohe Grundstückspreise. Ohne hier auf Details eingehen zu können, sind wir aber der Meinung, dass Dichte im Bereich des Wohnbaus diskutiert werden muss und nicht nur ein Ergebnis des Grundstückspreises sein kann.

Ökonomie

Ökonomisch handelt es sich in der Produktion des Sozialen Wohnbaus um die Schaffung von Wohnraum unter der Voraussetzung, dass sein Wert (Grundstück und Gebäude) weitgehend den Spielregeln des gewinnorientierten Marktes entzogen ist. Denn nur dadurch kann leistbarer, dem sozialen Gedanken verpflichteter Wohnraum geschaffen werden.

Die Diskussion, welche Bevölkerungsschichten Zugang zum Sozialen Wohnbau haben sollen, wird teilweise kontrovers geführt. Die derzeit in Österreich praktizierte Lösung, dass der Soziale Wohnbau einer breiten Bevölkerungsschicht, von ökonomisch schwachen Haushalten bis hinein in den Mittelstand, zur Verfügung steht, ist sehr zu begrüßen und garantiert die soziale Durchmischung in den Wohngebäuden, aber auch in den Stadtquartieren. Das System Sozialer Wohnbau in Wien soll sich diesen „Luxus" unbedingt auch in Zukunft leisten. Wie man in anderen Städten beobachten kann, hätte es fatale Folgen, würde man diese Praxis verlassen. Zahlreiche andere europäische Städte haben beträchtliche Probleme mit Segregation und Gettobildung. Das Außer-Acht-Lassen der Folgen, die monostrukturierte gesellschaftliche Gruppen in den Wohnsiedlungen und in den Stadtteilen auslösen können, führt zu sozialem Unfrieden. Darüber hinaus verursachen Segregation und Getto mehr Kosten als die Förderung des Mittelstandes.

Der Soziale Wohnbau in Wien schafft nicht nur Wohnraum für ökonomisch unterschiedliche Bevölkerungsgruppen, er ist das „Flaggschiff" für den Wohnbau an sich. Er gibt Standards vor und versucht immer wieder, sich in Pilotprojekten mit unterschiedlichen gesellschaftlichen, ökologischen und anderen Themen auseinanderzusetzen. Da sich der Wiener Wohnungsneubau vorrangig im Spektrum des Sozialen Wohnbaus befindet, muss sich der Freifinanzierte Wohnbau, wenn auch in einigem Abstand, an diesen Standards orientieren.

Heute erleben wir aber eine bedenkliche Entwicklung. Seit Jahren werden wegen sinkender bzw. nicht steigender Wohnbauförderungsbudgets zu wenige geförderte Wohnungen gebaut. Der Versuch, dieses Defizit durch Wohnraumschaffung in der Wohnbauinitiative[2] (Mittelding zwischen gefördert und freifinanziert) zu verringern, ist nur teilweise geglückt. Faktum ist, dass zu wenige Wohnungen gebaut werden, was dem Freifinanzierten Wohnbau Auftrieb gibt und sich auf die Miet- und Grundstückspreisentwicklung verteuernd auswirkt. Will man nun bei gleichbleibendem Förderbudget mehr geförderte Wohnungen bauen, so ist klar, worauf das hinausläuft: kleinere und billigere Wohnungen. Das in Wien eingeführte SMART-Wohnbauprogramm[3] entspricht diesem Trend. Die Verfasserinnen sind auch der Meinung, dass kompakte Wohnungsgrundrisse angeboten werden müssen. Die starren Vorgaben (Prozentsatz der SMART-Wohnungen pro Projekt, Größen und Zimmeranzahl) sollten aber nicht die Ultima Ratio sein.

Weiters sehen wir uns heute zunehmend mit dem Problem konfrontiert, dass sich ökonomisch schwache Bevölkerungsteile den geförderten Neubau oft nicht mehr leisten können. Um hier Abhilfe zu schaffen und um die Gesamtkosten pro qm Nutzfläche zu reduzieren, müsste man in den Kostenbereichen Grundstück, Herstellung des Gebäudes, Nebenleistungen des Wohnbaus, Finanzierung konsequente Maßnahmen setzen. Die Kostenbereiche Grundstück, Finanzierung und Nebenleistungen des Wohnbaus (Herstellung von Straßen, Parks etc.) liegen im Verantwortungsbereich von Politik und Bauträgern. Auch wenn in diesen Bereichen die höchsten Einsparungspotenziale für den Sozialen Wohnbau liegen, werden wir uns im Weiteren mit den Punkten befassen, die im Bereich der Planung liegen.

Darüber hinaus hängt leistbarer Sozialer Wohnbau unmittelbar mit der leistbaren Sozialen Stadt zusammen. Diesem wichtigen Aspekt muss unbedingt Rechnung getragen werden. Der Soziale Wohnbau kann nicht singulär betrachtet werden.

Hardware = Gebäude: Kosten für Herstellung, Betrieb und Erhaltung

Es wird viel diskutiert, wie hoch das Einsparungspotenzial im Bereich der Herstellungs-, Betriebs- und Erhaltungskosten ist. Vielfach wird den Architekten der Vorwurf gemacht, dass sie über ungenügendes Kostenwissen und Kostenbewusstsein verfügen und dass sie, der schönen Architektur wegen, immer mit den maximal förderbaren Kosten planen. Das stimmt, aber nur zum Teil. Und soweit es stimmt, ist es zweifelsohne die Verantwortung der Planenden, ihre Haltung zu ändern. Es wäre z. B. einen Versuch wert, die Kostenverantwor-

---

2 Offizielle Information zur Wohnbauinitiative auf www.wien.gv.at: „Mit der Wohnbauinitiative hat die Stadt Wien 2011 ein zusätzliches, den geförderten Wohnbau ergänzendes Neubauprogramm ins Leben gerufen. Es handelt sich dabei um eine besondere Variante des frei finanzierten Wohnbaus. Durch günstige Darlehen der Stadt Wien bieten die Wohnungen ähnlich vorteilhafte Konditionen für die Mieterinnen und Mieter wie der geförderte Wohnbau. Die Vergabe der Darlehen der Stadt Wien wird sowohl an verpflichtende Eigenmittel- und Mietzinsobergrenzen als auch an Qualitätskriterien geknüpft. Sie werden von einem eigens eingerichteten Fachbeirat überprüft." (letzter Abruf April 2014)

3 Rund ein Drittel aller geförderten Neubauwohnungen der Stadt Wien ist dem so genannten SMART-Standard verpflichtet. Die Bruttomieten von SMART-Wohnungen betragen maximal 7,50 Euro/m², der Eigenmittelbeitrag ist im Vergleich zu herkömmlichen geförderten Mietwohnungen geringer, die Wohnungsgröße beträgt maximal 100 m².

tung (Kostenermittlung, Ausschreibung, Vergabe) mehr als derzeit üblich den Architektinnen zu übertragen.

Betrachtet man die einzelnen Bereiche der Gebäudekosten, so stellt man schnell fest, dass es weit mehr Kostentreiber als die „schöne" Architektur gibt. Da findet sich der Kostenbereich, der durch die Gesetzeslage (Bauordnung, OIB[4], Normen, Wohnbauförderung in Wien) bedingt ist. Hohe energetische Standards, hohe Anforderungen an diverse Schutzniveaus (z. B. den Brandschutz) sowie barrierefreier und anpassbarer Wohnbau treiben die Kosten in die Höhe. Ein Durchforsten der Normen und OIB-Richtlinien ist längst überfällig. Wenn wir z. B. im Normenbereich den Lobbyisten und Verfechtern von Einzelinteressen das Feld überlassen und alle Beteiligten, auch die Politik, ihre Verantwortung nicht wahrnehmen, werden diese Kosten laufend steigen, ohne dass deren Sinnhaftigkeit hinterfragt wird.

Die Kosten für energetische Standards sind eine gesellschaftliche Frage. Was uns die Ökologie wert ist, darüber muss diskutiert werden. Wenn sie uns viel wert ist, muss sie auch gefördert werden. Ähnliches gilt für die Frage, ob jede Wohnung rollstuhlgerecht ausgeführt werden soll. Es gibt kostengünstigere und gleichzeitig treffsicherere Möglichkeiten. Wenn wir diese hohen, ständig steigenden Standards wollen, so muss klar sein, dass sie mit höheren Budgets gefördert werden müssen.

Das Thema Mobilität in der Stadt – bis hin zur Stellplatzverpflichtung[5] in den Wohnhäusern – ist aus ökologischen und ökonomischen Gründen für die Stadt und den Wohnbau ein wichtiges. Der zaghafte Trend in urbanen Räumen: weg vom eigenen Auto, hin zu Öffis, Rad und Carsharing sollte unterstützt werden. Die in Garagen vergrabenen Kosten sind sehr hoch, was sich noch verschärft, wenn der Wohnungsdurchschnitt kleiner wird. Ein Trend, der derzeit in Wien aufgrund des SMART-Wohnungsprogrammes zu beobachten ist. Die angekündigte Änderung der Stellplatzverpflichtung ist dringend umzusetzen.

Der Soziale Wohnbau in Wien findet nicht nur in den bereits angesprochenen Bereichen auf sehr hohem Niveau statt, sondern liefert auch in anderen Feldern, die sehr allgemein als Wohn- und Wohnumfeldqualität bezeichnet werden können, hohe Standards. In Zeiten mit sich verkleinernden Budgets, öffentlichen wie privaten, wird die Notwendigkeit der hohen Standards kontroversiell diskutiert. Alle Beteiligten (Politik, Bauträgerinnen, Planer) bekennen sich zwar prinzipiell zur Beibehaltung der hohen Wohnqualität. Versucht man aber die Parameter, die Wohnqualität ausmachen, im Einzelnen zu beschreiben und zu hinterfragen, so gehen die Meinungen doch auseinander.

---

4   OIB = Österreichisches Institut für Bautechnik. Betreffend OIB-Richtlinien siehe Aulinger, Christian: Reform Wohn(bau)politik en détail – Schauplatz Normungswesen (= Beitrag der vorliegenden Publikation).
5   Die Stellplatzverordnung ist Bestandteil der Bauordnungen aller Bundesländer und schreibt die Anzahl der PKW-Stellplätze pro Wohneinheit vor. Während der Manuskripterstellung zu dieser Publikation wurde in Wien gerade eine Novelle zur Bauordnung erarbeitet, wonach nicht mehr wie bisher 1 Stellplatz pro Wohnung zu errichten ist, sondern 1 Stellplatz erst ab 100 m² Wohnnutzfläche anfällt.

Wohnqualität

Qualität der Hardware, des Gebäudes

Wenn wir über Qualitäten im Sozialen Wohnbau sprechen, müssen wir akzeptieren, dass es teilweise sehr schwierig ist, diese im Detail zu definieren. Was bedeutet Qualität überhaupt? Was für die einen eine unerlässliche Qualität darstellt, kann für andere, oder unter anderen Gesichtspunkten, das Gegenteil bedeuten. Das Gesamtprodukt Sozialer Wohnbau und Soziale Stadt ist ein sehr komplexes. In der Kosten-, Qualitäts- und Entwicklungsdiskussion ist es daher nicht zielführend, einzelne Aspekte des Gesamtsystems herauszugreifen. Die Verfasser sind daher der Meinung, dass jede Diskussion, die die Gesamtheit außer Acht lässt, die versucht Einzelkriterien festzulegen, nicht zielführend ist. Es gibt in der Wiener Diskussion einige Beispiele, die das verdeutlichen. Eines sei hier näher beschrieben.

Beispiel Erschließungsform: Die Qualität der Spänner-Typologie versus der Qualität des Mittelganges bzw. Laubenganges ist ein Beispiel für eine teils heftig und leidenschaftlich geführte Diskussion. Das führt so weit, dass dieses Thema „wissenschaftlich" untersucht wird und die Ergebnisse belegen sollen, dass die Gebäudeerschließung mittels Spänner die „wahre" ist. Sie sei die der Wohnqualität dienlichste, weil nur wenige Wohnungen von einem Stiegenhaus erschlossen werden. Diese Erschließungsform sei kleinteilig, ermögliche daher die Bildung von Mikro-Nachbarschaften und soll dadurch der Anonymität der Bewohner entgegenwirken. Die Typologie Spänner-Erschließung ist kleinteilig, dem stimmen wir zu. Die Schlussfolgerung, dass sie dadurch der Anonymität der Bewohnerinnen entgegenwirkt, ist aus Sicht der Verfasser unter Umständen falsch.

Man lebt mit den Menschen, die dasselbe Stiegenhaus benutzen, die anderen trifft man auf dem Weg zur Wohnung nur selten und kennt sie daher kaum. Wir beschäftigen uns in unserem Büro[6] sehr intensiv mit dem Thema Gemeinschaftsbildung und Mitbestimmung. Für unsere partizipativen Projekte („Autofreie Mustersiedlung" / Gewog + Domizil; „so.vie.so mitbestimmt" / BWS; „zipp-mit" / Heimbau; „vielschichtig-mitbestimmt" / ÖVW etc.), die u. a. Konzepte des Wohnbaus verfolgen, in denen die Möglichkeiten des Miteinanders gestärkt werden, wäre die Spänner-Erschließung kontraproduktiv. In diesen Projekten ist die Erschließung ein Begegnungsbereich, d. h. ein Kommunikationsverstärker. Wir streben meistens die interne, witterungsgeschützte Durchwegung der Gebäude an, daher ist der Mittelgang bzw. Laubengang für uns eine taugliche Erschließungsform. Zu erwähnen, dass unter dem Aspekt der Ökonomie (Errichtung, Erhaltung und Betrieb) die Spänner-Typologie die kostenaufwendigste ist, erübrigt sich.

Ein weiteres Beispiel wäre die Maisonette-Wohnung: Sie ist in „Verruf" geraten. Sie sei eine „luxuriöse", nicht gewollte, nicht behindertengerechte oder anpassbare Wohnform, und daher soll sie möglichst nicht geplant werden. All das stimmt nur zum Teil. Ein anderer Aspekt wird dafür komplett außer Acht gelassen: Die Maisonette-Wohnung ermöglicht nämlich bei großen Baukörpertiefen (eine derzeit sehr verbreitete Gebäudevoraussetzung in Wien) eine zweiseitige Orientierung der Wohnung, was eine anerkannte Qualität ist. Dies ist ein kurz angesprochenes Beispiel, das eine eigene Abhandlung wert wäre. Es soll zeigen, dass Festlegungen von richtig und falsch nur unter der Voraussetzung funktionie-

---

6   s&s architekten, siehe auch: http://www.schindler-szedenik.at.

ren, dass willkürlich herausgegriffene Einzelaspekte bewertet werden und dass ein Abwägen von Vor- und Nachteilen nicht zugelassen wird.

Ähnliche Beispiele für Versuche, richtig und falsch festzuschreiben, sind z. B. Festlegungen von minimalen Zimmergrößen (10 qm), Grundrisskonfigurationen, Wohnungsgrößen etc. Der Wunsch, Qualitätsbeschreibungen möglichst einfach zu handhaben, schnell Schlüsse ziehen zu können und daraus resultierend „Vorschreibungen" zu machen, um die Qualität des Sozialen Wohnbaus zu sichern, ist zwar verständlich, führt aber meistens in die Sackgasse des Dogmas. Dogmen werden dem komplexen System Sozialer Wohnbau auch nicht annähernd gerecht. Es dauert oft Jahre, um die Diskussion von diesen Simplifizierungen wieder zu befreien. Viel wichtiger wäre es, Best-Practice-Beispiele in ihrer *Komplexität* zu analysieren und daraus zu lernen, ohne verkürzte Schlüsse zu ziehen und Handlungsanleitungen zu extrahieren.

Zu erwähnen ist, dass wir in Partizipationsprojekten feststellen, dass Menschen, die sich ihre Wohnungen aussuchen können, auch die wählen, die andere als „falsch" im Sinne der Wohnungsqualität beurteilen. Die Verfasser sehen daher einen möglichen Lösungsansatz in der Planung von Wohngebäuden mit offenen statischen und haustechnischen Systemen. Diese Gebäude sind, wegen ihrer Offenheit und Flexibilität, am ehesten in der Lage, heutige und künftige Bedürfnisse zu befriedigen. Um auf die Bedürfnisse der Menschen, die als Erste einziehen, eingehen zu können, werden Partizipationsprozesse angeboten. Offene Gebäudesysteme ermöglichen darüber hinaus Anpassungen mit relativ geringem Aufwand, auch zu einem späteren Zeitpunkt.

Qualität der Software – am Beispiel der Prozesse

Wir vertreten die Meinung, dass die Qualitäten, die den Sozialen Wohnbau im Gesamten ausmachen, nicht nur durch Stadt- und Gebäudequalität, die Leistbarkeit etc. definiert werden können. Das sind die Bereiche, die man als Hardware bezeichnen könnte. Gerade in Zeiten, in denen angespannte Budgets der öffentlichen und privaten Haushalte alle Beteiligten dazu zwingen werden, mit möglichst geringen Kosten möglichst viel Wohnraum zu schaffen, könnten zusätzliche Aspekte der Wohnqualität mehr in den Mittelpunkt rücken. Die ökonomisch schwachen Ränder der Gesellschaft werden immer breiter, die Gesellschaft entsolidarisiert sich zunehmend. Dadurch bedingt sind Entwicklungen zu beobachten, die im Kleinen versuchen, den Spielregeln der von Finanzmärkten gesteuerten, entsolidarisierten Gesellschaft zu entkommen. Genossenschaftliches Denken und Handeln nimmt in manchen Bereichen, entwickelt von kleinen Gruppen, wieder zu. Außerdem wollen zunehmend mehr Menschen ein Mitspracherecht bei vielen Themen, die sie unmittelbar betreffen. Last but not least ist Gesellschaft immer im Wandel begriffen, und unser Tun sollte insofern nachhaltig sein, als es künftige, aus heutiger Sicht nicht erkennbare, Entwicklungen im Wohnbau möglich macht.

Bei den Entwürfen der geförderten Wohnbauten unseres Büros liegt daher ein Schwerpunkt in der Entwicklung und Durchführung partizipativer Prozesse. Es handelt sich immer um Top-down-, nicht um Bottom-up-Prozesse. Wir wollen mit diesen Projekten den Menschen, die vorrangig ihr Wohnbedürfnis befriedigen wollen, anbieten, sich an Mitbestimmungsprozessen zu beteiligen. Es bedarf also eines straff organisierten Prozesses, um Planungszeiten zu gewährleisten, die nur geringfügig länger sind als im herkömmlichen, anonymen Geschoßwohnbau. Die konkreten Konzepte der Mitbestimmung können je nach Projekterfordernis unterschiedlich sein. Die weitreichendste Mitbestimmung beinhaltet die Bereiche: Wohnung – Gemeinschafts- und Freiräume – Selbstorganisation der BewohnerInnen. Ergänzend wollen wir festhalten, dass die Mitbestimmung und das persönliche Engagement in allen Bereichen freiwillig sind und es keinen Zwang gibt, weder während der Planungsphase noch im Miteinander-Leben nach Fertigstellung.

Mitbestimmung Wohnung: Die Gebäudegrundplanung besteht, wie oben erwähnt, aus einer offenen statischen und haustechnischen Struktur. Parallel wird ein Wohnungskatalog entwickelt. Dieser enthält eine große Bandbreite an Wohnungen – von der Einraumwohnung bis zur 6-Zimmer-Wohnung, von sehr kompakten bis hin zu großzügigen Wohnungen – und natürlich auch Grundrissvarianten, die unterschiedlichen Lebensstilen entsprechen. Intention dieses Prozesses ist, dass die Betroffenen die für sie am besten geeignete Wohnung finden. Weder Politik noch „Wissenschaft" oder Bauträger müssen in solchen Modellen bestimmen, welche Wohnungen (Zimmeranzahl, Größe, Konfiguration) gebraucht werden. Unsere bisherige Erfahrung zeigt, dass weder der Wohnungsmix (Verteilung 1- bis 6-Zimmer-Wohnungen) noch die durchschnittliche Wohnungsgröße den sonst üblichen Vorgaben entsprechen. Das gibt uns zu denken.

Eine Grundvoraussetzung, um diesen Prozess zu ermöglichen, ist eine frühe Vergabe der Wohnungen, d. h. bereits nach der Planungsphase Entwurf, nicht wie bisher üblich während der Bauphase. Ein wichtiger „Nebeneffekt" der Wohnungsmitbestimmung ist die sehr hohe Identifikation der Menschen mit ihrem künftigen Lebensraum bereits in dieser sehr frühen Phase und lange, bevor sie einziehen.

Mitbestimmung Gemeinschaftsräume: Bedingt durch die vorgezogene Vergabe der Wohnungen kann vor Baubeginn mit der Mitbestimmung der Gemeinschaftsräume begonnen werden. Lagen, Flächenausmaß und Ausstattungsbudget sind vorgegeben, Nutzungen und Ausstattungen werden, moderiert von externen Fachleuten, mit den künftigen Bewohnern geplant.

Mitbestimmung Freiraum: Erfolgt ähnlich der Gemeinschaftsraum-Mitbestimmung. Vorgegeben sind gewisse Grundstrukturen und prinzipielle Nutzungsverteilungen. Mitbestimmt werden können Nutzungen im Detail, Ausstattung und Bepflanzung.

Das Resultat der Partizipation (Wohnung, Gemeinschaft, Freiraum) ist nicht nur, dass die Planungen den Menschen entsprechen, die sie nutzen werden, sondern vor allem auch, dass sie gemeinsam an der Gestaltung ihres unmittelbaren Umfeldes beteiligt sind, dass sie gelernt haben, Interessenkonflikte auszutragen. Dass sich die Menschen großteils lange vor Bezug kennen, bildet die Basis für die ersten Schritte von der Mitbestimmung zur Selbstorganisation. Die Regeln zur Selbstorganisation, zur Nutzung der Gemeinschafts- und Freiräume werden gemeinsam mit der Hausverwaltung entwickelt. Die Selbstorganisation wird über die Besiedlungsphase hinaus moderiert, damit die Gemeinschaft eine gute Basis hat, auf eigenen Beinen zu stehen und zu agieren. In unserem jüngst fertiggestellten Projekt im Sonnwendviertel[7] haben wir mit Freude festgestellt, dass ca. acht Monate vor Bezug die

---

7 Als „Sonnwendviertel" wird das Stadtquartier in unmittelbarer Nähe zum neuen Wiener Hauptbahnhof im 10. Wiener Gemeindebezirk bezeichnet. Es ist eines der größten Stadtentwicklungsgebiete der Gemeinde Wien. s&s architekten errichteten dort im Auftrag des gemeinnützigen Bauträgers BWS geförderte Mietwohnungen unter dem Motto „so.vie.so mitbestimmt – Sonnwendviertel solidarisch".

eigene Bewohnerinnen-Homepage online ging und bereits ein halbes Jahr vor Bezug der erste Bewohnerbeirat gewählt wurde.

Abb. 1: „so.vie.so mitbestimmt – Sonnwendviertel solidarisch", s&s architekten, 2010–2013.

Fazit

Unser Anliegen ist es, gerade in einer angespannten budgetären Situation, auszuloten, in welchen Bereichen des großvolumigen Sozialen Wohnbaus, abgesehen von der Hardware (Gebäude, Energiestandard etc.), Ideen, Konzepte und Maßnahmen entwickelt und umgesetzt werden können, die die Wohn- und Wohnumfeldqualität steigern, ohne die Errichtungskosten zu erhöhen. Darüber hinaus ist die Gemeinschaftsbildung ein wesentlicher Faktor, das Alltagsleben aller zu erleichtern und zu bereichern. Wichtig sind uns dabei zwei Grundsätze:
- *Keine Bewohnerin dieser Projekte soll sich zur Gemeinschaft gezwungen fühlen.*
- *Anonym wohnen zu wollen, ist ein „urbanes Grundrecht".*

Es zeigt sich aber, dass Menschen in unterschiedlichen Lebensphasen oft unterschiedliche Lebensstile entwickeln. Dass also auch das Bedürfnis nach Gemeinschaft und nach nachbarschaftlicher Hilfe, im Geben und im Nehmen, unterschiedliche Phasen durchläuft. Ohne sozial romantische Klischees zu bedienen oder ihnen aufzusitzen, zeigen diese Projekte, dass eine gut funktionierende Gemeinschaft das Leben in manchen Bereichen wesentlich verbessert. Eine Bewohnerin der Autofreien Mustersiedlung erzählte uns z. B., dass etliche Familien in der Siedlung mehr Kinder haben, als sie zunächst geplant hatten. „Es ist viel einfacher, hier Kinder großzuziehen als in anderen Wohnsituationen, darum haben einige von uns mehr Kinder bekommen, als ursprünglich gedacht." Die Entwicklung zu einer Gemeinschaft bietet auch für ältere Menschen, für Menschen unterschiedlicher sozialer, sprachlicher und kultureller Herkunft, Menschen mit besonderen Bedürfnissen und auch den so genannten „normalen" Bewohner mehr Möglichkeiten.

Dabei handelt es sich um Projekte, die mit Baugruppenmodellen etc. nicht zu vergleichen sind. Es sind Konzepte, die für den großvolumigen Geschoßwohnbau gedacht sind. Diese Partizipationsprojekte sollen für uns, mittelfristig gesehen, keine Sondermodelle bleiben, die sich Bauträger und Planerinnen einmal leisten und dann nie mehr wieder, weil sie zeitlich und organisatorisch eine übermäßige Herausforderung bedeuten.

Unser Anliegen ist es, aus jedem Projekt zu lernen, um die Prozesse und den organisatorischen Aufwand zu straffen und auf das nötige Maß zu reduzieren. Durch unsere unterschiedlichen Erfahrungen und die daraus resultierenden Lernprozesse sind wir überzeugt, dass sich Standards entwickeln lassen, die wir im normalen Geschehen des Sozialen Wohnbaus anwenden können. Was mit Pilotprojekten begonnen hat, kann und soll sich zu Alltagsprojekten entwickeln. Wir meinen nicht, dass Mitbestimmung im Sozialen Wohnbau zum Dogma erhoben werden soll. Für uns ist sie zurzeit ein möglicher Weg. Es gibt mehr und mehr Kolleginnen, die dieses Thema generell interessiert und die, mit unterschiedlichen Ansätzen und Konzepten, Wege für den großvolumigen Sozialen Wohnbau suchen. Wir halten das für eine positive Entwicklung. Wir sind jedoch darüber hinaus der Meinung, dass Politik, Bauträger, Soziologen, Planerinnen etc. sehr unterschiedliche und vielfältige Ideen entwickeln sollten, die gleichberechtigt zur Hardware die Software der Stadt und der Projekte im Sozialen Wohnbau berücksichtigen und den heutigen und künftigen Sozialen Wohnbau dadurch bereichern und seine Qualität weiterentwickeln, ohne das Budget für den Wohnbau zusätzlich zu belasten.

Andrea Kunnert

Vom Recht auf Wohnraum – Definitionen von „leistbar Wohnen" und Leistbarkeitsindikatoren in Österreich

Einleitung

Aufgrund der dynamischen Entwicklung der Immobilienpreise und der Wohnungsmieten ist die Frage nach „leistbarem Wohnen" in Österreich zuletzt verstärkt in den Mittelpunkt der öffentlichen Aufmerksamkeit getreten. Wohnen ist nicht nur ein Grundbedürfnis, Wohnen ist zudem die größte Ausgabenkategorie eines Haushalts. Hohe Wohnkosten bzw. ihr Anstieg können daher zu budgetären Einschränkungen eines Haushalts in anderen Lebensbereichen oder zu Wohnproblemen der einen oder anderen Art führen.

Dieser Beitrag widmet sich in Anlehnung an die einschlägige Fachliteratur der Frage, wie Leistbarkeit von Wohnen konzeptioniert werden kann. Generell wird unter fehlender Leistbarkeit eine Diskrepanz zwischen Einkommen und Ausgaben verstanden. Die Entwicklung bzw. Höhe der Wohnkosten ist jedoch nur ein Aspekt von Leistbarkeit – Verteilungsaspekte, Wohnqualität und Präferenzen sind ebenso von Relevanz. Die Messung und Definition von „leistbar Wohnen" ist deshalb entsprechend komplex. Besonders schwierig gestaltet sich die Einbeziehung von Qualitätskriterien in die Betrachtung von Wohnleistbarkeit. Qualitative Mindestansprüche sind wesentlich von soziokulturellen Faktoren und Vorstellungen geprägt.

Da es in Österreich bislang noch keine systematische Messung der Leistbarkeit von Wohnen gibt, werden in diesem Beitrag verschiedene Leistbarkeitsindikatoren für Österreich berechnet, um einen Überblick über die aktuelle Lage zu erhalten. Dafür werden ausschließlich frei verfügbare Datenquellen herangezogen. Die Analyse bleibt daher auch angesichts der Kürze dieses Kapitels verhältnismäßig oberflächlich, ermöglicht aber umgekehrt eigenständige Berechnungen mit zukünftig vorhandenen Daten.[1] Abschließend wird aufgrund der Kürze der Darstellung noch auf weitere Faktoren eingegangen, die bei einer umfassenden Abhandlung des Themas Berücksichtigung finden müssten, insbesondere die qualitative Wohnversorgung.

Insgesamt sollen daher drei Kernfragen näher betrachtet werden:
- Was ist überhaupt „leistbar Wohnen" und wie kann man es messen?
- Wie sieht die aktuelle Lage in Österreich aus?
- Welche Aspekte sind weiters zu berücksichtigen oder problematisch zu messen, insbesondere die Qualität betreffend?

---

1 An weiterführenden Ergebnissen und detaillierteren Analysen wird aktuell im Rahmen eines WIFO-Forschungsprojekts gearbeitet, das durch Fördergelder des Jubiläumsfonds der Oesterreichischen Nationalbank unterstützt wird (Projektnummer 14972).

Leistbar Wohnen – Was ist das?

Es ist gleich vorwegzunehmen, dass es keine einheitliche Definition von leistbarem Wohnen gibt. Insgesamt geht es darum, die Wohnausgaben dem Einkommen gegenüberzustellen – die konkrete Umsetzung hängt aber eng mit dem Anwendungsgebiet bzw. der Fragestellung zusammen. Dementsprechend gibt es eine Reihe möglicher Maßzahlen, die die Leistbarkeit von Wohnen quantitativ beschreiben. So kann sich ein aggregierter Ansatz für die Darstellung der Lage auf Immobilienmärkten eignen, ein anderer Ansatz umgekehrt im Bereich der Armutsforschung erkenntnisreicher sein. Für eine umfassendere Veranschaulichung ist die Kombination mehrerer Ansätze besonders aufschlussreich.

In der internationalen Literatur werden folgende Konzepte zur Messbarmachung von Leistbarkeit häufig angewandt, wobei die gewählte Methode das Anwendungsgebiet widerspiegelt:[2]
1) zeitliche Entwicklung von aggregierter relativer Leistbarkeit
2) subjektive Leistbarkeit von Wohnen
3) Leistbarkeit von Wohnen als maximaler Prozentsatz der Wohnkosten am Einkommen
4) Leistbarkeit von Wohnen im Haushaltsbudget – Residualeinkommen und Familienbudget

Bei der Messung *aggregierter relativer Leistbarkeit* werden zwei Indikatoren in einem Verhältnis gegenübergestellt. Dafür wird zumeist auf mediane oder durchschnittliche Hauspreise (oder seltener Mieten) und mediane oder durchschnittliche Einkommen zurückgegriffen, die miteinander in Relation gesetzt werden. Ein Beispiel aus den USA von der *National Association of Realtors*[3] wäre das Medianeinkommen im Verhältnis zum medianen Hauspreis, ein anderes Beispiel wäre das Verhältnis der Wohnausgaben zu den gesamten Konsumausgaben (Abbildung 1). Je nach Definition und je nachdem, ob das Verhältnis über die Zeit zu- oder abnimmt, ändert sich die relative Leistbarkeit. Im Fall der Konsumausgaben, wie in Abbildung 1 dargestellt, nimmt das Verhältnis zu und somit wird für Wohnen verhältnismäßig mehr ausgegeben, im Durchschnitt wird Wohnen daher weniger leistbar. Von Interesse bei diesem Ansatz ist meist ein Vergleich über die Zeit, Verteilungsaspekte stehen weniger im Vordergrund oder sind mangels Daten nicht analysierbar. Diese Indikatoren sind einfach zu berechnen und gut für einen raschen Überblick geeignet, Verteilungs- und Qualitätsaspekte gehen jedoch unter. Um diese abzubilden, sind jene Ansätze, die Leistbarkeit auf Ebene der Haushalte betrachten, besser geeignet (Konzepte 2, 3 und 4).

Die *subjektive Leistbarkeit* leitet sich aus der Mikroökonomie ab: Ein nutzenmaximierender Haushalt entscheidet über die konsumierte Menge und Qualität verschiedener Güter unter Berücksichtigung seiner subjektiven Präferenzen und des verfügbaren Haushaltsbudgets. Eines dieser Konsumgüter stellt dabei das Gut Wohnen dar. Wie ein Haushalt wohnt und welchen Anteil seines Budgets er dafür ausgibt, ist in diesem Ansatz weniger eine Frage der Leistbarkeit als eine Frage seiner individuellen Präferenzen. Das Konzept der subjektiven Leistbarkeit ist insofern stark in der mikroökonomischen Theorie verankert und frei von normativen Vorgaben. Problematisch ist die Vernachlässigung der besonderen Eigenschaften des Gutes Wohnen. Zu diesen Charakteristiken zählt insbesondere, dass Wohnen ein

---
2   Zusätzlich gibt es zahlreiche Erweiterungen, die jedoch stark von den verfügbaren Daten abhängen.
3   Vgl. http://www.realtor.org/topics/housing-affordability-index/methodology.

nicht substituierbares Grundbedürfnis ist – Wohnen muss daher Teil der Konsumentscheidung des Haushalts sein. Zudem ist Wohnen immobil, nicht teilbar und ein Wohnungswechsel mit beträchtlichen Transaktionskosten verbunden. Aufgrund dieser Eigenschaften ist der Zugang zu Wohnungsmärkten für Haushalte mit niedrigem Einkommen schwierig, denn neben dem Wohnen müssen auch andere Grundbedürfnisse befriedigt werden. Somit ist dieser Ansatz gerade für Haushalte mit niedrigem Einkommen wenig geeignet, besser eignet sich dafür die Messung von Leistbarkeit von Wohnen im Haushaltsbudget. Mit steigendem Einkommen und höherer finanzieller Flexibilität ist jedoch davon auszugehen, dass Wohnen und dessen Leistbarkeit verstärkt eine subjektive Konsumentscheidung widerspiegeln. Für die Einschätzung der allgemeinen Lage auf Wohnungsmärkten bzw. für die Analyse von Konsumentscheidungen kann die Darstellung der Verteilung von Einkommen und Wohnkosten aufschlussreich sein.

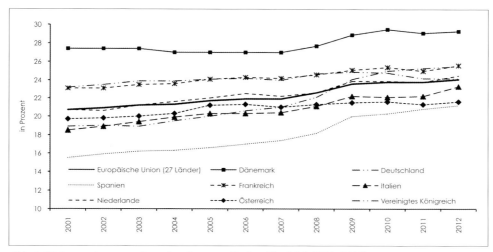

Abb. 1: *Wohnungsbezogene Ausgaben im europäischen Vergleich 2001–2012[4].*

In engem Zusammenhang zur subjektiven Leistbarkeit steht das Ziehen einer normativen Grenze, denn die Feststellung dieser Grenze beruht häufig auf empirischen Belegen basierend auf subjektiver Leistbarkeit. Diese Grenze gibt an, wie hoch der *maximale Prozentsatz* der Wohnkosten am Einkommen sein darf, sodass Wohnen noch als leistbar gilt. Diese Art der Messung von Leistbarkeit ist leicht zu berechnen und umzusetzen und wird deshalb auch sehr häufig in der Wohnungspolitik angewandt. Dennoch, die festgelegte Prozentgrenze ist rein normativ. Sie stellt somit nicht dar, ob Wohnen für einen spezifischen Haushalt leistbar ist, da weder auf die simultane Leistbarkeit anderer Güter noch auf die absolute Höhe der Wohnkosten und des Einkommens geachtet wird. Eine Fehlklassifikation von Haushalten

---

4   Quelle: Eurostat, Anteil wohnungsbezogener Konsumausgaben am privaten Konsum laut VGR, eigene Berechnungen. Eine Möglichkeit der Darstellung aggregierter relativer Leistbarkeit über die Zeit ist das Heranziehen der Wohnausgaben aus den Volkswirtschaftlichen Gesamtrechnungen (VGR) gemessen an den gesamten Konsumausgaben. Diese Darstellung ist insofern besonders aufschlussreich, als sie auch für internationale Vergleiche geeignet ist. Es ist ersichtlich, dass in Österreich der Anteil der Wohnausgaben am gesamten Konsum zwischen 2001 und 2012 von 20 % auf 22 % gestiegen ist, aber im Vergleich zu anderen Ländern der EU die Belastung weiterhin unterdurchschnittlich ist.

ist wahrscheinlich: Haushalte, die aufgrund ihrer individuellen Präferenzen mehr für Wohnen ausgeben, werden fälschlicherweise jenen Haushalten mit fehlender Leistbarkeit von Wohnen zugeordnet. Umgekehrt könnten Haushalte, die zwar relativ weniger für Wohnen ausgeben (z. B. auf Kosten der Wohnqualität), aber dennoch mit ihrem Haushaltsbudget ihre Grundbedürfnisse nicht abdecken können, unberücksichtigt bleiben. Deshalb ist die Anwendung dieses Indikators lediglich für eine allgemeine Einschätzung brauchbar oder sollte auf Haushalte mit bereits niedrigem Einkommen beschränkt werden.

Konkrete Haushaltsbudgets und absolute Wohnkosten werden im *Haushaltsbudgetansatz* berücksichtigt. Dabei wird ein Minimal- oder Referenzbudget für einen Haushalt gebildet. Dafür wird ein Konsumkorb mit notwendigen Gütern (inkl. Wohnen) einer gewissen Qualität bestimmt und es werden Preise dafür angesetzt. Dieses Budget wird den tatsächlichen Ausgaben gegenübergestellt. Vernachlässigt wird bei diesem Ansatz allerdings die Heterogenität von Wohnkosten, z. B. regionale Unterschiede. So könnten zwar Wohnstandards für den Konsumkorb festgelegt werden, sie wären aber schwierig zu bepreisen, da Wohnkosten regional wesentlich stärker differieren als zum Beispiel Lebensmittelpreise. Implizit bedeutet dieser Ansatz somit, dass festgelegt wird, wie hoch die Ausgaben für Wohnen sein sollen, ohne die Qualität zu berücksichtigen. Um dennoch einen gewissen Wohnstandard vorauszusetzen, gibt es noch Erweiterungen, die sich nach der Priorität der Wohnausgaben im Haushaltsbudget unterscheiden. Im einen Ansatz werden zuerst die Wohnausgaben vom Haushaltsbudget abgezogen und dann das restliche Budget mit einem Referenzbudget verglichen, das Wohnen nicht berücksichtigt. Die Begründung, dass die Wohnkosten vorrangig berücksichtigt werden, liegt darin, dass Wohnen schwierig zu substituieren ist und zudem empirisch einen relevanten Anteil des Haushaltsbudgets ausmacht. Im zweiten Ansatz werden zuerst alle Ausgaben berücksichtigt, die nicht das Wohnen betreffen. Der Rest des Haushaltsbudgets wird den tatsächlichen Ausgaben für Wohnen gegenübergestellt bzw. entspricht der Rest dem Betrag, den sich ein Haushalt zur Deckung seiner Wohnbedürfnisse (Qualitätsmindeststandards können angebracht sein) leisten kann. Unabhängig davon, welche Ausgaben nun vorrangig in Anschlag gebracht werden, ist dieser Ansatz administrativ relativ aufwendig, kann aber für regionale Wohnungsmärkte und unter Berücksichtigung der Haushaltsgröße Anwendung finden.

Es zeigt sich somit, dass die Indikatoren nicht völlig unabhängig voneinander zu betrachten sind, da gewisse Parallelen bei der Berechnung oder den normativ zu treffenden Annahmen auftreten. Je nach verwendetem Indikator werden teilweise unterschiedliche Haushalte mit mangelnder Leistbarkeit identifiziert. Möglichen Fehlklassifikationen ist ein besonderes Augenmerk beizumessen, insbesondere in Bezug auf die Haushaltsgröße und unter Berücksichtigung der Wohnqualität (z. B. Überbelag). Die Abgrenzung zwischen Leistbarkeit und Qualität von Wohnen ist ein häufig aufgebrachter Diskussionspunkt. Die Differenzierung nach verschiedenen Haushaltstypen und die Berücksichtigung von Wohnqualität durch regionale Unterscheidung bzw. die Berücksichtigung weiterer Eigenschaften einer Wohneinheit bei der Preisbildung kann hier Abhilfe schaffen. Die Darstellung von Befragungsergebnissen in Bezug auf die Wohnqualität (Überbelag, Schimmel etc.) kann ebenfalls Einblicke geben.

Leistbarkeitsindikatoren in Österreich

Dynamische Preisentwicklung bei Miete und Eigentum

Mangels medianer absoluter Hauspreisdaten eignet sich in Österreich für die Darstellung eines Indikators der relativen Leistbarkeit auf aggregiertem Niveau und über die Zeit die Betrachtung der Entwicklung von Preis- und Einkommensindikatoren, auch wenn diese in kein direktes Verhältnis zueinander gesetzt werden.[5] Die Divergenz zwischen Einkommensentwicklung und der dynamischen Preisentwicklung von Mieten und Wohnimmobilien ist mit ausschlaggebend, dass das Thema Leistbarkeit von Wohnen zuletzt verstärkt in den Vordergrund gerückt ist.

In den letzten Jahren zeigte sich eine äußerst dynamische Entwicklung der Immobilienpreise und der Mieten (Abbildung 2). Zwischen 2000 und 2012 legten beide Indikatoren um über 3 % jährlich zu. Demgegenüber war die Entwicklung der verfügbaren Haushaltseinkommen und der Bruttolohn- und Gehaltssumme der unselbständig Beschäftigten aufgrund der schwachen Konjunktur verhalten. Seit 2008 ist ein deutliches Auseinanderdriften der Preis- und Einkommensindikatoren zu beobachten.

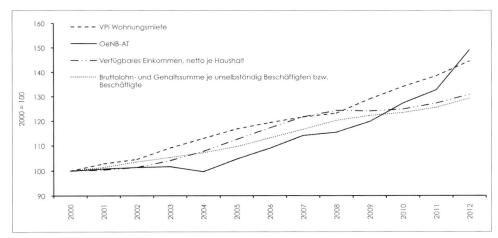

Abb. 2: Miet- und Immobilienpreisentwicklung in Österreich 2000–2012[6].

Gründe für diese Preisdynamik können insbesondere in der aktuellen Lage der Wohnungsmärkte, daher in Angebots- und Nachfragefaktoren, gesucht werden. Angebotsseitig zeigte sich innerhalb der letzten Jahre vor allem in der Ostregion Österreichs eine relativ niedrige Neubautätigkeit, dies bessert sich jedoch aktuell wieder. Zu beachten ist des Weiteren, dass im Beobachtungszeitraum auch die Baukosten in ähnlichem Ausmaß stiegen (die Baupreise jedoch etwas weniger). Die verstärkte Urbanisierung, der Trend zu kleineren Haushalten und die wachsende Zahl der Haushalte stärken die Nachfrage.

---

5   Eine weitere Alternative ist die in Abbildung 1 gewählte Darstellung der Ausgaben für Wohnen an den gesamten Konsumausgaben.
6   Quelle: Statistik Austria, OeNB, eigene Berechnungen und Darstellung.

Die aktuelle Mietpreisentwicklung wird in Baumgartner (2013)[7] näher analysiert, wobei auf verschiedene Rechtsformen und Bestands- vs. Neuvermietung eingegangen wird. Die Mietpreisdynamik scheint vor allem von freien Mieten getrieben zu sein, während für Genossenschafts- und Gemeindewohnungen der Auftrieb nicht in diesem Ausmaß feststellbar ist. Für Immobilien ist insbesondere in Ballungsräumen ein Preisanstieg ersichtlich. Einerseits ist dies auf eine relative Verknappung des Angebots gegenüber der Nachfrage (z. B. Urbanisierung) zurückzuführen, andererseits auf eine verstärkte Tendenz, in Anlageimmobilien als Alternative zu Finanzanlagen zu investieren. Aktuell günstige Finanzierungskonditionen sowie Preisnachholeffekte spielen ebenfalls eine Rolle.

Wohnkosten im Verhältnis zum Einkommen

In gewisser Weise ist auch die Darstellung der Wohnkosten im Verhältnis zum Einkommen nichts weiter als ein relativer Leistbarkeitsindikator, der bei Verfügbarkeit auch über die Zeit dargestellt werden kann. Sind Individualdaten vorhanden, bieten die Verteilungsmaße im Sinne der subjektiven Leistbarkeit zusätzlichen Einblick bzw. kann die Lage der einzelnen Haushalte besser analysiert werden. In Österreich eignet sich dafür der „Survey on Income and Living Conditions" (SILC) besonders gut – er bietet Informationen zu den Wohnkosten und zur Einkommenssituation der Haushalte. Die Wohnkosten werden dabei u. a. inkl. Betriebskosten, Heizung und Energie verstanden.[8]

Insgesamt war der Anteil der Wohnkosten am Haushaltseinkommen in Österreich 2012 19 %. Sieht man sich die Verteilung auf die drei Einkommensgruppen[9] niedrig, mittel und hoch an, sind deutliche Unterschiede zu erkennen: Haushalte mit niedrigem Einkommen geben etwa 40 % ihres Einkommens für Wohnen aus, Haushalte mit mittlerem Einkommen etwa 16 % und Haushalte mit hohem Einkommen 8 %. Da das Einkommen eng mit dem Erwerbsstatus zusammenhängt, sind hier ebenfalls deutliche Unterschiede zu erkennen: Während ganzjährig Erwerbstätige durchschnittliche 17 % ihres Einkommens für Wohnen ausgeben, geben nicht-ganzjährig Erwerbstätige durchschnittlich 23 % ihres Einkommens für Wohnen aus, Arbeitslose etwa 30 %. Ähnliche hohe Wohnkostenanteile erreichen Personen in Ausbildung und Personen, die aus gesundheitlichen oder sonstigen Gründen nicht erwerbstätig sind. Generell haben Haushalte mit niedriger Erwerbsintensität eine relativ höhere Wohnkostenbelastung. Diese ist in größeren Gemeinden höher, Frauen geben relativ zu ihrem Einkommen mehr für Wohnen aus, ebenso Ein-Eltern-Haushalte. Wichtig ist, dass neben Unterschieden bei der absoluten Höhe der Wohnkosten vor allem die absolute Einkommenshöhe mit ausschlaggebend ist.

---

[7] Vgl. Josef Baumgartner: Die Mietpreisentwicklung in Österreich: Eine deskriptive Analyse für die Jahre 2005 bis 2012, WIFO-Monatsberichte 7/2013, S. 559–575.

[8] Vgl. Statistik Austria: Tabellenband EU-SILC 2012: Einkommen, Armut und Lebensbedingungen, Statistik Austria, Wien, 2013.

[9] Ein niedriges Einkommen ist als weniger als 60 % des medianen Nettoäquivalenzeinkommens definiert, diese Grenze entspricht auch der Armutsgefährdungsschwelle. 2012 entsprach diese Grenze 1.090 Euro monatlich, 14 % der österreichischen Bevölkerung hatten ein niedrigeres Einkommen. Ein hohes Einkommen entspricht einem Einkommen von mehr als 180 % des Medianeinkommens bzw. 3.270 Euro monatlich. Das Medianeinkommen betrug 2012 1.820 Euro monatlich. Beim Nettoäquivalenzeinkommen wird durch die Anwendung von Personengewichten nach der EU-Skala für die Haushaltsgröße kontrolliert.

Wenn diese Darstellung auch viel Aufschluss darüber gibt, wie viel verschiedene Bevölkerungsgruppen jeweils für Wohnen ausgeben, ist anzunehmen, dass mangelnde Leistbarkeit von Wohnen insbesondere für Haushalte mit niedrigerem Einkommen eine Belastung darstellt. So empfinden 32 % der Haushalte mit einem niedrigen Einkommen ihre Ausgaben für Wohnen als starke Belastung und 46 % als gewisse Belastung. Auch Haushalte im mittleren Einkommenssegment sehen ihre Wohnkosten verstärkt als gewisse Belastung (58 %), jedoch lediglich 14 % auch als starke Belastung.

Würde man nun mangelnde Leistbarkeit als Wohnkostenbelastung von über 25 % des Einkommens definieren[10], zeigt die SILC-Auswertung folgendes Ergebnis: Nahezu 70 % der Haushalte mit niedrigem Einkommen haben einen Wohnkostenanteil von über 25 %, jedoch lediglich 14 % der Haushalte mit mittlerem und nur ca. 1 % der Haushalte mit hohem Einkommen. Es ist empfehlenswert, insbesondere jene 30 % der Haushalte mit niedrigem Einkommen näher zu analysieren, die nach diesem Kriterium nicht von mangelnder Leistbarkeit betroffen sind, da die Berücksichtigung absoluter Ausgaben und Einkommen ein anderes Ergebnis zeigen kann.

Referenzbudgets in Österreich

Die staatlich anerkannte österreichische Schuldnerberatung stellt Referenzbudgets für verschiedene Haushaltstypen zur Verfügung, wobei verschiedene Ausgabenkategorien und entsprechende Kosten berücksichtigt werden. Abgebildet werden soll ein gewisser Grundlebensstandard, wobei neben der Berücksichtigung körperlicher, psychischer und sozialer Bedürfnisse eine Beteiligung am gesellschaftlichen Leben ermöglicht werden soll.[11] Unter anderem werden auch Wohnkosten für eine Mietwohnung unterstellt, ohne jedoch regional zu differenzieren.

Am Beispiel eines Ein-Personen-Haushalts zeigt sich, dass das 2013 gültige Referenzbudget 1.300 Euro monatlich beträgt, für größere Haushalte ist es entsprechend höher. Zum Vergleich: 25 % der österreichischen Bevölkerung hatten 2012 monatlich ein Nettoäquivalenzeinkommen von weniger als 1.340 Euro zur Verfügung. Die Armutsgefährdungsschwelle laut SILC-Erhebung wird als 60 % des Medianeinkommens festgelegt und liegt für Ein-Personen-Haushalte bei 1.090 Euro monatlich.

Im Referenzbudget inkludiert sind die Kosten einer Mietwohnung von etwas über 500 Euro (inkl. Energie, Heizung, Betriebskosten), dies entspricht nahezu 40 % des Haushaltsbudgets. Das Referenzbudget für alle anderen Ausgaben beträgt daher etwas weniger als 800 Euro. Je nach Betrachtungsweise zieht man vom Einkommen diese 800 Euro ab und erhält den Betrag, den sich diese Person für Wohnen leisten kann oder man zieht die tatsächlichen Wohnkosten von den 1.300 Euro ab und vergleicht den Restbetrag mit dem Referenzbudget von 800 Euro für sonstige Ausgaben.

---

10 Dieser Wert wurde gewählt, da er standardmäßig seitens Statistik Austria im Rahmen der SILC-Auswertungen zur Verfügung gestellt wird.
11 Vgl. http://www.schuldenberatung.at bzw. auch http://www.budgetberatung.at/budgetberatung/beispiele (zuletzt aufgerufen am 28.04.2014).

Beispiele zur Veranschaulichung

Hier werden vier Haushalte vorgestellt, die beispielhaft illustrieren sollen, wie verschiedene Konzepte auf Haushaltsebene anwendbar sind und dass mögliche Fehlklassifikationen bei lediglicher Betrachtung eines Indikators nicht ausgeschlossen werden können. Der Einfachheit halber handelt es sich um vier Ein-Personen-Haushalte, Wohnkosten und Einkommen sind als gegeben zu betrachten (Übersicht 1).

	Monatliche Wohnkosten €	*Monatliches Einkommen* €	*Anteil der Wohnkosten* %	*Betrag für Sonstiges* €	*Haushalt leidet unter mangelnder Leistbarkeit laut Ansatz mit*	
					25 % des Eink.	*Referenzbudget*
Emma Knapp	200	900	22	700	nein	ja
Irma Knapp	550	1.300	42	750	ja	ja
Franz Müller	350	1.800	19	1.450	nein	nein
Maxima Wohlleb	1.500	2.900	52	1.400	ja	nein

Übersicht 1: Leistbarkeit von Wohnen anhand von vier Beispielhaushalten. Quelle: Eigene Darstellung und Berechnungen.

Emma Knapp hat ein Einkommen unterhalb der Armutsgefährdungsschwelle. Ihre Wohnkosten sind allerdings so niedrig, dass sie gemessen an ihrem Einkommen lediglich 22 % davon für Wohnen ausgibt. Während für sie Wohnen somit leistbar ist, ist dennoch zu beachten, dass sie laut dem Referenzbudgetansatz mit ihren sonstigen Ausgaben Schwierigkeiten haben könnte. Sie ist also generell von mangelnder Leistbarkeit betroffen, die aber in ihrem Fall nicht konkret das Wohnen betrifft. Würde sie nun gute 100 Euro mehr pro Monat verdienen, hätte sie trotz Unterschreiten der Armutsgefährdungsschwelle (1.090 Euro monatlich) weder nach dem einen noch nach dem anderen Ansatz ein Problem mit Leistbarkeit.[12]

Ihre Schwester Irma Knapp hat zwar ein höheres Einkommen als Emma, ihre Wohnkosten sind jedoch auch deutlich höher – sowohl nach dem Referenzbudgetansatz als auch gemessen an der 25%-Grenze ist sie von fehlender Wohnleistbarkeit betroffen. Umgekehrt hat Franz Müller, der ein mittleres Einkommen bezieht, weder nach dem einen noch nach dem anderen Ansatz ein Problem mit Leistbarkeit von Wohnen.

Maxima Wohlleb fällt ebenfalls in die Kategorie „mittlere Einkommen", gemessen an ihren relativen Wohnkosten ist sie von mangelnder Leistbarkeit betroffen. Obwohl sie über 50 % ihres Einkommens für Wohnen ausgibt, ist davon auszugehen, dass hier ihre individuellen Präferenzen für eine überdurchschnittlich gute Wohnsituation widergespiegelt

---

12 Hier kommen dann Qualitätsaspekte (ist ein möglicher Wohnmindeststandard qualitativ unterschritten) bzw. wohnungspolitische und wohnungsrechtliche Gegebenheiten ins Spiel. Siehe nächster Abschnitt.

werden und weniger von fehlender Wohnleistbarkeit auszugehen ist. Das unterstützt auch der Referenzbudgetansatz, die Betrachtung der absoluten Einkommen ist somit bei mittleren und höheren Einkommen ebenfalls von Relevanz.

Abschließende Bemerkungen

Die hier gezeigten Ansätze zur Messung von Leistbarkeit von Wohnen haben bereits ein gewisses Maß an Komplexität aufgezeigt, das für eine aussagekräftige Betrachtung notwendig ist. Nichtsdestotrotz wurden hier weitere wichtige Aspekte noch ausgeklammert, die abschließend zumindest erwähnt werden sollen.

Ein wichtiger Aspekt ist natürlich die Wohnungspolitik an sich. Österreich hat ein umfassendes Fördersystem, das durch die Kombination von Neubauförderungen und Wohnbeihilfen auf verschiedene Arten Preise für Wohnen und somit die Leistbarkeit von Wohnen für Haushalte beeinflusst. Zudem spielen verschiedene rechtliche Rahmenbedingungen, wie das MRG oder WGG, eine Rolle für die Preisgestaltung. Durch Gesetzesnovellen spielt auch die Mietvertragsdauer eine Rolle. Das Rechtsverhältnis an sich (Miete, Eigentum, Dienstwohnungen etc.) wäre ebenfalls differenzierter zu betrachten, da es sich wesentlich auf die Kostenstruktur auswirkt.

Des Weiteren wurde bereits mehrfach der Konnex zu anderen Lebens- und Politikbereichen aufgezeigt.[13] Die Wohnsituation der österreichischen Bevölkerung kann daher beispielsweise nicht unabhängig von der Einkommenssituation betrachtet werden. Diese hängt wiederum eng mit Arbeitsmärkten und Steuerpolitik zusammen. Auch regionale Aspekte, wie Flächenwidmung und Raumordnung, spielen eine Rolle. Außerdem besteht ein enger Zusammenhang zur Bauordnung – Qualitätsvorschriften spiegeln sich häufig in den Baukosten wider. Demographische Faktoren, wie z. B. Haushaltsbildung und -größe, Lebenszyklus und Alterung, hängen ebenfalls mit Leistbarkeit von Wohnen zusammen.

Bereits mehrmals wurden Qualitätsaspekte erwähnt, deren Berücksichtigung ist jedoch weitaus komplexer als die Messung von Leistbarkeit an sich. Zu beachten ist, dass eine hohe Wohnqualität – und diese ist in Österreich vorhanden – auch einen entsprechenden Preis hat. Abgesehen davon, dass nahezu alle Wohneinheiten in Österreich bereits der Kategorie A entsprechen, steigt auch die beanspruchte Wohnfläche pro Kopf seit Jahren und liegt immerhin bereits bei über 40 m². Auch die Zahl der Ein-Personen-Haushalte ist am Steigen, wodurch Einsparungspotenziale bei den Wohnkosten durch die gemeinsame Nutzung von Räumen (Küche, Bad, Wohnzimmer etc.) nicht genützt werden können.

Die SILC-Ergebnisse zeigen auf, dass die Wohnzufriedenheit in Österreich hoch ist. Außerdem weisen Indikatoren zur Qualität der Wohnumgebung (z. B. Lärm, Luftverschmutzung, Kriminalität) darauf hin, dass diese gut ist und zudem tendenziell einkommensunabhängig. Hingegen sind Haushalte mit niedrigem Einkommen häufiger von Wohnproblemen innerhalb der Wohnung betroffen (z. B. dunkle Räume, Schimmelbefall). Insbesondere einkommensschwache Haushalte sind von Überbelag betroffen, durch die

---

13 Mehr zum Konnex zwischen Wohnungspolitik und anderen Politikbereichen findet sich in: Andrea Kunnert und Josef Baumgartner: Instrumente und Wirkungen der österreichischen Wohnungspolitik, WIFO, Wien, 2012.

dichtere Belegung wird Wohnen verhältnismäßig „unterkonsumiert". Im europäischen Vergleich ist jedoch selbst die Überbelagsrate niedrig.[14]

Die Wohnsituation in Österreich zeichnet sich daher durch eine gute Qualität aus und die Frage, inwieweit mögliche Leistbarkeitsprobleme durch zu hohe Qualitätsansprüche auftreten, scheint berechtigt. Neben bereits bekannten Ansätzen, wie Kostentreiber in der Bauordnung einzudämmen oder der Förderung alternativer Wohnformen (Stichwort: Senioren-WGs), könnte zudem – ähnlich wie bei den Leistbarkeitsindikatoren – auch hier ein Referenzwohnstandard Abhilfe schaffen. Damit könnte die Leistbarkeit besser beurteilt werden und ein „Überkonsum" oder „Unterkonsum" ausgeschlossen werden. Jedoch ist insbesondere die Festlegung eines Wohnmindeststandards kaum theoretisch ableitbar, sondern von vielen soziokulturellen und ökonomischen Faktoren geprägt.[15] Es empfiehlt sich daher, ähnlich wie bei der Bestimmung der Referenzbudgets, auf empirische Grundlagen zurückzugreifen. Das wäre auch eine Möglichkeit, potenzielle Fehlklassifikationen nach einem der zuvor beschriebenen Leistbarkeitskonzepte zu minimieren (vgl. Beispiele).

---

14 Vgl. http://epp.eurostat.ec.europa.eu/statistics_explained/index.php/Housing_statistics (zuletzt aufgerufen am 28.04.2014)

15 Da ein Wohnungswechsel mit hohen Transaktionskosten einhergeht, wäre ein temporäres Überschießen oder Unterschießen des Standards zu berücksichtigen. Zudem hängt die Wohnsituation der Haushalte natürlich wiederum von der Lage am Wohnungsmarkt und dem vorhandenen Wohnungsbestand ab. Auch die Haushaltsgröße und -zusammensetzung kann sich im Unterschied zur Qualitätsausstattung des Wohnungsbestands rasch ändern.

Jörg Wippel

Die Erneuerung österreichischer Wohn(bau)politik

Lassen Sie mich eine Brücke schlagen: Vom Ende des 2. Weltkrieges und einem weitgehend zerstörten Wohnungs- und Infrastrukturbestand zum heutigen Österreich als einem der bestwohnversorgten Länder der Welt – sowohl quantitativ als auch qualitativ. Und auch bei den Wohnungspreisen – ob Eigentum oder Miete – konnten wir ein moderates Niveau halten. Im Vergleich zu Städten und Ländern aus der Gruppe jener Staaten, zu denen wir uns zählen dürfen – den 15 reichsten der Welt – ist der Anteil von Wohnkosten an verfügbarem Einkommen in Österreich deutlich geringer als in den meisten anderen Nationen.

Wie aber kam es zu diesem „Wunder" in nur 70 Jahren? Hauptsächlich, jedenfalls meiner Meinung nach, aus drei Gründen:

1. Der fleißige Österreicher: Die Sozialpartnerschaft der 2. Republik hat sozialen Frieden und den Ausgleich der Interessen geschaffen und aufrechterhalten – bis zum heutigen Tag. Österreich hat produziert, was es gebraucht hat – nicht zuletzt Wohnraum – und nicht gestreikt.
2. Ein politisches Wohnrecht, das die Wohnungspreise der marktwirtschaftlichen Preisbildung nach Angebot und Nachfrage lange Zeit entzogen hat – zumindest in den offiziellen Mieten und Wohnungskaufpreisen.
3. Ein effizientes und starkes Subventionssystem, mit dem es rasch gelungen ist, notwendigen Wohnraum qualitativ hochwertig bereitzustellen und somit den Wohnungsmangel nach Ende der beiden Weltkriege zu beseitigen.

Gleichzeitig hat bis zum heutigen Tag das Subventionssystem – also die Wohnbauförderung aus Steuermitteln für Neubau und Sanierung – gemeinsam mit dem nach wie vor nicht entpolitisierten Wohnrecht einen marktpreisdämpfenden Effekt. Obwohl Mieten und Kaufpreise immer rascher und dynamischer steigen, vollzieht sich diese Entwicklung immer noch langsamer und in geringerem Umfang als sie in einem vollständig freien Markt erfolgen würde.

70 Jahre nach der Neugründung der Republik 1945 gehört Österreich also qualitativ und quantitativ zu den bestwohnversorgten Ländern der Welt – mit immer noch relativ niedrigen Wohnkosten, gemessen an den Haushaltseinkommen vergleichbarer Staaten. Diesen Zustand gilt es aufrechtzuerhalten, und dazu ist die Politik gefordert und vor allem neue Politik erforderlich.

Würde man alle Maßnahmen, die zum jetzigen Niveau geführt haben, also das Subventionssystem in Verbindung mit einem wenigstens teilweise „politischen" Wohnrecht, wegen nachgewiesenem Erfolg ersatzlos streichen – sozusagen im Sinn von „mission completed" – wäre das österreichische Wohnungswesen in weit weniger als 70 Jahren nur mehr Durchschnitt. Damit wäre ein Erfolgsweg zu Ende. Einfach so weitermachen also? Alles paletti im Lande Österreich? Nein, ganz und gar nicht. Das wäre auch ein fataler Fehler, weil: Stillstehen heißt zurückfallen. Den Status Quo zu verteidigen ist zu wenig, wie die in diesem Buch enthaltenen Beiträge eindrucksvoll beweisen. Abschaffen geht nicht, einfach weitermachen auch nicht – was dann?

Meine Antwort lautet: Radikal verändern, um das positiv Erreichte zu erhalten. Die Irrwege und Fehlentwicklungen, die sich in unser System eingeschlichen haben, müssen hintangehalten und reduziert werden. Und wir müssen uns bewusst werden, dass es völlig neue Notwendigkeiten gibt. Herausforderungen, die nichts mehr, aber auch schon gar nichts mehr, mit der raschen Nachproduktion des Mangelgutes Wohnung zu tun haben!

Was sind nun jene Besonderheiten, die unser System hervorgebracht hat und die uns von vergleichbaren Staaten und Städten positiv unterscheiden? Aus meiner Sicht sind das:
- Die Vollversorgung der Bevölkerung mit hochwertigem und noch bezahlbarem Wohnraum.
- Die soziale Durchmischung aller Regionen, Stadtteile und Quartiere – also die österreichweite Vermeidung sowohl von Armengettos als auch von reinen Reichenvierteln. (Auch in Hietzing und Döbling gibt es Gemeindewohnungen.)
- Die hohen (vielleicht zu hohen) technischen und architektonischen Standards.

Wodurch ist dieses außergewöhnliche Level bedroht, welche Gefahren lauern?

Da ist in erster Linie der erreichte Zustand selbst. Was soll noch gefördert und geschützt werden, wenn die Bevölkerung mit adäquatem Wohnraum vollständig versorgt ist? Sind die aufgewendeten Mittel, immerhin 1 % der Bruttolohnsumme der Österreicher, also 1,8 Milliarden Euro, noch sinnvoll als Wohnbauförderungsmittel zu investieren oder sollten diese Gelder nicht für dringlichere Ziele eingesetzt werden? Oder soll man einfach die Lohnnebenkosten, aus denen sich ja die Förderung speist und bei denen Österreich im internationalen Spitzenfeld liegt, senken – die Mittel also einfach einsparen? Die Verländerung der Wohnbauförderung und die Aufgabe der Zweckbindung waren ein klarer Hinweis, dass der Wohnbau nicht mehr als prioritär angesehen wurde.

Zweitens hat der rasante Wiederaufbau zu Wohnrechtsbestandteilen – Mietrechtsgesetz (MRG), Wohnungsgemeinnützigkeitsgesetz (WGG), Wohnungseigentumsgesetz (WEG) – geführt, welche die Rechtsmaterien zunehmend zersplittern und Teilmärkte statt eines gesamtheitlichen funktionierenden Wohnungsmarktes geschaffen haben. Jeder Rechtsbereich hat seine eigenen Privilegien, seine eigenen Besonderheiten. Wird ein Bereich für sich alleine reformiert, hat dies für die Ausnahmen und Privilegien der anderen Teilmärkte in der Regel eine verstärkende Wirkung.

Last but not least hat das erfolgreiche System der Wohnbauförderung auch einen wirtschaftlichen Einflussfaktor geschaffen – bestehend aus finanzierenden Banken, Bauträgern und Bauausführenden – der sich selbst (gar nicht einmal zu Unrecht) zunehmend als einziges wirklich sinnvolles „Organ" für den Wohnungsneubau betrachtet und sich für den eigentlichen Zweck der Wohnbauförderung hält.

Es muss uns aber bewusst werden, dass die Herausforderungen der Zukunft vollständig andere sind. Es geht nicht mehr darum, die Bevölkerung mit Wohnraum zu versorgen – den hat sie schon. Es geht darum, permanent über jene Menge an Wohnraum zu verfügen, die aktuell vorhanden ist und so viel Wohnraum zusätzlich zur Verfügung zu stellen, wie ihn eine (wenn auch langsamer) wachsende Bevölkerung benötigt. Es geht darum, die Qualität der Durchmischung zu intensivieren. Es geht darum, den Landschaftsverbrauch drastisch zu verringern – also unsere Regionen und Bauten eher zu verdichten und kompakter zu gestalten. Infrastrukturen dort zu nutzen, wo sie schon vorhanden sind, statt sie vorzugsweise dort neu zu errichten, wo Bauland scheinbar noch billiger ist. Es geht auch darum, die öffentlichen Räume wieder für die Menschen nutz- und lebbar zu machen, statt sie ausschließlich dem fließenden und ruhenden Individualverkehr auszuliefern.

Zusammengefasst würde ich meinen, dass es um den Begriff einer *neuen modernen Sparsamkeit* geht: Sparsamkeit im Umgang mit immer knapperen Ressourcen, Sparsamkeit beim Energieverbrauch, Rücksicht auf Land und Landschaft, Verkürzung von Wegstrecken, ja, auch Beschränkung der Größe des Wohnraums, den der Einzelne (ver-)braucht und in dem immer mehr von uns auch von Vereinsamung bedroht sind.

„Kompakter" muss das neue Schlagwort heißen, nicht „größer".

Was muss also geschehen, wollen wir den hervorragenden Zustand unseres Wohnungswesens bewahren, für die Bevölkerung verbessern und den modernen Herausforderungen anpassen? Dazu drei Thesen:

1. Vorhandenes besser und intensiver nutzen

Unsere Wohngebäude wurden und werden laufend modernisiert, der Substandard wurde beinahe vollständig beseitigt, Altgebäude saniert und weitgehend wärmegedämmt und mit sparsamen Heiz- und Warmwassersystemen aufgerüstet.

Die von Kennern mit Weitblick schon lange angedachte Verdichtung unserer Ballungsräume, Städte und Orte sollte die Herausforderung der nächsten 50 Jahre sein. Unterklassig bebaute Liegenschaften und Gebäudekomplexe sollten insbesondere dort, wo ein funktionstüchtiges Umfeld und die Versorgungs- und Entsorgungssysteme vorhanden sind, verdichtet – also aufgestockt – werden. Alte Fabriken, nicht mehr benötigte Kasernen, aber auch neu errichtete, ungenutzte Bürogebäude sollten bevorzugt einer Wohnnutzung zugeführt werden.

Das erfordert aber ein Umdenken vor allem in jenem Bereich, der hauptsächlich für den Erfolg des Wohnungswesens seit den Wiederaufbaujahren verantwortlich zeichnet: im gemeinnützigen Wohnungswesen.

In dicht verbauten Stadtteilen und Ortskernen sind Grundstücke kleiner als „auf der grünen Wiese". Gebäude sind niedriger als unter Umständen möglich, dafür sind sie aber bewohnt und schwierig veränderbar und gestaltbar. Diese Wohnraumschaffung ist also viel kleinteiliger, schwieriger und daher auch teurer. Andererseits wurden die Liegenschaftskaufpreise durch die Träger vor 40 oder 50 Jahren zur damaligen Neubauschaffung schon einmal bezahlt und im Wege der Baukostenzuschüsse der Erstmieter schon einmal refinanziert. Sie fallen also, wenn die damalige Trägerschaft immer noch Eigentümer ist, für die Wohnungsschaffung im Zuge einer allfälligen Aufstockung nicht mehr in gleicher Höhe wie damals oder im Umfang der gegenwärtigen Baulandpreise an.

Man könnte also – dem Gedanken Aufstockung statt Neubau folgend – die Baukostenförderung erhöhen, die Grundstücksförderung beenden oder drastisch reduzieren und damit auch den preistreibenden Ankauf von Neubau-Grundstücken zur Wohnraumschaffung massiv verringern. Und damit einen klassischen, politisch nicht kontrollierbaren Preistreiber – nämlich den Grundstücksmarkt – durch mangelnde Nachfrage einbremsen.

Gleichzeitig würde die bestehende Eigentümerschaft, die gemeinnützigen Wohnungsunternehmen, in ihrem Eigentum gestärkt. Sie würde Altbestände an Wohnungen nicht mehr zu Tausenden an den „freien Markt" verkaufen, wie anlässlich des BUWOG-Verkaufes geschehen.

Ein weiterer positiver Effekt einer solcherart neuen Politik des Vorzugs der Verdichtung vor dem Wohnungsneubau wäre eine intensivere Nutzung bestehender Infrastrukturen und eine bessere Entkopplung der Wohnungsschaffung von der Garagenerrichtung.

Die hier von mir präsentierte „Utopie" ist allerdings mit dem gegenwärtigen Wohnungsgemeinnützigkeitsgesetz (WGG) vollständig unvereinbar – auch mit den unterschiedlichen Wohnbauförderungsrichtlinien der Länder. Um also der Verdichtung bestehender Strukturen vor dem Wohnungsneubau den Vorrang einzuräumen, ist das WGG grundsätzlich zu reformieren. Das aber führt zur zweiten notwendigen These, will man das österreichische Wohnungswesen für die Herausforderungen der Zukunft fit machen:

2. Schaffung eines umfassenden neuen Wohnrechts

Der Sinn eines neues Wohnrechts wäre die Beseitigung der nicht mehr nachvollziehbaren und unjudizierbaren Richtwertmieten des Mietrechtsgesetzes (MRG) und deren Ersatz durch die viel plausibleren einschlägigen Bestimmungen des WGG, die auch niemals von spekulativen Motiven geprägt waren. Diese Regelungen müssen zum Maßstab der österreichischen Mietenpolitik auf Basis solider Kalkulationen gemacht werden. Bestünde also die politische Absicht, das Wohnungsgemeinnützigkeitsrecht grundsätzlich für die Herausforderungen der Zukunft zu rüsten, wäre es politisch gesehen unverhältnismäßig leichter, das noch dazu hauptsächlich für Wien relevante Mietrechtsgesetz dem notwendigen Stresstest zu unterziehen.

Inhaltlich ist das wirklich einfach: Jeder Wohnungssuchende und jeder schon Wohnende kann innerhalb einer Viertelstunde zehn Kriterien aufzählen, die ihm wichtig sind – Zuschläge also – und zehn Kriterien, die er zwar in Kauf nehmen würde, die aber seine „Wohnfreude" eher reduzieren als steigern. Bei fast allen Menschen – man muss wahrscheinlich ein wenig zwischen Land- und Stadtbevölkerung differenzieren – sind es in der repräsentativen Schnittmenge die gleichen zehn Hauptkriterien. Sie also aufzuzählen, wie es anlässlich des 3. Wohnrechtsänderungsgesetzes (WRÄG) 1993 erfolgt ist, und sie taxativ in einen Gesetzestext zu gießen (was aus politischen Gründen im WRÄG unterblieben ist), ist eine ganz einfache Fingerübung – sachlich gesehen.

Politisch aber ist es sehr schwierig. Folgende, zum Teil ideologisch sehr belastete oder tabuisierte, Felder werden berührt:
- Ideologie des freien Marktes (MRG) gegen die Ideologie des geschützten, (vermeintlich) sozialen Marktes (WGG)
- die Sondersituation Wiens („Wasserkopf", MRG)
- Eingeständnis, dass mehr soziale Treffsicherheit auch im geschützten Sektor bzw. bei der Verteilung der Wohnbauförderung notwendig ist
- Teilnahme des ungeförderten privaten Sektors an der Wohnversorgung der einkommensschwachen Bevölkerung, wie das im privaten Zinshaus bis 1994 auch tatsächlich der Fall war
- Notwendigkeit der aktiven Bekämpfung von „Verslumungstendenzen" im kommunalen Wohnungsbestand (richtungsweisender Wiener Gemeindebau der Zwischenkriegszeit)
- Und das ist nur ein Teil jener Politikfelder, die tatsächlich von einer umfassenden Wohnrechtsreform betroffen wären.

Fehlt noch das Wohnungseigentumsgesetz (WEG): Die großvolumigen Wohnungseigentumshäuser, die in den 70er und 80er Jahren des vergangenen Jahrhunderts errichtet wurden, haben ihre „erste Lebensdauer" bereits hinter sich. Der Anteil an Neuerrichtungen in der Rechtsform Wohnungseigentum nimmt im Gefolge der Entpolitisierung des Wohnrechts 1994, der Unbeweglichkeit und Überfrachtung der Wohnbauförderung, der Bodenpreisentwicklung und der Niedrigzinspolitik der Wirtschaftskrise laufend zu.

In den 1970er Jahren hat man Eigentum vorwiegend als Recht verstanden und noch nicht wirklich damit gerechnet, dass neue Häuser einmal alt und damit verstärkt auch zur (Erhaltungs-)Pflicht werden. Wohnungseigentum ist eine Form des Miteigentums – die Innenseite der Wohnung gehört allein dem jeweiligen Eigentümer, alle anderen Flächen und Räume gehören allen. Hätten wir also ein gesamtheitliches Wohnrecht, das endlich alle Wohnungen gleicher Art, gleicher Größe und Ausstattung sowie vergleichbarer Lagen – im Neuvermietungsfall und nach Ablauf allfälliger Errichtungsforderungen – umfasst, und zwar auf Basis
- einer österreichweit einheitlichen Normwohnung,
- eines taxativ aufgezählten Zu- und Abschlagssystems (geleitet durch die nicht spekulativ agierende und kalkulationsbasierte Gemeinnützigkeit) verbunden mit einem
- kräftigen Zuschlag für unbefristete Vermietung,

dann hätten wir erstmals rechtlich für die Zukunft gesichert, was bis Mitte der 1990er Jahre im Wohnungswesen Österreich als „Insel der Seligen" ausgezeichnet hat:
- lang anhaltende Eigentümeridentität von Wohnimmobilien,
- Berechenbarkeit und Transparenz des Wohnrechts,
- lang andauernde Bestandsverhältnisse, die vorwiegend durch den/die Bewohner aufgrund der Veränderung seiner/ihrer beruflichen oder familiären Situation beendet würden.

Anders formuliert hätten wir sowohl mehr Markt (gemeinnützige und kommunale Wohnungen) als auch mehr Schutz – also ein „politischeres Wohnungswesen" – als während der vergangenen 20 Jahre. Was wir allerdings nicht mehr in gleicher Form hätten, wären „geschützte Sektoren".

3. Sicherung der sozialen Durchmischung als Österreich-spezifisches Best-Practice-Modell

Nur wenn Österreich nur mehr dort Wohnungen neu errichtet, wo es notwendig ist, weil nicht genug vorhanden sind, um ein nachweisliches Bevölkerungswachstum zu befriedigen (These 1), nur wenn die Bestandsnutzung intensiviert, transparenter und nachvollziehbarer gestaltet wird (These 2), sind die Voraussetzungen gegeben, um das sicherzustellen, was Österreich im internationalen Vergleich zwischen 1959 und 2000 als Alleinstellungsmerkmal ausgezeichnet hat: Dass alle sozialen Gruppierungen und alle Einkommensschichten der Bevölkerung in allen Stadtteilen und Regionen vertreten und „zu Hause" sind und sich diese Regionen und Stadtteile nur durch unterschiedliche prozentuelle Anteile dieser Bevölkerungsgruppierungen unterscheiden.

Silvia Forlati

Geschoßwohnbau im Wandel: Ein Überblick

Einen besonderen Beitrag zur heutigen Gestaltung des Geschoßwohnbaus leisteten die Architekten der Moderne. Von Anfang der 1920er Jahre an wurde der Wohnbau – insbesondere im Hinblick auf die neue Arbeiter- und Mittelklasse – zu einem zentralen Thema der Architektur und erstmals in der Geschichte zu einer zentralen Aufgabe für Architekten. Wohnbau für die Arbeiter- und neue Mittelklasse musste leistbar sein. Die europäische Avantgarde forderte einen radikalen Umbruch, um die nötige Leistbarkeit und Wohnraumqualität zu erreichen. Wohnbau wurde auf jeder Ebene neu definiert, von der Planung bis zum Bau, zur Wohneinheit und Möblierung.

Im Zentrum dieser radikalen Neuerung stand die Bestimmung der akzeptablen Minimalerfordernisse in Bezug auf Funktion und Raumgröße nach, wie man meinte, allgemein gültigen Standards. Der deutsche Architekt Ludwig Hilberseimer definierte dieses *Wohnminimum* folgendermaßen: „Organisiert man dagegen diese Fläche nach den Erfordernissen, beschränkt die Raumgrößen auf das Notwendige, so kann ein Wohnungstyp gefunden werden, der die Mindestanforderungen einer Familie von fünf bis sechs Köpfen erfüllt"[1].

Diese Aussage impliziert drei bis heute übererbte Grundannahmen für die Planung und Errichtung von Wohnbauten: Erstens liegt der Schwerpunkt auf der Organisation des Grundrisses, nicht des Raumes: Durch den Geschoßplan kontrolliert der Architekt die Wohnungsgestaltung. Zweitens ist das Ziel ein Raumminimum, nicht -maximum. Im Geschoßwohnbau geht es also um die Festlegung der Grenzen des Notwendigen. Und schließlich werden Standardfamilien oder Standardnutzer definiert, deren Raumbedürfnisse und -nutzungsgewohnheiten sich ein für alle Mal erfassen und effizient und deterministisch im Entwurf umsetzen lassen.

Einschätzung der Bedürfnisse und Erwartungen heutiger Nutzer

Diese Grundannahmen des modernen Ansatzes im Wohnbau sind heute fragwürdig. *In den westlichen Gesellschaften herrscht eine wachsende Ausdifferenzierung der Biographien und Haushalte.* Die quantitative Perspektive – der Blick auf die demographischen Veränderungen – kann dies nur zum Teil erklären. Im Übergang von der ersten zur zweiten Moderne, von der industriellen zur dienstleistungsbasierten Gesellschaft, tragen Phänomene wie Selbstreflexion und Individualisierung zu einer qualitativen und ‚sanften' Neudefinition von Wohnparametern bei, und das vielleicht radikaler als die vorher erwähnten quantitativen Phänomene. Es liegt in der Verantwortung des Einzelnen, für sich zu organisieren und zu entscheiden, was vordem durch Klassenzugehörigkeit und Familie vorgegeben war. Man baut sich eine Biographie nach Wunsch auf und übernimmt die damit einhergehenden

---

1 Ludwig Hilbersheimer: Groszstadtarchitektur, Julius Hoffmann, Stuttgart 1927, S. 23.

Pflichten und Risiken in einem ständigen Prozess von Versuch und Irrtum[2]. Die Befreiung aus kollektiven Identitäten und den Strukturen der Industriegesellschaft führt zu einer Vervielfachung der möglichen Lebensstile und Identitäten. Individuen haben die Möglichkeit, darüber nachzudenken, wer und was sie sein wollen (Selbstreflexion). Darin lässt sich auch ein Zugewinn an positivem Raum für den Einzelnen angesichts der wachsenden Komplexität der heutigen Gesellschaft sehen. Die Soziologen Scott Lash und John Urry[3] haben auf das Vorhandensein ästhetischer Lebensgüter hingewiesen: Güter, die im Zusammenhang mit der Kulturindustrie stehen – wie Reisen, Tourismus –, aber auch Räume – wie Hotels, Restaurants, Kunstgalerien, Flughäfen –, an denen die Gestaltungskomponente zunehmend kodiert ist und deren Konsum eine Reihe bedeutsamer Identitätsentscheidungen voraussetzt[4]. Sie stellen auch fest, dass diese Art Konsum typisch für die Mittelklasse ist. Der Erfolg von Ikea und die Verbreitung von Zeitschriften über Lifestyle und Wohnkultur deuten darauf hin, dass zumindest für einen Teil der Mittelklasse in den fortgeschrittenen Gesellschaften das Wohnen möglicherweise zu einem dieser ästhetischen Lebensgüter geworden ist, das zur individuellen Identitätsbestimmung beiträgt.

Die zentrale Frage lautet: *Welche Qualitäten für wen?* Aus dieser Marketingfrage ist eine Planungsfrage geworden, auch im Zusammenhang mit neuen Sichtweisen der politischen Relevanz von Wohnbau. Staatliche Intervention im Wohnbausektor hatte traditionellerweise mit der Aufrechterhaltung des sozialen Gleichgewichts zu tun; heute ist dies in Wahrheit nur ein Teil des Aufgabenumfangs. Wohnbau wird zunehmend als ein relevanter Faktor mit Einfluss auf die Attraktivität und Wettbewerbsfähigkeit von Städten und/oder den umgebenden Regionen gesehen. Attraktiver Wohnbau kann Abwanderung verhindern und Zuwanderung anziehen, da nicht nur die Menschen der Arbeit folgen, sondern auch die Arbeit den Menschen. Wohnbau hat Einfluss auf Standortentscheidungen in der Industrie. Bestimmte Kombinationen von Qualität und Zugang zu Wohnraum haben Auswirkungen auf die Geburtenrate, da sie den Zeitpunkt von Haushaltsgründungen und damit das Alter, in dem Frauen Kinder haben, mitbestimmen.

Die Auswirkungen dieser Verschiebung zeigen sich auf lokaler Ebene. Städte müssen heute unmittelbar Strategien entwickeln, um „auf den demographischen Wandel zu reagieren", ebenso wie „verschiedene Maßnahmen, um bestimmte Bevölkerungsgruppen anzuziehen, durch Gewährung finanzieller Vorteile wie z. B. leistbare Wohnungen oder Steuernachlässe für ausländische Fachkräfte oder durch Dienstleistungen oder angemessenen Städtebau"[5]. Beispiele dafür sind etwa die im Osten Deutschlands eingeschlagenen Strategien als Reaktion auf die schrumpfenden Städte oder auch Stadterweiterungsprojekte wie in Amsterdam oder Aspern in Wien oder in North West Cambridge in Großbritannien.

Von daher ist es überraschend, dass den Präferenzen im Wohnbau bisher wenig Aufmerksamkeit gewidmet wurde. Gestaltung und Errichtung erfolgen im Geschoßwohnbau auf Basis von Annahmen und Bauchgefühlen – entweder von Architekten (die sich dabei auf ihre privaten oder professionellen Erfahrungen mit Nutzerbedürfnissen berufen) oder

---

2   Ulrich Beck: Die Individualisierungsdebatte, in: Bernhard Schäfers (Hg.): Soziologie in Deutschland. Entwicklung, Institutionalisierung und Berufsfelder, Theoretische Kontroversen, Leske+Budrich, Opladen 1995, S. 191.
3   Scott Lash und John Urry: Economies of Signs & Space, Sage, London 1996.
4   Ebda., S. 32–59.
5   Europäische Umweltagentur: Analysing and managing urban growth, auf: http://www.eea.europa.eu/articles/analysing-and-managing-urban-growth, (aufgerufen am 26.02.2013), S. 32.

von Bauträgern (die sich auf ihre Einschätzung berufen, was sich wo wie gut verkaufen lässt). Der Prozess wurde als „Summe subjektiver Erfahrungen"[6] beschrieben, weit entfernt von den hochentwickelten Untersuchungen, wie sie in anderen Branchen gang und gäbe sind, etwa in der Autoindustrie.

Zu den Studien, die versuchen, diese Lücke zu schließen, zählen eine Erhebung zum Wohnungsmarkt in München[7] und eine Studie, die Immobilien zwischen Glasgow und Edinburgh untersucht[8]. Bewertet werden dabei die relative Bedeutung gegebener Eigenschaften und deren Zusammenwirken. Die angewandten Analyseverfahren vermeiden die mit kognitiver Dissonanz verbundenen Risiken, da sie eine Auswahl ex ante simulieren und nicht ex post, da doch „wenige bereit wären zuzugeben, dass das gewählte Haus nicht ganz ideal war"[9]. Die Frage der Anzahl der Zimmer für eine gegebene Wohnfläche bleibt offen. Einige Nutzer ziehen weniger, dafür aber größere Zimmer vor. Manche haben lieber eine offene, mit dem Wohnzimmer verbundene, andere eine separate Küche (München). Während für die meisten Preis und Lage ausschlaggebend sind, gründen einige (jüngere Haushalte ohne Kinder) ihre Wahl auf den Typ und die Spezifikationen der Immobilie; sie sind es auch, die am ehesten zu unkonventionellen Entscheidungen neigen (Glasgow und Edinburgh).

Die genaue Information darüber, wer was bevorzugt, bezieht sich auf die spezifischen Kontexte der jeweiligen Studien und lässt sich nicht ohne weiteres verallgemeinern. Gleichwohl lassen sie Trends erkennen und erleichtern es, Spielräume für Innovationen im Wohnbau abzustecken. Wie kann der Wohnbau auf die Ausdifferenzierung von Nutzern und Bedürfnissen reagieren?

Wohnbau warum und für wen

Die Ausdifferenzierung ist teils eine Frage von auf Nutzer und Lifestyle zugeschnittenen Produkten (wie im Themenwohnbau) und teils von demographischen Veränderungen (wie der wachsenden Zahl von Singles und/oder Älteren). Dennoch bezieht sie sich auch auf den politischen Kontext, was zum Beispiel die Notwendigkeit betrifft, die Schaffung bezahlbaren Wohnraums neu zu überdenken, wenn die öffentliche Hand sich von direkten Interventionen zurückzieht, oder die Notwendigkeit, Mietwohnungen für zunehmend mobile Nutzer bereitzustellen, die mit ihren Jobs von Ort zu Ort übersiedeln.

Was klar ist: Die verstärkte Ausdifferenzierung sowohl der Nutzer als auch der Funktionen von Wohnraum hat vordefinierte Standards, basierend auf Monofunktionalität und Minimalbedarf, obsolet gemacht. Außerdem hat sich der politische Kontext verändert. Seit dem Ende der 1990er Jahre zeigt sich die Rolle der öffentlichen Hand in Form indirekter Kontrolle, etwa durch Subventionierung der Nachfrage (Subjektförderung) oder des Angebots (indirekte Objektförderungen), während die Rolle der Marktschaffung, wenn auch

---

6   Agnes Förster: Primärerhebung zum Wohnungsmarkt in München, Detail 3/Serie 46, Geschosswohnungsbau, Technische Universität München 2006, S. 156.
7   Ebda.
8   Chris Leishman, Peter Aspinall, Moira Munro and Fran J. Warren: Preferences, quality and choice in new-build housing, York: John Rowntree Foundation 2004, auf: www.jrf.org.uk/system/files/185935162x.pdf, (aufgerufen am 15.02.2013).
9   Ebda., S. 1.

durch Subventionierung, sich stark erweiterte. Der Schwerpunkt der Wohnbaupolitik in Europa liegt mittlerweile hauptsächlich auf Wohnungseigentum[10]. 2009 wohnten nahezu drei Viertel der Bevölkerung der EU-27 in Eigenheimen[11].

Was es braucht

Ausdifferenzierung lässt sich in unterschiedlichem Maßstab betreiben. Themenwohnbau versucht bestimmte Qualitäten anzubieten, von denen man annimmt, dass sie für bestimmte Nutzergruppen relevant sind – etwa die Versorgung mit nachhaltig erzeugter Energie oder spezifische Wohnformen für Familien mit Kindern, die auf die Bedürfnisse von Frauen abgestimmt sind. Es wird davon ausgegangen, dass die Nutzer sich für das entscheiden, das am ehesten ihren Erwartungen und Bedürfnissen entspricht. Ausdifferenzierung lässt sich aber auch im Maßstab von Gebäuden betreiben, sodass jede Wohneinheit als Unikat gelten kann. (Beispiel hierfür sind etwa das Projekt Silodam von MVRDV in Amsterdam oder die Minilofts auf dem Wienerberg von Delugan Meissl).

Hinterfragt werden muss, was diese Differenzierungen bedeuten. Geht es darum, eine einzigartige Wohnung zu haben, die sich von der des Nachbarn ‚kosmetisch' unterscheidet? Oder um wirklich unterschiedliche Leistungen, zum Beispiel in Bezug auf multifunktionale Work-Life-Möglichkeiten oder Größenveränderungen im Lauf der Zeit oder besser funktionierende Gemeinschaftseinrichtungen? Spiegeln diese Differenzierungen das Gesamtkonzept des Gebäudes und die Beziehung zu seinem städtischen Kontext wider?

Ein weiterer möglicher Weg, auf die Ausdifferenzierung der Bedürfnisse zu reagieren, besteht darin, sich durch vermehrte Flexibilität Optionen offenzulassen. Diese wiederkehrende Idee hat sich zu etwas entwickelt, was sich als „Flexibilitätsrhetorik" definieren lässt und seit Beginn der Moderne von den meisten Architekten geteilt wird. Dabei wird Flexibilität oft als notwendiges Attribut gesehen, um architektonisch langlebige und effektive Wohnbaulösungen zu erzielen. Stattdessen freilich haben die Architekten das fast vollständige Versagen erlebt, in der Mehrheit der Wohnbauproduktion Flexibilität in irgendeiner Weise zu erreichen. Paradoxerweise hat vor der Moderne und ohne jede Flexibilisierungsabsicht entstandene Wohnbauarchitektur weit größere Anpassungsfähigkeit an radikale Veränderungen in Bezug auf Funktion oder Nutzungsmuster bewiesen[12]. Möglicherweise als Reaktion auf dieses Versagen sehen aktuelle Betrachtungen Potenzial für Verbesserungen im Wohnbau nur in sanften oder realistischen Formen von Flexibilität, bei denen das Gebäude darauf ausgelegt wird, Veränderungen im Lauf der Zeit mitzumachen, indem tragende Zwischenwände weggelassen und Möglichkeiten für große, unterschiedlich nutzbare Räume geschaffen werden.

Flexibilität umfasst auch immaterielle Ebenen wie etwa die normative. Um einen Wohnraum als Büro nutzen zu können, braucht man nicht nur die richtige Art von Raum, sondern auch den entsprechenden regulativen Rahmen, der die Nutzung als Arbeitsraum zulässt. Die Rolle dieser immateriellen Dimension sollte nicht unterschätzt werden. Pro-

---

10 Hugo Priemus and Frans Dieleman: Social Housing Policy in the European Union: Past, Present and Perspectives. Urban Studies, Vol. 39, No. 2., 2002, S. 193.
11 Anna Rybkowska and Micha Schneider: Population and social conditions, Brussels: Eurostat 2011.
12 Tatjana Schneider and Jeremy Till: Flexible Housing, Oxford: Elsevier 2007, S. 3. Javier Mozas and Aurora Fernandez: Housing and Flexibility (I), in: a+t 12, 1998, S. 11.

duktinnovationen wie Pflege im eigenen Heim oder Möglichkeiten zum Leben und Arbeiten wie in den Projekten des Peabody Trust in London (wo zusammen mit kombiniertem Arbeits- und Wohnraum auch eine Unternehmensgründungsberatung angeboten wurde) zeigen das Potential von Innovationen, die Hard- und Software, Gebäude und damit verbundene Dienstleistungen, miteinander kombinieren. In diesen Fällen spielen die architektonischen Gestaltungslösungen eine eher komplementäre Rolle bei der Definition des Innovativen, da als der eigentliche Ort der Innovation die Kombination der baulichen und der Dienstleistungsebene zu sehen ist. Dieser Innovationstyp hat Bezüge zu innovativen Produkten, die Herstellung und Dienstleistung miteinander verbinden, wie etwa bei Rolls Royce, das Motoren verkauft und auch Wartungsdienste dafür anbietet. Er steht für einen interessanten, wenn auch wenig erforschten Innovationstrend im Geschoßwohnbau.

Wie Prozessinnovationen beitragen können

Auch Innovationen bei den Bereitstellungsprozessen können relevant zu Neuerungen und Verbesserungen bei der Erfüllung der breit gefächerten heutigen Wohnbedürfnisse beitragen. Bauträgerwettbewerbe zur Qualitätssicherung bei subventionierten öffentlichen Wohnbauvorhaben, wie sie die Stadtverwaltungen in Amsterdam, Wien oder Mailand abhalten, oder Regulierungen, wie das holländische System der 30:70-Aufteilung zwischen sozialem und kommerziellem Wohnbau, sind Beispiele solcher prozessbasierter Innovationen. Beides sind neue Werkzeuge, mittels deren die öffentliche Verwaltung die Qualität von durch private Bauträger errichteten Wohnbauten indirekt kontrollieren und leistbaren Wohnraum „mit hohem Standard und innovativen Projektinhalten" (Wien) sicherstellen kann.

Nutzerpartizipation stellt eine radikale Änderung im Prozess der Wohnversorgung und bei den Rollen der beteiligten Akteure dar. An sich nichts Neues hat die Partizipation heute viel neue Aufmerksamkeit auf sich gezogen, weil sie es erlaubt, die Nutzer und ihre Bedürfnisse und Präferenzen in direkte Verbindung zu dem, was gebaut wird, zu bringen. Baugruppen in Deutschland und Österreich haben gezeigt, dass hohe Qualität bei vergleichbaren Kosten erreichbar ist. In derartigen Verfahren verschiebt die Rolle des Architekten sich beträchtlich vom Produkt zum Prozess, da Architekten nicht nur am Entwurf beteiligt sind, sondern auch an der Konzeption und Initiierung von Projekten sowie im Management, Moderation und Mediation.

Die Prozessperspektive eröffnet im Verbund mit Nutzerpartizipation weitere Spielräume, wie sich in dem experimentellen Wohnbauprojekt „Grundbau und Siedler" der Kölner Sozietät für Architektur erweist[13]. Hier schlugen die Architekten anstelle eines fertig ausgeführten Wohnbaus einen mehrgeschoßigen Grundbau vor. Die Nutzer – Siedler genannt – errichten das eigentliche Gebäude selbst, unter Nutzung einer Reihe ausgewählter, von einem Baumarkt bereitgestellter Elemente und mit Hilfe eines von den Architekten produzierten Handbuchs. Der Selbstbau reduziert die Baukosten und macht die Wohnung erschwinglicher. Das Wesentliche des Projekts liegt nicht in der Architektur, sondern in dem, was die Architekten als das „ökonomische Modell" dahinter definieren. Die Siedler erwerben de facto ein vom Bauträger vorproduziertes „künstliches Grundstück" und

---

13   Vgl. IBA Hamburg 2013.

errichten darauf ihre Wohnung. Die Vorteile des Geschoßwohnbaus (effiziente Flächennutzung, billiger) werden mit denen des Einfamilienhauses (freie Einteilung in Bauphasen, Eigenleistung, individuelle Planung) kombiniert. Das Resultat ist ein Mittelding zwischen üblichem vordefiniertem Geschoßwohnbau, professionell bereitgestellt mit Sammel-Vorfinanzierung, und einer Baugruppe. Die Innovation besteht letztendlich in der Verbindung zwischen dem vorgeschlagenen ökonomischen und architektonischen Modell.[14]

Mit welchen Ressourcen?

Traditionellerweise beruht Innovation auf technischem Fortschritt. Der moderne Geschoßwohnbau hat mit der Entwicklung der Betonbautechnik zu tun. Vom hier vorgeschlagenen Blickpunkt aus ist technischer Fortschritt als Innovationsressource freilich nur für bestimmte Nischen/Produkte relevant. Informations- und Kommunikationstechnologie etwa trägt dazu bei, die Trennlinie zwischen Wohn- und Arbeitsräumen und -zeiten zu verwischen. Manche Computerprogramme können sich als nützlich für die maßgeschneiderte Produktion erweisen. Energiespartechnologien tragen zu mehr Nachhaltigkeit im Wohnbau bei.

Eine eher generelle Ressource ist die Möglichkeit zum Experimentieren und Austesten. Die Analyse einer Reihe von Fallbeispielen innovativer Wohnbauten[15] zeigt, dass es dafür nicht unbedingt außerordentlicher finanzieller Ressourcen bedarf. Allerdings können innovative Ansätze unvorhergesehene Kosten anderer Art mit sich bringen. Beispiele dafür sind etwa, dass man es auf der Managementebene mit komplexeren Prozessen mit mehr Unbekannten zu tun bekommt, dass Architekten häufig eine sehr relevante kreative Leistung erbringen, die zwar anerkannt wird, aber unbezahlt bleibt, oder dass Nutzer sich die Mühe machen müssen, ihr innovatives Wohnhaus „benutzen zu lernen".

Schlussfolgerungen

Vom Sozial-/Mietobjekt zur notwendigen Minimalversorgung ist der Wohnbau zu einem komplexeren Gut geworden, das mit völlig *anderen Anforderungen der Benutzer und unterschiedlichen politischen Sichtweisen seiner gesellschaftlichen Rolle* in Zusammenhang steht. Die Widersprüche liegen auf der Hand und spiegeln sich in von einem breiten Spektrum von Akteuren kommenden diversen Rufen nach Neuerungen im Geschoßwohnbau wider.

An einem Ende des Spektrums stehen Akteure, die ein Produkt verkaufen wollen, etwa private Bauträger. Für sie stellt Innovation einen Weg dar, spezifische Kunden und Marktnischen zu erreichen. Ihre Frage lautet: Wie kann Innovation Gewinne steigern? Am ande-

---

14 Die Idee hat viele Bezugspunkte, etwa das vom niederländischen Architekten N. John Habraken in den 1960er Jahren entwickelte Modell der offenen Gebäude. Der heutige Ansatz freilich beruht auf einer unterschiedlichen ideologischen Basis. Die Betonung des gemeinschaftlichen Bauens hat sich verlagert; die Ziele der Nutzer und der Bauträger sind viel pragmatischer geworden. Zwar gibt es noch gemeinsames Arbeiten, aber eher punktuell und reduziert, beispielsweise in Form eines Know-how-Austausches unter Nutzern über Holzarbeiten oder Elektroinstallationen; es geht darum, Bedürfnisse des Alltagslebens zu erfüllen, und nicht um ein politisches oder soziales Ideal.
15 Silvia Forlati: Innovation in collective housing. Theory/Practice/Gudelines, PhD Thesis, TU Wien 2013.

ren Ende stehen Akteure, die an Innovation zur Qualitätsverbesserung (Schaffung besseren Wohnraums) interessiert sind und positive wie negative Auswirkungen zu bewältigen haben (die langfristige Attraktivität oder Unattraktivität eines bestimmten Viertels durch neue Wohnbautypologien). Für sie lautet die Frage: Wie kann Innovation zur Qualitätsverbesserung beitragen, nicht nur der Qualität der einzelnen Wohneinheit, sondern des Gebäudes, des Viertels, der Stadt, der Region insgesamt? Schließlich sind da die Benutzer, deren Bedürfnisse und Innovationsneigung bei Wohnbauprodukten wenig erforscht sind. Und doch eröffnet das bessere Verständnis dieser Gegensätze Spielräume für Verbesserungen im Geschoßwohnbau – sowohl des Produktes selbst als auch seiner Bereitstellung.

Robert Temel

Wohnbau und Städtebau in Wien

Wohnbau in Wien

Der Wiener Wohnbau der Gegenwart bildet einen spezifischen Rahmen, der sich durch eine Reihe von Aspekten von großstädtischem Wohnbau anderswo unterscheidet. Ein wesentlicher Punkt ist dabei die öffentliche Finanzierung: In Wien wird – mit einer fast vollständigen Unterbrechung von 1934 bis 1945 – seit Beginn der Ersten Republik laufend öffentlich geförderter Wohnbau errichtet, und ein Ende ist nicht absehbar. Dieser öffentliche Wohnbau nahm immer einen sehr großen Teil der gesamten Wohnbauproduktion Wiens ein, in der Zwischenkriegszeit war er sogar fast monopolisiert.

Wien hat gegenwärtig 1,75 Millionen EinwohnerInnen und soll innerhalb der nächsten 35 Jahre auf über zwei Millionen anwachsen – eine besondere Situation für eine mitteleuropäische Stadt der Gegenwart. Die 220.000 Wiener Gemeindebauten nehmen fast ein Viertel des gesamten Wohnungsbestandes der Stadt ein. Dazu kommen etwa 200.000 Wohnungen, die mit Wohnbaufördermitteln errichtet wurden. Insgesamt wohnt somit mehr als die Hälfte der Wiener Bevölkerung in mietpreisgebundenen Wohnungen. Der große Bestand einerseits im kommunalen Eigentum und andererseits mit gebundenen Mieten, das von der Stadt kontrollierte Neubauvolumen und die kommunale Bodenpolitik bestimmen durch ihre schiere Größe den kleinen, außerhalb dessen existierenden freien Wohnungsmarkt und damit auch die freien Mietpreise mit. Auch heute noch handelt es sich beim geförderten Wohnbau um einen sehr großen Teil der gesamten Wohnbauproduktion, selbst wenn in den letzten Jahren durch größeren Bedarf, höhere Kosten und geringere öffentliche Mittel der Anteil zurückging. Diese dominante Stellung des öffentlich geförderten Wohnbaus hat eine Reihe positiver Auswirkungen, unter anderem die geringe soziale Segregation, die vergleichsweise niedrigen Mietpreise und die hohe architektonische und bautechnische Qualität. Sie bringt aber auch Aspekte mit sich, die nicht so eindeutig positiv gesehen werden können, wie die Dominanz des Wohnbaus in Städtebau und Stadtplanung und die paternalistische Struktur des Wohnbaufördersystems, die auf Seite der NutzerInnen eine entsprechende Klientenhaltung mit sich bringt.

Der Wohnbau des Roten Wien und der Städtebau

In der Ersten Republik und seit 1945 bis Anfang der 2000er Jahre bestand dieser öffentlich finanzierte Wohnbau weitgehend oder später zumindest teilweise aus kommunalem Wohnbau, also solchem in städtischem Eigentum, genannt Gemeindebauten. Nach 1945 (zunächst teilweise und mittlerweile, seit 2003, ausschließlich) werden geförderte Wohnbauten durch gemeinnützige und private Bauträger errichtet. Ab 1919 begann Wien ein massives kommunales Wohnbauprogramm, finanziert vorrangig durch eine neue, zweckgebundene Wohnbausteuer. Das Wohnungselend der ArbeiterInnen, das Folge des gründerzeitlichen spekulativen Wohnbaus im Wien der österreichisch-ungarischen Monarchie gewesen war, sollte beendet werden durch in die Stadt eingefügte, innerstädtische Wohnbauanlagen, die neben den Wohnungen Grünanlagen und öffentliche Nutzungen (so genannte Wohlfahrtseinrichtungen) enthielten. Dabei handelte es sich teils um einfache Lückenfüllungen im gründerzeitlichen Blockraster, die an der Stadtstruktur nichts änderten, wohl aber bessere Lebensbedingungen als die daneben befindlichen Zinshäuser boten, neue Nutzungsangebote integrierten und eine neue Wohnbauästhetik mit sich brachten. Erstmals gab es nicht mehr nur Hauptfenster zur Straße, erstmals waren die Fenster querstatt hochformatig, erstmals waren alle Wohngeschoße gleich hoch. Viel auffälliger und viel bekannter sind aber die Wohnhöfe des Roten Wien, die die gründerzeitliche Stadt nach außen erweitern und einen neuen städtischen Typus bilden. Sie wurden gezielt auch in bürgerlichen Bezirken Wiens platziert, die westlich der dichten, ungesunden Gründerzeitstadt lagen, um sowohl symbolisch als auch wahlarithmetisch zu wirken.[1] Die Höfe beziehen sich auf den „traditionellen" Wiener Typus des Wohnhofs – von den Klosterhöfen über jene der Residenzstadt und der Spitäler bis zu den Höfen des Biedermeier und der Gründerzeit.[2] Diese Anlagen waren jedoch nicht mehr, wie die gründerzeitlichen Häuser, zum Straßenraum orientiert, sondern zum Hof, wo sich die Zugänge zu den Stiegen und die Wohlfahrtseinrichtungen befanden. Der Hof bot Ruhe und Erholung, Sicherheit und Gemeinschaft. Die Anlagen bildeten somit teils riesige grüne Inseln in der tristen Zinshausstadt mit einer massiv verringerten Dichte, waren aber gleichzeitig der erste Schritt der Abwendung vom gründerzeitlichen Stadttypus mit Straße, Block und Parzelle, dem weitere folgen sollten – später durch die autogerechte Stadt, durch Trabantensiedlungen und Stadterweiterung. Zur Straße hin wirkten diese Anlagen als „städtische Großform"[3]. Man baute auf riesigen, blockgroßen Parzellen oder sogar über mehrere Blocks hinweg, ordnete Baukörper achsial und in monumentalen Abfolgen an und stattete die Fassaden mit dramatischen Türmen, Toren und Gliederungen aus, die die Kraft des Roten Wien demonstrieren sollten.

Die eigenartige Verbindung von Tradition und Moderne in der Ästhetik der Wiener Gemeindebauten aus dieser Zeit und die Integration des „Neuen Wohnens" in die historische Stadtstruktur machen Besonderheiten aus, die den politischen Erfolg dieses Modells wohl mitbestimmten und dazu beitrugen, in so kurzer Zeit ein so gewaltiges Wohnbauprogramm realisieren zu können. Bis zum Abbruch des Wiener Wohnbauprogramms durch den Austrofaschismus konnten 64.000 Wohnungen errichtet werden. Während am Ende des Ersten Weltkriegs bis Anfang der 1920er Jahre der wilde und schließlich der legitimierte Siedlungsbau im Zentrum des Interesses standen, schwenkte die Stadtpolitik schließlich um zum Bau von Großwohnungsanlagen, mit dem von Josef Frank kritisierten Begriff „Volkswohnungspalast"[4] bezeichnet. Das geschah einerseits aus wirtschaftlichen und bodenpolitischen Gründen, andererseits aber auch aus ideologischen Motiven:

---

1 Walter Matznetter, Karin Vorauer-Mischer: Sozialer Wohnbau, in: Heinz Fassmann, Gerhard Hatz, Walter Matznetter (Hg.): Wien. Städtebauliche Strukturen und gesellschaftliche Entwicklungen, Wien: Böhlau 2009, S. 245.
2 Viktor Hufnagl: Wohnen in Wiener Höfen, in: Dietmar Steiner (Hg.): Wiener Wohnbau Wirklichkeiten, Wien: Compress 1985, S. 110–113.
3 Helmut Weihsmann: Das Rote Wien. Sozialdemokratische Architektur und Kommunalpolitik 1919–1934, Wien: Promedia 2002, S. 110.
4 Josef Frank: Der Volkswohnungspalast, in: Der Aufbau, Österreichische Monatshefte für Siedlung und Städtebau 1, 1926, H. 7, S. 107–111.

„Für die Parteiführung war es bei dieser ideologischen Gratwanderung daher schwierig, die politische Ungebundenheit bzw. auch politische Gegensätze (Anarcho-Syndikalismus) und den durchaus alternativen Charakter dieser (Sub-)Organisationen der unorganisierten Arbeiterbewegung in die eigene Partei zu integrieren".[5] Die Siedlungen hätten aus städtebaulicher Sicht das völlig andere Stadtmodell der Gartenstadt mit sich gebracht, das näher an den Idealen der Moderne gelegen wäre und somit auch von vielen wichtigen Architekten in dieser Zeit präferiert wurde – mit ihnen hätte man aber sicherlich nicht in so kurzer Zeit so viele neue Wohnungen bauen können. Die Einfamilienhaus-Streusiedlungen und Reihenhausanlagen, die parallel zu den „Superblocks" gebaut wurden, erforderten durch ihre Lage und ihre geringe Dichte wesentlich höhere Mittel für Grundstückskauf und Infrastruktur.

Wiener Wohnbau am Beginn der Zweiten Republik

Der Wiederaufbau nach 1945 war geprägt vom Mangel – an Baumaterial ebenso wie an neuen planerischen Konzepten. Es wurden einfachste Materialien und Bauweisen (Ziegel aus Bauschutt) verwendet, teils wurde auf Planungen aus der Zeit des Nationalsozialismus zurückgegriffen. Um sowohl für die Linderung der unmittelbaren Wohnungsnot als auch für spätere, steigende Ansprüche gewappnet zu sein, baute man so genannte Duplex-Wohnungen: Kleinwohnungen, von denen später jeweils zwei zu einer größeren Wohnung zusammengelegt werden konnten. Als diese Phase etwa Anfang der 1960er Jahre abgeschlossen war, widmete sich Wien vorrangig der Stadterweiterung, unter anderem um endlich das funktionalistische Paradigma der Trennung von Wohnen und Arbeiten zu verwirklichen. Beispielhaft dafür steht die Bebauung am Eisenstadtplatz in Favoriten, die auf Roland Rainers Planungsideen basiert und wo erstmals Fertigteile im Wiener Wohnbau eingesetzt wurden. Rainers Stadtplanung basierte auf dem Prinzip der „aufgelockerten Stadt", also auf der Stadterweiterung in geringer Dichte, der Nutzungsentflechtung, der Errichtung neuer städtischer Subzentren und dem Landschaftsschutz.[6] Sein Generalverkehrsplan sah erstmals vor, die Stadt an die Bedürfnisse des wachsenden Pkw-Verkehrs anzupassen.

In dieser Zeit begann die Ära des Bauwirtschaftsfunktionalismus im Wiener Wohnbau, in der immer größere und höhere Wohnsiedlungen in immer stärker isolierten Lagen und mit standardisierten Grundrissen und aus Betonfertigteilen errichtet wurden. Die Baukörpersituierung erfolgte nun häufig nach technischen Erfordernissen, also nach den Kranbahnen für die Montage der Fertigteile. Erst nach und nach wurden dabei komplexere Stadtgrundrisse und Wohnbaufassaden möglich. Innerhalb dieser Entwicklung und der damaligen Großprojekte stellt der Wohnpark Alt-Erlaa von Harry Glück die herausragende Ausnahme dar: Dieses Projekt teilt mit den anderen aus jener Zeit die modernistischen Vorstellungen vom Bauen der Gartenstadt, von Größe, Effizienz und Bautechnik sowie von der Funktionstrennung. Es unterscheidet sich jedoch durch die besondere Qualität der sozialen und kulturellen Infrastruktur und der Betreuung – und durch das Konzept der gestapelten Einfamilienhäuser. Im Zentrum des Interesses stand in dieser Zeit die Wirtschaftlichkeit der Wohnbauten, um möglichst viele neue Wohnungen errichten zu können.

---

5   Weihsmann 2002, S. 100 f.
6   Roland Rainer: Planungskonzept Wien, Wien 1963.

Durch das neue Wohnungsangebot wurde die historische Stadt entlastet, die zu jener Zeit in großen Teilen geringe Wohnqualitäten aufwies, und die durchschnittliche Wohnfläche pro EinwohnerIn nahm stark zu. In den 1970er Jahren entstand das neue Paradigma der sanften Stadterneuerung, das den Wohnungsneubau ergänzte und somit die alleinige Ausrichtung auf die Stadterweiterung beendete. Diese Entwicklung verhinderte, dass in Wien wie in anderen europäischen Städten großflächige Kahlschlag-Sanierungen durchgeführt wurden. Obwohl die 1965 gegründete Österreichische Gesellschaft für Architektur (ÖGFA) öffentlich die Qualität des Wohnbaus thematisierte (Ausstellung „Neue städtische Wohnformen" 1965), dauerte es abseits der Modellprojekte Alt-Erlaa und Schöpfwerk[7] lange, bis diese Diskussion die Wohnbaupraxis beeinflussen konnte.

Neuorientierung in den 1980er Jahren

In den 1980er Jahren folgte die Rückbesinnung auf architektonische Qualität und Vielfalt, auf historische städtische Typen wie Straße, Platz und Block, auf individuellere Grundrisse und Fassaden sowie auf kleinere Einheiten. Nun standen nicht mehr Funktionstrennung und Gartenstadt, sondern die Renaissance der Gründerzeitstadt und die postmoderne Wertschätzung für die Geschichte, das Populäre und das Regionale im Zentrum des Interesses. Der Stadtentwicklungsplan 1984 brachte eine Abwendung von der Pkw-zentrierten Planung mit sich – nun sollte verstärkt auf öffentlichen Verkehr gesetzt werden. Statt der flächendeckenden aufgelockerten Stadt sollten sich zwischen dichtere Siedlungszonen entlang von Verkehrsachsen so genannte Grünkeile als stadtnahe Erholungsgebiete schieben. Erstmals wurde wieder die Verflechtung von Nutzungen propagiert, was aber ebenso wie die Überwindung der Pkw-orientierten Planung und die Ausweisung der Grünkeile nur sehr langsame und geringe praktische Auswirkungen hatte. Diese Neuorientierung ist eine der Ursachen für die heutige Qualitätsorientierung und die Vergabe der Wohnbauförderung mittels Qualitätskriterien statt über Proporz. Eine weitere Ursache war, dass damals die Wiener ÖVP mit ihrem Obmann Erhard Busek für ihren Teil des Wohnbausystems, also die „schwarzen" Bauträger, die Gesellschaft für Wohnungs-, Wirtschafts- und Verkehrswesen (GWV) als Qualitätssicherungsinstrument festlegte und so eine Steigerung der Wohnbauqualität bewirkte. Mitte der 1990er Jahre, nach dem für Wien überaus bedeutsamen Einschnitt des Falls des Eisernen Vorhangs und eines erstmaligen Anstiegs der Bevölkerungszahl seit dem Ende der Monarchie, wurde schließlich das heute geltende System eingeführt: Wohnbauförderung wird mittels Bauträgerwettbewerb oder über den so genannten Grundstücksbeirat vergeben, dabei zählen vier Kriterien: architektonische Qualität, Ökonomie, Ökologie und soziale Nachhaltigkeit. Dementsprechend sind Architektur und Nachhaltigkeit wichtige Themen im geförderten Wiener Wohnbau, die Qualität der Wohnungsproduktion in dieser Hinsicht ist deutlich höher als in vergleichbaren Situationen anderswo.

---

7 Gottfried Pirhofer, Kurt Stimmer: Pläne für Wien. Theorie und Praxis der Wiener Stadtplanung von 1945 bis 2005, Wien 2007, S. 91 f.

Wiener Wohnbau und Städtebau heute

Der Wohnbau kann heute, so wie bereits in der Zeit des Roten Wien, in zwei grundsätzliche Bereiche geteilt werden: einerseits die kleineren Einzelbauten als Lückenschlüsse und andererseits großmaßstäbliche Anlagen, die heute vorrangig auf Konversionsflächen entstehen, also auf ehemaligen Bahnhöfen, Flughäfen und Industriearealen. Während damals jedoch einheitlich geplante Superblocks errichtet wurden, entstehen heute vielfältige Sammlungen von unabhängigen Einzelgebäuden, deren architektonische Planung den städtebaulichen Zusammenhang dominiert. Die Stadtplanung insgesamt wird ebenso wie die städtebauliche Planung einzelner Anlagen und neuer Stadtteile stark vom Wohnbau bestimmt: Dieser nimmt einen großen Teil des gesamten Bauvolumens ein, die Wohnungsnachfrage ist aufgrund des Wachstums der Wiener Bevölkerung groß und der Wohnbau ist zentrales Thema in der Stadtpolitik. Die große Wohnungsnachfrage bringt mit sich, dass ein großer Realisierungsdruck sowohl auf der Stadtplanung (zur Ausweisung neuer Wohnbauflächen) als auch auf dem Wohnbausektor (zur Errichtung neuer Wohnbauten) lastet. Das bedeutet, dass städtebauliche Konzepte sich sehr oft vorrangig an den Erfordernissen des Wohnbaus orientieren, und dass darin der Wohnbau zum zentralen, fast einzigen Thema wird. Große Wiener Neubaugebiete wiesen deshalb lange Zeit und bis in die Gegenwart charakteristische Mängel auf: Die Gebäude folgten zwar einem gemeinsamen Masterplan, waren aber in ihren Details und Funktionalitäten in keiner Weise aufeinander bezogen: Freiräume wurden stark vernachlässigt und, wo es ging, weitgehend in Form von Mietergärten privatisiert. Abgesehen davon bestanden sie aus Abstandsgrün oder Erschließungsstraßen, aber nicht aus vielfältig nutzbaren Außenräumen. Andere Nutzungen als Wohnen waren selten. Zwar wird darauf geachtet, dass bei großen Wohnbauprojekten die Versorgung mit Kindergarten- und Schulplätzen gewährleistet ist; aber andere Nutzungen wie kleinmaßstäbliche Büro- und Gewerbeeinheiten, Lokale und Geschäfte, kulturelle und Freizeitangebote sind nicht vorhanden, nicht vorgesehen, und würden selbst dann keinen Raum finden, wenn tatsächlich jemand dafür die Initiative ergreifen wollte. Diese Tatsache ist natürlich nicht allein auf das Wohnbausystem zurückzuführen, sondern ist auch darin begründet, dass der gegenwärtige Immobilienmarkt überall, also auch in Wien, strikt segmentiert ist: Es gibt Wohnbauentwickler, Bürobauentwickler und Gewerbeentwickler, aber keine innovativen Investoren, die das von allen so begehrte gemischt genutzte „Stadthaus" entwickeln könnten, also das hybride Haus mit Nutzungsmischung. Wiener Städtebau ist somit sehr oft einfach Wohnbau. In der jüngsten Vergangenheit gab es jedoch einige Ansätze zu Neuerungen, die auf Verbesserungen hoffen lassen: So wird zunehmend versucht, in den Erdgeschoßen der Wohnbauten vielfältigere Nutzungen anzubieten oder zumindest durch bauliche Vorkehrungen zu ermöglichen. Bei manchen Stadterweiterungsprojekten wird wesentlich größeres Augenmerk auf die Gestaltung und Nutzbarkeit der Freiräume gelegt, was sich auf Straßen, Plätze oder Parks beziehen kann. Zwischen privat, halböffentlich und öffentlich differenzierenden Freiräumen und ihnen zugeordneten Flächen in den Gebäuden soll die Nutzbarkeit des Außenraums verbessert werden. Es gibt Ansätze dafür, Stadterweiterungsgebiete kleinteiliger zu parzellieren und Nutzungsmischung im Viertel, im Block und im Gebäude zumindest zart zu fördern. Und neue Planungsmethoden werden erprobt, um auf die mittlerweile erkannten Probleme zu reagieren: Das neue kooperative Verfahren (im Planungsressort) versucht, alle Stakeholder eines Entwicklungsgebietes und verschiedene Planungsexperten bei der Entwicklung eines neuen Gebietes zusammenzuholen, um so innovative und hochwertige Planung auf interdisziplinärer Basis zu ermöglichen; und der dialogorientierte Bauträgerwettbewerb (im Wohnbauressort) erlaubt es, dass Wohnbauten und Freiräume in einem Planungsgebiet nicht mehr völlig separiert geplant werden, sondern in gegenseitiger Abstimmung entstehen.

Partizipation

Im Wiener Wohnbausystem, das von Stadtpolitik, Stadtverwaltung und großen gemeinnützigen Bauträgern bestimmt wird, besitzt das Thema Partizipation eine besondere Bedeutung. In Wien wurden in den 1980er und 1990er Jahren viele wichtige und bis heute vorbildliche Wohnprojekte realisiert, die auf der Selbstbestimmung der zukünftigen BewohnerInnen basieren; dazu gehören etwa „Wohnen mit Kindern", in Wien-Floridsdorf mit Ottokar Uhl entwickelt, und die Sargfabrik in Wien-Penzing, geplant mit BKK-2. Obwohl die Anzahl und Größe derartiger Projekte in Relation zur gesamten Wohnbauproduktion damals verschwindend gering war, gewann das Thema Partizipation im Wohnbaudiskurs Bedeutung für den ganzen Sektor: So führten die Stadt Wien und einige gemeinnützige Bauträger 1989 ein Mietermitbestimmungsstatut ein. Leider fanden diese Entwicklungen nach einigen Jahren ein Ende und konnten erst in der jüngsten Vergangenheit wieder an Fahrt gewinnen. 2009 wurden die ersten drei neuen Wohnprojekte seit etwa zehn Jahren in Wien bezogen, die alle innerhalb des geförderten Wohnbaus errichtet worden waren: die beiden Frauenwohnprojekte Rosa in Kagran und im Kabelwerk sowie das Projekt B.R.O.T. 2 in Kalksburg. Seither entstehen laufend weitere Projekte. Erstmals wurden 2010 Grundstücke speziell für Baugemeinschaften in einem Stadterweiterungsgebiet angeboten, und zwar in der Seestadt Aspern. Damit ist das Thema Wohnprojekte zwar ebenso wie in der Vergangenheit innerhalb des Wohnbausystems marginal, allerdings wirkt es durch seine Integration in die Stadterweiterung auf die städtebaulichen Prozesse in diesem Bereich. Und es wirkt ebenso, wie schon in den 1980er Jahren, auf den gesamten Wohnbaudiskurs: Heute werden in Wien wieder etliche „konventionell" entwickelte geförderte Wohnbauten errichtet, die partizipative Elemente enthalten und so die Planungsqualität, die Nutzungsqualität und den sozialen Zusammenhalt in diesen Projekten verbessern.

Viele dieser neuen, hoffnungsvollen Entwicklungen stehen erst am Beginn, ihr Erfolg ist noch kaum absehbar und die Widerstände sind nach wie vor groß. Aber wo, wenn nicht in Wien mit seiner starken sozialen Wohnbautradition, könnte es gelingen, den sozialen Wohnbau zu einem sozialen Städtebau weiterzuentwickeln?

Hermann Knoflacher

Wohnbau als Teil eines Systems

Einleitung

Bei einem System ist es gleichgültig, wo man beginnt, es ist immer gleich falsch und gleich richtig. Nur indem man alle Systemteile ständig durchläuft, können Fehler entdeckt und behoben werden. Dabei ist es nahezu unvermeidlich, dass es zum Überschreiten traditioneller Grenzen, gewohnter Rituale und/oder eingefahrener Denk- und Handlungsmuster kommen muss. Dass es, wie bei jeder Veränderung – und sei sie noch so notwendig – Widerstände zu überwinden und aufzulösen gibt, liegt in der Natur jeder Entwicklung, falls diese nicht nur so heißt, sondern real sein soll. Die Realität lässt sich leider nicht in Disziplinen aufteilen, so bequem sich diese auch eingerichtet haben mögen, um sich ihre Territorien – und Pfründe – zu sichern. Es gibt leider keine Eingriffe in ein komplexes System wie jenes der menschlichen Gesellschaft, die ohne Auswirkungen bleiben und auch auf oft entfernte und scheinbar mit der eigenen Handlung nicht verbundene Gebiete führen. Damit taucht aber die Frage der Verantwortung auf, eine unangenehme Begleiterin aller unserer Tätigkeiten, vor der man am liebsten nichts hören und sehen will, indem man einen hohen Zaun, am besten eine Mauer errichtet, bis wohin diese gehen kann und nicht darüber hinaus. Nun sind lebende Systeme offene Systeme, die auf den Durchzug von Ressourcen und Energie angewiesen sind, so auch der Wohnbau. Und da dieser für Menschen gemacht wird, gerät man damit in ein noch komplexeres Gebiet der Sozialbeziehungen und der Ethik, der schwierigen Gleichgewichtsforderungen, die, beachtet man sie nicht, fatale Folgen nach sich ziehen können. Dass man mit dem Errichten von Wohnbauten vielfältige Prozesse anstößt oder einleitet, wird dann bewusst, wenn man den Wohnbau als Teil eines Systems behandelt, in das dieser eingebunden ist. Und das ist nicht nur das Finanzsystem!

Allein dieses hat seine Gralshüter, die tiefe Gräben von Tabus, die scheinbar unüberschreitbar geworden sind, eingerichtet haben, ganz zu schweigen von den Claims der im Wohnbau tätigen Disziplinen und Lobbys, die ihre Grenzen in zähen Grabenkämpfen über Normen und Vorschriften zu erweitern versuchen. Dass dabei Kooperationen zur gemeinsamen Strategie auf Kosten der Allgemeinheit erfolgreich sein können, ist keine neue Entdeckung – auch das ist ein System, wenn auch oft ein nicht sichtbares, da es um Macht geht. Macht man Macht sichtbar, verliert sie oft ihre Macht. Auch das gehört zur Systembehandlung des Wohnbaus.

Es wird daher nicht verwundern, dass selbst innerhalb der Disziplinen diese systemische Vorgangsweise zu enormen Schwierigkeiten führen kann, weil sie von den Beteiligten etwas verlangt, was gerade in diesen Gebieten – zu Recht – verpönt ist: die Fehlertoleranz. Damit ist aber hier nicht Schlamperei am Bau gemeint, sondern die Fähigkeit, Fehler in der Vergangenheit des Systems zu erkennen, zu analysieren und zu beseitigen. Ohne diese Fehlertoleranz gibt es kein Lernen. Ohne Fehlertoleranz seinem eigenen Tun gegenüber wird man bedauerlicherweise nicht klüger, bestenfalls vorübergehend effizienter, und fürchtet daher die Verantwortung, die man heute auch im Bauwesen durch abenteuerliche rechtliche Konstruktionen abzuschieben, zu verwischen oder zu atomisieren sucht, angetrieben von der abstrusen Forderung absoluter Perfektion. Um einem Verdacht vorzubeugen: Es sind nicht primär die Juristen gemeint, sondern eher rechtsfremde Disziplinen aus den Anwendungsgebieten der Naturwissenschaften, die geschriebenes Recht mit der vereinfachten Sicht allgemein gültiger Naturgesetze verwechseln und damit erkennen lassen, dass sie möglicherweise beide nicht verstanden haben.

Bei einer Systembehandlung muss man sich von der Vorstellung lösen, dass vereinbarte Normen, Verordnungen, Bauordnungen oder geschriebene Gesetze nicht hinterfragt werden dürfen – eine heute weit verbreitete Auffassung vieler Praktiker (und Lehrer), die eher der geistigen Verfassung des europäischen Mittelalters entspricht. Diese war keineswegs mit der so genannten Neuzeit zu Ende, sondern ist bis in das 19. Jahrhundert in naturwissenschaftlichen Werken nachweisbar, in denen das Alter der Erde anhand einer verständnislosen Bibelauslegung mit weniger als viertausend Jahren angegeben wird. Darüber zu spotten und zu lachen, wäre purer Leichtsinn, denn nichts schützt davor, dass Vergleichbares heute stattfindet. Vielleicht auch im Wohnbau. Denn da zeigen sich durchaus Symptome von Prozessen, die sicher nicht beabsichtigt waren.

Bekannte und weniger bekannte Probleme des Wohnbaus

Probleme werden nicht über ihre Ursachen wahrgenommen, sondern durch die Symptome. Die Wahrnehmung erfolgt dabei nicht der Realität entsprechend, sondern der Sichtweise der Wahrnehmenden angepasst. Technisch ausgebildete und daher in der Betrachtungsweise auf technische Fragen fokussierte (reduzierte) Experten haben im Wohnbau – aufmerksam gemacht durch Klimaforscher, Geologen und Systemwissenschaftler – das Problem der Energieversorgung, der Heizung und der Dämmung erkannt und sind dabei, dieses sektoral relativ erfolgreich bis hin zum Nullenergiehaus scheinbar zu lösen, ja, den Wohnbau als Energieproduzenten der Zukunft in Aussicht zu stellen. Welche Systemwirkungen dadurch entstehen, wird noch zu klären sein. Die heutigen technischen Lösungen stammen aus einer Zeit der Energieschwemme, deren Folgen noch lange nicht verstanden sind.

Das mit dem Begriff „grüne Witwen" beschriebene Phänomen der außerhalb der Städte mit dem Auto entstandenen Wohnstrukturen wurde durch die Eingliederung der Frauen in den bezahlten Arbeitsprozess und die Pendlerförderungen zugedeckt und damit als Wohnbauproblem der Zersiedlung nicht mehr sichtbar gemacht. Nicht absichtlich, sondern in Vernachlässigung des Umstandes, dass man den Wohnbau nicht als Teil eines Systems wahrnimmt und behandelt. Der großvolumige, monofunktionale Wohnbau wird als Problem nur im Osten Europas erkannt, wie etwa im Plattenbau. Der Schwerpunkt der Sanierung liegt vor allem auf technischen Maßnahmen. Erst als es bei den extremen Beispielen monofunktionaler Strukturen städtischer Siedlungsgebiete, wie etwa in den Pariser Banlieues, zu den bekannten sozialen Unruhen kam, wurde vorübergehend bewusst, dass der Wohnbau daran nicht ganz unschuldig sein mag. Das hindert aber clevere Architekten, Investoren oder Politiker nicht, Ähnliches anderswo nachzubilden, wozu man weder nach Peking oder Shanghai schauen muss. Um die sozialen Probleme sollen sich die Soziologen kümmern. Leider sind das selten solche vom Format eines Alexander Mitscherlich[1]. Unter

---

1   Alexander Mitscherlich: Die Unwirtlichkeit unserer Städte, Frankfurt a. M: Suhrkamp 1965.

den heutigen Bedingungen der Forschung freuen sich natürlich alle über neue Fördergelder für ihre Studien. Und gegen fachfremde Kritik ist jede Disziplin zunächst ziemlich resistent.

Dass soziale Problematik nicht nur eine Frage der großen Ballungen ist, sondern ein Problem, das von feinfühligen Praktikern selbst in Kleinstädten wahrgenommen, wenn auch bisher noch nicht thematisiert wird, ist Realität. Zu beobachten ist die zunehmende Anonymität der Bewohner großer Wohnblocks, ihr fehlender Bezug zu ihrem Wohnort und die Integrationsprobleme nicht nur mit Zuwanderern aus dem Aus-, sondern auch aus dem eigenen Land. Allein diese Symptome bekannter Probleme hätten zu einem Überdenken der bestehenden Praxis im Wohnbau führen können, was leider nur selten der Fall war. Man überlässt diese Probleme liebend gerne den Soziologen und macht weiter wie zuvor – abgesehen von einigen wenigen Versuchen, sich auch dieser Fragen anzunehmen.

Bürgerbeteiligung: Lösungsansatz, Feigenblatt oder Abwälzen von Verantwortung

Nach dem Motto „Wenn man nicht mehr weiter weiß, macht man einen Arbeitskreis" finden sich professionelle Betreuer oder Moderatoren, die ihre heilenden Hände in den kranken Wohnbau einbringen und bei den heutigen Politikern so beliebt sind, in der nicht unbegründeten Annahme, sich damit ihrer Verantwortung entledigen zu können. Das kann durchaus Erfolg haben, wenn es auf diesem Weg gelingt, etwa die Fehler in rechtlichen, organisatorischen und finanziellen Grundstrukturen zu überwinden. Man darf aber das Beharrungsvermögen einer lernresistenten Verwaltung nicht unterschätzen, das solche beispielhaften Einzellösungen schnell zu überwuchern bestrebt ist. Wohnbau als Teil eines Systems zu betrachten, würde die eigene Bedeutung ja eventuell herabsetzen … Und das Paradoxe ist, dass man zwar die eigene Bedeutung gerne möglichst groß hätte, die Verantwortung aber vielleicht doch nicht in demselben Ausmaß.

Bürgerbeteiligung ist naturgemäß auch ein Teil des Systems. Und als solcher kann sie nützen wie auch schaden. Die populistische Form der Bürgerbeteiligung, bei welcher hoch komplexe Sachfragen Bürgerentscheidungen überlassen werden, um sich vor der politischen Verantwortung zu drücken, ist ein beliebtes Biotop für Mediatoren nahezu beliebiger Disziplinen. Damit können kurzfristige Hoffnungen geweckt, aber auch langfristige Probleme erzeugt werden. Echte Lösungen sind eher die Ausnahme, weil meist nur Symptome erkannt und behandelt werden. Bürgerbeteiligung kann aber auch anders erfolgen, indem man die Bürger zur Mitarbeit einlädt, ihren Input qualifiziert, fachlich und systemkundig berücksichtigt, damit die Sichtweise und den Horizont der Fachleute erweitert, ohne diesen und damit auch den Politikern die Verantwortung abzunehmen. Dabei ist zwischen fachlicher und politischer Verantwortung klar und scharf zu unterscheiden. Der Input kommt vom Bürger, die fachliche Verantwortung trägt der Systemkundige, dessen Aufgabe es ist, sämtliche Bedenken und Einwände qualifiziert zu behandeln, die politische Verantwortung hat der zuständige Entscheidungsträger. Jede Vermischung von Verantwortung und Verantwortungslosigkeit führt in der Regel zu suboptimalen Ergebnissen.

Das Thema „Bürgerbeteiligung" ist ein Hinweis auf ein Systemelement: den Menschen, von dem bei den Projekten des Wohnbaues so oft die Rede ist. Dass er oder sie „im Mittelpunkt stehe", wird gern behauptet. Wäre das so, dürften wohl seine Bedürfnisse so befriedigt werden, dass er diese Orte des Wohlbefindens ungern verlässt. Leider gibt es aber immer noch das so genannte Verkehrsproblem. Das hat ja wohl mit dem Wohnbau wirklich nichts zu tun? Aus sachkundiger Sicht des Systems Mensch und Verkehr erweist sich der Wohnbau in diesem Zusammenhang aber als der zentrale Problemerzeuger. Und das hat nicht nur mit der Lage der Wohnbauten, sondern auch mit deren Ausstattung zu tun.

Grundlegende Beziehungen

Prozesse führen zu Strukturen, die wiederum Prozesse beeinflussen. Wohnungen sind gebaute und damit lang wirksame Strukturen, die zum Unterschied von der allgemeinen Betrachtungsweise keineswegs statische Elemente sind, sondern eine Reihe von Prozessen auslösen – erwünschte und unerwünschte. Um diese zu erfassen und zu verantworten, ist es notwendig, den Wohnbau als System zu begreifen, zu behandeln und zu verantworten.

Nahezu alle vom Menschen gemachten Strukturen sind künstlich und stammen aus den Köpfen jener, die daran beteiligt sind. Es hängt daher vom Verständnis der Beteiligten ab, wie Wohnbau gesehen und betrieben wird. Einen Wohnbau getrennt vom Verkehrssystem und ohne Berücksichtigung des Verkehrssystems gibt es nicht. Er kann nur Teil dieses Systems sein, es sei denn, es handelt sich um Biosphere 1 oder 2, ein Projekt, das völlig abgeschlossen von der Außenwelt versucht wurde, aber gescheitert ist[2]. Der Wohnbau greift daher in ökologische und soziale Systeme ebenso ein wie in die Wirtschaft.

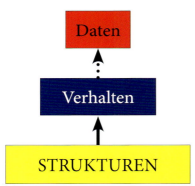

Abb. 1: Grundlegende Beziehung zwischen Strukturen, Verhalten und Wahrnehmung. Nicht dargestellt sind die Rückkopplungen von den Daten etwa auf die Strukturen, wie z. B. im Wohnbau.

Die Strukturen von Wohnbauträgern, Architekten, Entscheidungsträgern, Investoren etc. bilden sich in den Strukturen des Wohnbaues ab. Diese beeinflussen damit wiederum das Verhalten. In der Praxis stehen der Bewohner wie auch die Gesellschaft immer mit Strukturen vielfältiger Art in Beziehung, was in der folgenden Skizze angedeutet wird, bei der links etwa die Strukturen der Beteiligten und rechts die daraus entstehenden Wohnbauten gedacht werden können.

---

2   Biosphere 2 ist der Name eines Projekts, das Anfang der 90er Jahre des 20. Jahrhunderts in Arizona, USA, begonnen wurde. Ziel war die Schaffung eines von der Außenwelt unabhängigen, sich selbst erhaltenden Ökosystems analog der Biosphere 1 (= unsere Erde).

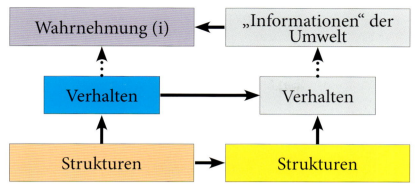

Abb. 2: Vereinfachtes Schema der Wechselbeziehungen von Strukturen.

Die Wirkungen von Wohnbauten enden ja nicht an der Gebäudehaut, sondern überschreiten diese, ebenso wie die inneren Wirkungen der Wohnbauten teilweise von außen beeinflusst werden und umgekehrt. Man denke nur an den Lärm und die Abgase. Und jede Beziehung ist Teil des Verkehrssystems, selbst wenn es sich nur um eine optische, also Information durch elektromagnetische Strahlung, handelt, wie auch jede Bewegung von Personen und Gütern über die Gebäudebegrenzung hinaus.

Betrachtet man nur die Bewegung von Personen und Gütern, dann beginnen die meisten Wege zur Arbeit, zum Einkauf, zur Freizeit, Dienstwege, Wege zu Sozialkontakten und zur Ausbildung in den Wohnungen. Wie und in welcher Form diese Wege stattfinden, wird daher durch die Art und Weise, wie Wohnbau erfolgt, weitgehend mitbestimmt, eigentlich sogar entschieden, kennt man das Verhalten der Menschen in dieser künstlichen Umwelt[3]. Lage und Ausstattung der Wohnungen etwa beeinflussen nicht nur das Verkehrssystem in, zwischen und außerhalb der Wohnbauten. Da jeder Weg einen Zweck erfüllt – nämlich den Mangel am Ort durch das Aufsuchen der verschiedenen Ziele zu beheben bzw. beheben zu müssen –, wird der Wohnbau zu einem Knoten im Netz dieser (und anderer) Beziehungen. Er ist, ob man es will oder nicht, Teil eines Systems und damit mitverantwortlich, was dort passiert. Komplementäre Funktionen werden damit wichtig. Welche davon kann man im Wohnbau selbst erfüllen, indem man sie integriert, welche im Umfeld und welche macht der Wohnbau selbst unerfüllbar?

Das gilt nicht nur für die Erfüllung baulicher Vorgaben und Auflagen, die aber auch ständig zu hinterfragen sind. Im Stellen dieser Fragen wird bewusst, dass es sich auch im Wohnbau nicht um ein statisches, sondern ein dynamisches System handelt, das in andere dynamische Systeme – grundlegend – eingreift.

Dass der Wohnbau ein zentrales Systemelement für das Verkehrswesen und die Wirtschaft ist, wurde bislang zu wenig berücksichtigt und Auflagen aus den verschiedenen Fachbereichen unkritisch als nicht hinterfragbare Fakten akzeptiert. Nach dem Motto: „Die (jeweils anderen Fachvertreter) werden schon wissen, warum." Die „Befriedigung der Wohnbedürfnisse" war das von der Politik vorgegebene und vom Wohnbau meist unkritisch akzeptierte alleinige Ziel. Zwar haben sich einzelne Architekten um eine erweiterte Sicht bemüht und darüber hinaus das, was man als Lebensraumgestaltung bezeichnet, ver-

---

[3] Hermann Knoflacher: Grundlagen der Verkehrs- und Siedlungsplanung. Siedlungsplanung (= Band 2), Wien: Böhlau 2012.

antwortungsbewusst mitbehandelt. Professor Roland Rainer war z. B. einer der wenigen, der aus seinem tiefen Verständnis dessen, was Stadt sein sollte, in den Siedlungen Puchenau 1 und Puchenau 2 in Linz Lebensräume geschaffen hat, die nicht nur das Wohnen, sondern auch andere Aktivitäten zumindest teilweise berücksichtigen, obwohl von den Randbedingungen her keinerlei Voraussetzungen dafür bestanden. Trotz der nachweisbaren Vorteile hat man bis heute keine Schlüsse daraus gezogen.

Störfaktor Verkehr

Dass der Verkehr die wohnhafte Bevölkerung durch Lärm und Abgase stört, ist hinlänglich bekannt und vielfach durch Erhebungen und Messungen nachgewiesen. Gegen diese Störungen unternimmt man auch – wie nicht anders zu erwarten – technisch einiges. Man macht Gebäude nach außen durch Lärmschutzfenster dicht oder orientiert die Wohnungen von den Lärmzonen weg. Die Lärmzonen bestimmen die Orientierung, zumindest die innere. Dass der Wohnbau selbst der Hauptverursacher dieser Probleme sein könnte, auf diese Idee scheint noch niemand gekommen zu sein. Will das Verkehrswesen nun gar den Wohnbau nicht nur von außen, sondern gar in seinem Inneren stören? Hat es nicht genug damit zu tun, seine eigenen Probleme, die ohnehin tägliches Thema sind, endlich zu lösen, anstatt sich in die Angelegenheiten anderer, viel älterer Disziplinen, wie den Wohnbau, einzumischen? „Jeder soll doch zunächst vor seiner eigenen Türe kehren!" Ein richtiger Spruch für die richtige Zeit, nämlich einer, bevor es technische Verkehrsmittel gab und der Platz vor der Türe noch zur Eigenverantwortung gehörte. Die Randbedingungen haben sich aber grundlegend geändert und auch in den Wohnbau wurde eingegriffen, ohne dass dies bewusst geworden ist. Der Nachbar des Verkehrssystems im so genannten öffentlichen Raum ist der Wohnbau, der ständig den Mist vor die Türe des Verkehrswesens kehrt! Will man das Problem wirklich lösen, muss man sich wohl oder übel beim Nachbarn einmischen. Sind doch beide im System so eng verbunden, dass es enger gar nicht geht. So lange das Verbindungselement der Mensch war, funktionierte der Wohnbau als System nicht nur reibungslos, sondern schuf den Reichtum und die Schönheit der Städte, von denen Lewis Mumford[4] schreibt und Jane Jacobs[5] schwärmt.

Wohnbau für wen?

Der Mensch ist klein, gemessen an der Geschwindigkeit unserer Zeit langsam, aber intelligent, wenn es um seine kurzfristigen Vorteile geht. Solange er zu Fuß unterwegs war, musste er seine Intelligenz im Wohnbau dazu verwenden, alle täglichen Lebensbedürfnisse in dessen Umfeld zu integrieren. Das Bindeglied dazwischen waren Menschen, Fußgänger und der öffentliche Raum. Die Gestaltung des Wohnbaus ergab sich sozusagen von selbst aus dem Zwang der Vielzahl der zum Wohnen komplementären Funktionen und den Ansprüchen an Sicherheit und Geborgenheit für alle, die sich an die Regeln der Gesellschaft hielten. Dieser öffentliche Raum war daher integrierter Teil des Wohnbaues, für den dieser

---

4   Lewis Mumford: The City in History, Harvest Books 1968.
5   Jane Jacobs: The Death and Life of Great American Cities, Random House 1961.

auch im unmittelbaren Umfeld verantwortlich war. (Sonst hätte man ja nicht erwartet, dass vor der eigenen Tür gekehrt wird.) Wohnbau kann in einem menschlichen Umfeld seinen Standort nicht beliebig wählen und sich auch nicht der Verpflichtung komplementärer Funktionen völlig entziehen, solange die Bindung an die Außenwelt und die Gesellschaft der Fußgänger ist. Ist der Blick im Wohnbau auf ein Minimum verengt und nicht auf das System erweitert – und das scheint der Fall zu sein – wird übersehen, welche Folgen innere Strukturen auf die Außenwelt haben.

Das Bindeglied zwischen dem Wohnbau und dem Verkehrssystem ist heute nicht mehr der Mensch, sondern das Auto. Würde man den Wohnbau als Teil des Systems verstehen, hätte das nie passieren dürfen. Da die wechselseitige Beeinflussung der Systeme nicht verstanden wurde, muss man sich in den Wohnbau einmischen, auch wenn im Verkehrswesen der Mensch noch viel mehr übersehen wurde. Auch deshalb wurde das Verkehrswesen zum Produzenten irrwitziger Lehren und ebensolcher Praxis[6]. Erst die Erweiterung des Verständnisses auf den Menschen in seiner evolutionären Ausstattung und Begrenztheit führt weit über die engen Grenzen der Verkehrstechnik und der Projektierung hinaus in für diese Disziplinen unbekannte Gefilde der Evolution, der Physiologie, der Psychologie und nicht zuletzt der Strukturen, seiner inneren und der von ihm geschaffenen äußeren. Und zu diesen gehört der Wohnbau, der sich bei näherer Betrachtung – so wie er heute betrieben wird – als Hauptverursacher nicht nur unserer Verkehrsprobleme herausstellt.

Wohnboxen und Käfige

Der großvolumige Wohnbau führt ebenso wie die Einzelbebauung, diese vielfach noch mehr, zu Verhaltensweisen, die beweisen, dass man das System weder verstanden noch seine Folgen verantwortet hat. Die Kluft zum nachhaltigen Wohnbau im umfassenden Sinn wird bisher durch einen riesigen Aufwand massiv subventionierter technischer Mobilität überbrückt. Die strukturellen Mängel merkt man daher (noch) nicht. Ändern sich die Randbedingungen – und diese werden sich ändern – wird einiges von dem Wohnbau aus der zweiten Hälfte des 20. Jahrhunderts in Frage gestellt werden oder Schwierigkeiten bekommen, sich den geänderten Verhältnissen anzupassen.

Manfred Max-Neef[7] hat die Grundbedürfnisse der Menschen auf die vier Kategorien „Sein, Tun, Haben und Interagieren" zurückführen können. Der Wohnbau von heute befriedigt das Haben, die Wohnung auch noch das Geborgen- und Geschützt-Sein. Tun und Interagieren setzen Kontakte mit der Umwelt und den Menschen voraus, die weder beim großvolumigen Wohnbau, aber auch nicht beim Einfamilienhaus vorgesehen sind. Im ersten Fall fehlen die Möglichkeiten für die Entwicklung informeller Bindungen in einer Gemeinschaft, innerhalb derer sich der Mensch ja nur verwirklichen kann, im zweiten Fall die Voraussetzungen. Mit der allgemeinen Verbreitung des Autos lösten sich die sozialen komplementären Knotenpunkte auf – die Nahversorgung durch Milchfrau oder Greißler ebenso wie die zahlreichen Dienstleister, die im Wohnbau entweder direkt oder im Umfeld zu berücksichtigen waren. Persönliche Begegnungen, vor allem als informelle Kontakte, sind die Voraussetzung, um die über die Wohnung hinausgehenden Grundbedürfnisse zu

---

6   Hermann Knoflacher: Verkehrsplanung für den Menschen. Grundstrukturen, Wien: Verlag Orac 1987.
7   Manfred Max-Neef: Entwicklung nach menschlichem Maß, Kassel 1990.

befriedigen. Die heutige Situation ähnelt bzw. entspricht im Wesentlichen einer Art Käfighaltung, die sowohl vom Wohnbau wie auch den ideologischen und wirtschaftlichen politischen Entwicklungen zunehmend perfektioniert wird. Aus den vier Wänden in die Aufzugbox, von dort in die Autokapsel, zum Arbeitskäfig oder zum Einkaufsghetto und wieder zurück, das kennzeichnet die Handlungsoptionen dieser Menschen. Ergänzt wird dieses System heute durch die Kinderkrippen und Kindergärten, die nur so heißen und in Wirklichkeit geschlossene Aufbewahrungsstellen für den Nachwuchs darstellen, der – falls er individuelle Freizeit haben will – diese in einem Spielkäfig verbringen muss, der als solcher auch deutlich erkennbar ist und den Mangel bestehenden Wohnbaus sichtbar macht. Über die Seniorenheime landet der Bewohner schließlich im Gitterbett – sozusagen ein Leben von Käfig zu Käfig mit dem Wohnbau als zentraler Ausgangs- und Zielpunkt dieser technisch und wirtschaftlich durchorganisierten künstlichen Umwelt. Der öffentliche Raum ist den Menschen entzogen und dem Wohnbau gleichgültig geworden.

Guter Wohnbau heute: die Flucht nach innen

Architekten, die das ahnen, versuchen, neue Wohnformen zu entwickeln, um zumindest einen Teil dieser Bedürfnisse befriedigen zu können. Puchenau wurde bereits erwähnt und ist deshalb ein Ausnahmefall, weil es eine Größenordnung hat, die einer Kleinstadt entspricht. Was gegenüber einer lebensfähigen Kleinstadt fehlt, sind die komplementären Funktionen vor Ort. Reinhard Seiß hat in seinem Film „Häuser für Menschen"[8] diese Entwicklung hervorragend dokumentiert. Harry Glück hat mit seinem Wohnpark Alt-Erlaa den gleichen Versuch mit einer anderen Bauform unternommen und komplementäre Funktionen in dieses Großprojekt integrieren können. Die Siedlung GuglMugl von Fritz Matzinger ist ein Beispiel in einem kleineren Maßstab in einer feingliedrigen Form. Diese Beispiele kennzeichnen den Versuch, Wohnbau als System zu erweitern. Gelungen ist dies in allen drei Fällen nur teilweise.

Diese Beispiele entstanden in einer Zeit absoluten Respekts und völliger Unterordnung elementarer menschlicher Bedürfnisse unter die Bedürfnisse der Autofahrer nach ungehinderter Mobilität und deren räumlichen Ansprüchen. Wenn der Wohnbau – auch in den besten Ausprägungen – versucht, Lebensräume für die Menschen zu schaffen, dann ausschließlich nach innen. Man kommt gar nicht auf die Idee, dass diese auch außen sein könnten. Die Abkapselung im Kopf führt auch zu einer baulichen. Die Fähigkeit, Wohnungen als Teile des Systems eines größeren Ganzen, nämlich der Stadt, zu verstehen und zu gestalten, hat man verloren.

Die Eigenschaften des Menschen

Die Erfahrungen mit der sesshaften Gesellschaft sind gemessen an der menschlichen Evolution relativ kurz, 10.000 zu mehr als sechs Millionen Jahre. Die Erfahrungen mit technischen Verkehrssystemen auf dieser zeitlichen Achse sind weniger als ein Augenblick. Die über Jahrtausende entwickelten menschlichen Siedlungen integrierten den Wohnraum in den Lebensraum in einer Weise, dass Arbeiten, Ausbildung, Sozialkontakte, kulturelle

---

8   Reinhard Seiß: Häuser für Menschen, DVD, Wien: Müry Salzmann Verlag 2013.

Aktivitäten und später Dienstleistungen so angeordnet wurden, dass sämtliche täglich erforderlichen Wege mühelos zu Fuß erledigt werden konnten. Erst mit der industriellen Ausbeutung von Ressourcen und Menschen vom Altertum bis heute sind monofunktionale Massenquartiere verbunden, Vorläufer der heutigen Denkmuster der Raumplanung. Die Städte der freien Bürger kennzeichnen hingegen Vielfalt, Schönheit und Durchmischung – das beschworene Wunschbild von Architekten, Städteplanern und einer urban denkenden Gesellschaft. Hätte man den Wohnbau als Teil eines Systems verstanden, hätte man es merken müssen, dass er sich selbst den Zugang zum Lebensraum urbaner Menschen, dem öffentlichen Raum, durch eine Vorschrift aus dem Jahr 1939[9] zerstören ließ. Er wurde seit dieser Zeit zum Wohnbau für Autofahrer. Und diese haben ganz andere Ansprüche als Menschen, nämlich unmenschliche, denen sich der Wohnbau untergeordnet hat. Dass dieser Weg der Bequemlichkeit zum menschenverachtenden Wohnbau führt, merkt man erst am Verhalten, wenn die Bewohner in ihrer freien Zeit diese Gebiete meiden.

Quantität statt Qualität

Was Menschen anzieht, ist Qualität und nicht Quantität. Wobei diese nicht unabhängig voneinander sind. Wer sich nur um Quantität bemüht, kann qualitative Probleme bekommen, wenn sich diese Strukturen zur kritischen Größe entwickeln. Es entstehen triste Wohnsiedlungen mit potenziell gefährlichen öffentlichen Räumen, wo Aggression und Gewalt vorherrschen. Dieser Wohnbau hat sich von seiner Verantwortung für die Erdgeschoßebene verabschiedet, die früher die wichtigste Zone mehrgeschoßiger Gebäude war, weil sich dort Menschen informell treffen konnten, weil dort Geschäfte, Büros, Werkstätten und Gaststätten untergebracht waren, die den Wohnbau mit der Gemeinschaft verbunden haben. Heute sind sie oft ein unwirtlicher Ort, den man meidet. Statt diesen zu beleben und ihn zum attraktiven Wohn- und Aufenthaltsort zu machen, sucht der Wohnbau nicht nach Lösungen, die außen liegen, sondern „arbeitet nach innen", mit der Folge hoher Kosten und damit hoher Mieten. Das heutige Umfeld wäre für solche Vorschläge eine Zumutung, weil der Wohnbau eine Umgebung akzeptiert, die nüchtern betrachtet eine Maschinenhalle ohne Dach ist, in welcher sich die Autofahrer tummeln können.

Abstellplätze für Autos im Wohnbau zerstören die Stadt

Werden Abstellplätze in jedem Objekt errichtet, muss es auch durch Fahrbahnen erreichbar sein. „Erschlossen" heißt das, als ob es vor dem Autozeitalter keine Wohnbauten gegeben hätte, die erreichbar waren. Das Umfeld, früher jener Sozialraum, in dem Kontakte, Wirtschaftsaktivitäten und Sozialbeziehungen entwickelt werden konnten, wird zu einer unwirtlichen Zone, gekennzeichnet durch Unfallrisiko, Lärm und Abgase. Alle nicht mit dem Auto zurückgelegten Wege werden damit behindert, gefährdet und unangenehm. Damit entsteht nun Zwang zum Autobesitz und zur Autonutzung. Dafür nimmt die

---

9   Reichsgaragenordnung 1939: „Wer Wohnstätten, Betriebsstätten ( ) baut, hat für die vorhandenen und zu erwartenden Kraftfahrzeuge ( ) Einstellplatz ( ) auf dem Baugrundstück oder in der Nähe zu schaffen." Bis heute ist die Stellplatzverpflichtung Bestandteil aller Bauordnungen der österreichischen Bundesländer.

Lebensqualität in den Wohnungen ab, was bei den Mieten durch Abschläge zu berücksichtigen ist. Gleichzeitig entstehen aber wieder Mehrkosten durch den von Wohnbauträgern akzeptierten Zwang, Autoabstellplätze zu errichten. Um bis zu 20 % und mehr erhöhen sich dadurch die Wohnungspreise. So schafft der Wohnbau mit höheren Kosten schlechtere Lebensbedingungen für die Menschen.

Das Auto hat dem Wohnbau enorme Freiräume erschlossen, weil damit Wohnungen nahezu an jedem beliebigen Ort ohne Rücksicht auf die Folgen errichtet werden können. Die Folgen trägt aber nicht nur die Allgemeinheit, sie fallen auch zum Teil auf die Bewohner zurück. Das Auto ist vor allem ein Wundermittel für miserable Raumplanung und ebensolchen Städtebau, die ohne Abstellplätze beim Objekt nicht möglich wären. Entzieht man diesem Wohnbau die Autoabstellplätze, wird die geistige Nacktheit seiner Schöpfer wahrnehmbar. Mit der zwanghaften Verbindung von Wohnung und Auto übersteigt zwar die räumliche Freiheit des Wohnungsbaues die jeder Gemeinde oder Stadt, löst aber auch die Bindungen zu den komplementären Nutzungen wie Einkauf, Arbeit, Freizeit, Ausbildung etc. auf. Damit steigt der Aufwand der Wege und der Infrastruktur – Kosten, die dem Wohnbau, obwohl Verursacher, nicht zugeordnet werden, sondern systemunkundig in allen möglichen Budgetposten die Haushalte und die Steuerträger belasten.

Das Verkehrswesen mit den zuständigen administrativen, aber auch politischen Strukturen hat die Systembedeutung der Wohnungsorganisation mit Abstellplätzen ebenso wenig verstanden wie der Wohnungsbau selbst. Die Versuche, dem Problem über den Fließverkehr durch verschiedene Maßnahmen Herr zu werden, sind daher a priori zum Scheitern verurteilt und führen nur zur Geld- und Zeitvergeudung. Aufgrund seiner psychophysiologischen Eigenschaften wird das Erfolgsrezept der Menschen in der Evolution, intelligent und eigennützig zu handeln, zu einer substanziellen Gefährdung der ökologischen, wirtschaftlichen und sozialen Grundlagen der Gesellschaft. Der für die Entwicklung der Sozialbeziehungen erforderliche informelle öffentliche Raum wurde in Unkenntnis dieser Systemwirkungen des Wohnbaues über die Zuordnung der Abstellplätze zu den Wohnungen zerstört und damit die Erdgeschoßebene wirtschaftlich, aber auch als Wohnraum, ruiniert. Wer einmal im Auto sitzt, denkt nicht mehr an die Nähe, sondern an den oder die Parkplätze am Ziel. Alles was dazwischen liegt, stört nur.

Die Illusion des Shared Space

„Shared Space" ist eine gerissene Geschäftsidee. Die so genannte Begegnungszone ist eine unausgegorene Idealvorstellung sachunkundiger Planer, die an den grundlegenden Problemen der Systemverantwortung des Wohnungsbaues nichts ändert, weil sie weder die Bindekraft des Menschen an das Auto und umgekehrt verstanden haben, noch die daraus resultierenden Folgewirkungen für die Gesellschaft, die Wirtschaft und die Umwelt. So wie sich Architekten unbewusst von der eigentlichen Problemzone, dem öffentlichen Raum, abgewandt und die Lösung innerhalb ihrer Baugebiete suchen, versucht man mit der Ideologie des Shared Space oder der Begegnungszone Ungleiches gleichzumachen. Ein weder theoretisch noch praktisch mögliches Unterfangen. Solange jedermann mit der mehrtausendfachen Körperkraft im Vergleich zum Fußgänger und einer um rund zwei Zehnerpotenzen größeren Flächeninanspruchnahme den öffentlichen Raum „gleichwertig" benutzen kann, ist dieser Begriff fehl am Platz.

Verantwortungsethik verlangt man von Erwachsenen, Meinungsethik toleriert man bei Kleinkindern – und Experten

Verantwortungsethik bedeutet, dass man für die Folgen seiner Handlung zur Verantwortung gezogen werden kann bzw. die Folgen seiner Handlungen zu verantworten hat. Wohnbau von heute findet außerhalb der Prinzipien der Verantwortungsethik statt, solange er Abstellplätze an Wohnungen bindet bzw. binden lässt. Die räumliche Systemwirkung einer Wohnung mit Abstellplatz reicht weit über jede Gemeindegrenze und überschreitet damit den Freiheitsgrad der demokratischen Einheit Kommunalverwaltung. Dies erklärt die ungehinderte Zersiedlung im gesamten städtischen Umfeld ebenso wie den wirtschaftlichen Niedergang ländlicher Gemeinden, bei denen die Belastung der durch das Auto entstandenen Verkehrsinfrastruktur, zu der auch sämtliche Ver- und Entsorgungsleitungen gehören, die Steuereinnahmen der Gemeinde überschreitet, weil die lokalen Betriebe aufgrund dieser Wohnbaupraxis ihre wirtschaftliche Grundlage zugunsten größerer zentraler, meist konzernkontrollierter Strukturen verlieren. Shoppingcenter sind nichts anderes als das komplementäre Element des derzeitigen Wohnbaues, der mit der Abstellplatzregelungspraxis die Ursache für das Verschwinden lokaler Wirtschaftskreisläufe, von Sozialbeziehungen sowie der Kulturvielfalt bildet, als auch die Voraussetzung für die Dominanz internationaler Konzerne über demokratische Strukturen wie Gemeinden oder Städte.

Der Vorteil des Abstellplatzes beim Wohnbau liegt auch darin, dass Architekten damit die Möglichkeit eingeräumt wird, alle elementaren städtebaulichen Prinzipien für ein menschengerechtes Wohnumfeld zu übergehen, den menschlichen Maßstab aufzugeben und die Form der Wohnbauten auf eine bisher nie dagewesene Primitivität zu reduzieren. Die Gestaltungsarmut, ja, Erbärmlichkeit eines großen Teiles heutigen Wohnbaues ist nur durch das Auto in der Nähe zu ertragen, das die rasche Flucht aus diesem unwirtlichen Umfeld in Aussicht stellt und einlösen kann. Ein weiterer Beweis dafür, dass man die Systemwirkung des Wohnbaues weder verstanden hat noch bereit ist zu verantworten – denn Architekten sind auch Teil des Systems!

Menschengerechte Ziele für den Wohnbau

„Menschengerechtigkeit" ist nur erreichbar, wenn der fundamentale Fehler, der über den Wohnbau die Städte und das Land in den vergangenen 70 Jahren zerstört hat, der § 2 der Reichsgaragenordnung, ersatzlos gestrichen und durch folgende Formulierung ersetzt wird:
- Das Ziel des Wohnbaues ist die Schaffung von Voraussetzungen für eine nachhaltige Entwicklung der Menschen und der Gesellschaft.
- Der öffentliche Raum ist für die Menschen als erweiterter Wohnbereich zurückzugewinnen.
- Wer Wohnstätten, Betriebsstätten … baut, hat sicherzustellen, dass diese vom öffentlichen Verkehr, den Fußgehern und Radfahrern leicht, sicher und unbehindert zu erreichen sind. Autos sind außerhalb der Siedlungsräume abzustellen.

Als Übergangsphase, da dies nicht unmittelbar umgesetzt werden kann, sind auch die finanziellen Randbedingungen zu ändern. Heute muss der Wohnbau, falls er keine Abstellplätze errichtet, Ablösezahlungen leisten. Er wird dafür bestraft, falls er sozial verträgliche, umweltgerechte und wirtschaftlich nachhaltigere Wohnungen bauen will. Die Ablösezahlung ist durch folgende Formulierung zu ersetzen:

Wer Wohnstätten, Betriebsstätten hat oder betreibt, in deren unmittelbarer Nähe Abstellplätze für Autos zugeordnet sind, hat dafür die vollen Kosten und Folgekosten zu übernehmen, falls er nicht die Möglichkeit des Abstellens außerhalb der Siedlungen vorzieht.

Wirkungen eines verantwortungsbewussten Wohnbaues

Ein verantwortungsbewusster Wohnbau ist nur möglich, wenn es zu einer baulichen, finanziellen und organisatorischen Trennung von Wohnungen und Abstellplätzen kommt. Aus menschengerechten Wohnungen kommen Menschen, die Anspruch auf Sicherheit, Gesundheit und Geborgenheit im öffentlichen Raum haben, der mit dem Wohnbau zu erfüllen ist. Wegen der Zeitbindung im Umfeld werden auch die Geldkreisläufe in der Nähe gebunden, und wegen der Sozialkontakte der Bezug zum Wohnumfeld hergestellt und verstärkt. Der für den lokalen Bedarf notwendige Autoverkehr – z. B. für behinderte Menschen und Lieferfahrten für die lokalen Geschäfte – wird unter diesen Bedingungen nicht mehr als Störfaktor empfunden. Die Kosten für die Verkehrsinfrastruktur der Kommunalverwaltungen können auf einen Bruchteil von heute gesenkt werden. Gleichzeitig nehmen die Steuereinnahmen durch die wachsende Zahl an lokalen Betrieben zu. Die Umfeldqualität der Wohnungen führt zu einer Aufwertung der Wohnungen, und durch den Wegfall der Kosten für Autoabstellplätze sind geringere Mieten möglich. Da auch die Haltestellen des öffentlichen Verkehrs besser erreichbar sind, steigt sein Anteil am Gesamtverkehr. Autobesitzer können ihre Fahrzeuge außerhalb der Siedlungen oder in zentralen Garagen entsprechend den Marktbedingungen unterbringen, ohne die Gesellschaft, wie dies bisher der Fall war, mit Kosten, Einschränkungen der Freiheit, Verzicht auf sichere öffentliche Räume und Inkaufnahme von Gesundheitsrisiken zu belasten.

Ein menschengerechter Wohnbau setzt ein menschengerechtes Wertesystem voraus. Wohnungen erfüllen ein Primärbedürfnis, Autoabstellplätze ein Luxusbedürfnis – derzeit auf Kosten der Allgemeinheit. Luxusbedürfnisse gibt es aber auch unzählige andere, die allerdings nicht durch die öffentliche Hand finanziert und erzwungen werden. Wohnbau als System muss in erster Linie verstehen, dass es sich um ein System der Menschen und nicht um ein System der Autoindustrie oder der Bauindustrie handelt.

- Ein Wohnbau, dem es nicht gelingt, den öffentlichen Raum für die Menschen, für die er Wohnungen errichtet, von der Besatzungsmacht der Autos – und Autofahrer – wieder zurückzugewinnen, wird in der Zukunft ebenso versagen wie im vergangenen Jahrhundert.
- Ein Wohnbau, der für die Folgen seiner Handlungen Verantwortung übernimmt, muss Abstellplätze für Autos räumlich, finanziell und organisatorisch grundsätzlich von den Wohnungen trennen.

Gerlind Weber

Zersiedelung – Die verkannte Zukunftsbelastung

1. Einleitung

Schon vor einiger Zeit hat sich sogar der Verfassungsgerichtshof mit dem Umstand auseinandergesetzt, dass Österreich stark zersiedelt ist. Er selbst hat dazu die Erklärung beigesteuert, was er unter „Zersiedelung" versteht, nämlich: „das Ausufern der Städte in ihr Umland" einerseits und „das Entstehen von Siedlungssplittern inmitten agrarisch genutzter Flur" anderseits. Zersiedelung ist demnach „die Negativform menschlichen Siedelns" und zwar aufgrund der Tatsache, dass durch weitgestreute, chaotische Siedlungsmuster weit mehr Boden verbraucht wird, als unumgänglich erforderlich ist, um den Zweck, dem der errichtete Bau dienen soll (z. B. als Wohnhaus, als Arbeitsstätte, als Freizeitanlage), zu erfüllen. Zersiedelung ist also das „Bauen am falschen Platz", mit dem eine Verschwendung agrarisch genutzten Bodens Hand in Hand geht.

Warum dieser Umstand mehr und mehr Aufmerksamkeit verdient, das erhellt vor allem der Blick in die absehbare Zukunft mit ihren großen Herausforderungen, für die auch in Österreich bodenrelevante Antworten gefunden werden sollten.

2. Megatrends, die eine haushälterische Bodennutzung empfehlen

2.1 Globalisierung und Wettbewerbsverschärfung

Eine globalisierte Wirtschaft, die gegenwärtig unter der Rückläufigkeit ihrer Schlüsselparameter leidet – bei Arbeitsplätzen, Umsatz, Gewinnen, Konsum- und Investitionsneigung, Validität der Unternehmen, Einkommen etc. – führt zu einem steigenden Wettbewerbsdruck in vielen Bereichen, so auch zu einer härteren Konkurrenz zwischen Standorten. Eine Konsequenz dieses Umstands ist, dass es voraussichtlich zu einem immer stärkeren Auseinanderbrechen der Entwicklungspfade zwischen strukturstarken und strukturschwachen Gebieten auch in Österreich kommen wird, in dem die Gunsträume als Lebens- und Wirtschaftsräume sich tendenziell besser entwickeln werden als die schon bisher strukturschwachen.

Der Zusammenhang mit der Zersiedelungsproblematik ist dabei, dass schon in der Vergangenheit die hohe Standortkonkurrenz zu einer tendenziellen Lockerung der Nutzungsbeschränkungen führte[1], weil viele potenzielle Standorte um die relativ wenig lukrativen

---

1 Peter Keller: Warum verbraucht die bodenlose Gesellschaft immer mehr Boden?, in: Wissenschaft & Umwelt INTERDISZIPLINÄR Nr. 8/2004, S. 83 ff.

Investitionen „rittern" und so dem Bauen am falschen Platz durch Nachgiebigkeit Vorschub geleistet wird. Das heißt, „die Bodennutzung verläuft dabei eher verschwenderisch statt haushälterisch" (ebenda). Dies führt zum „Zersiedelungs-Paradoxon": Gerade dort, wo die Bodenreserven bereits lokal bzw. regional sehr knapp sind, kommt es zu besonders flächenzehrenden Siedlungsentwicklungen. Beispiel dafür sind weitläufige Einfamilienhaussiedlungen an den Agglomerationsrändern, Konsum- und Freizeitkonglomerate an Autobahnkreuzen, aber auch großflächige Gewerbegebiete und Feriendörfer „aus der Retorte" mitten in der landwirtschaftlichen Flur.

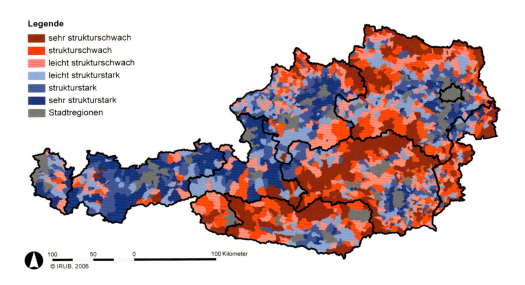

Abb. 1: Räumliche Verteilung strukturschwacher bzw. strukturstarker ländlicher Gemeinden Österreichs erstellt vom Institut für Raumplanung und ländliche Neuordnung der Universität für Bodenkultur in Wien.

Diese „Amerikanisierung der Raumstrukturen"[2] erweist sich aber zunehmend auch als Wettbewerbsnachteil. Insbesondere die stark zersiedelten, relativ dünn besiedelten Regionen waren historisch gesehen jener Gebietstypus, dessen Nahversorgung schon in den 1960er Jahren auszudünnen begann (Niedergang des lokalen und kleinregionalen Geschäftslebens, Schließung der Schulen, Gendarmerieposten, Postämter etc.), was die Lebensqualität der Menschen und die Standortqualität vieler (Klein-)Betriebe zunehmend beeinträchtigte und so bis heute eine Ursache für die Strukturschwäche dieses Raumtyps ist, weil es ihnen eben an Standortattraktivität durch einen Mangel an Daseinsvorsorge fehlt.

Es werden diese weit gestreut besiedelten, schlecht versorgten, entlegenen und dementsprechend auch durch einen hohen Grad an Zwangsmobilität zu charakterisierenden Gebiete immer mehr benachteiligt. Denn die „hohen Kosten der Weite" belasten in wachsendem Maße die Budgets von Gebietskörperschaften, Unternehmen und Privathaushalten

---

2   Markus Hesse und Robert Kaltenbrunner: Zerrbild „Zersiedelung", in: DISP 160/2005, S. 16 ff.

in diesen Räumen (beispielsweise ist in diesem Gebietstyp jeder vierte angetretene Einkaufsweg länger als 10 Kilometer[3]).

Generell sehen die Vertreter der Wirtschaft in der zunehmenden Zersiedelung vor dem Hintergrund wachsender globaler Standortkonkurrenz einen Wettbewerbsnachteil für den „Standort Österreich". Sie beklagen, dass es kaum mehr geeignete Areale für größere Industrie- und Gewerbeansiedlungen gibt, ohne mit Nachbarschaftskonflikten konfrontiert zu sein. Ihrer Meinung nach hemmt zudem die Zersiedelung auch die Bildung von so genannten „Infrastrukturkorridoren" – also die räumliche Bündelung von hoch frequentierten Straßen, Schienenwegen, Pipelines sowie Starkstromleitungen, was einer effizienten und sicheren Versorgung entgegenläuft[4].

2.2 Energie- und Biotechnikwende

Die Zersiedelung, d. h. eine bodenverschwendende, weit gestreute Siedlungsverteilung, fußt auf der sich nun als trügerischer Irrtum erweisenden Grundannahme, dass billige, leicht verfügbare fossile Energieträger (Erdöl, Erdgas, Kohle) ohne nachteilige Folgen auch weit in die Zukunft hinein als Basis für unser Leben und Wirtschaften genützt werden können und dass auch langfristig die Energieversorgung in unseren Breiten vor allem durch Energieimporte abgedeckt werden wird. (In Österreich beträgt die Importabhängigkeit zurzeit 70 %.) So wurde die Zersiedelung begünstigt durch:

- Den Bedeutungsverlust der Land- und Forstwirtschaft als Energiebereitstellerin, was mit einem Rückzug der Agrarwirtschaft „aus der Fläche" und mit einem Preisverfall agrarisch genutzten Bodens Hand in Hand ging. Die hohe Nachfrage nach Baugrund und die schlechte agrarische Ertragslage stärkten solcherart die Rolle der Landwirtschaft als Flächenbereitstellerin für Bauvorhaben aller Art.
- Den kostengünstigen Einsatz von benzin- bzw. dieselbetriebenen Kraftfahrzeugen zur Distanzüberwindung als Massenphänomen: Die Zersiedelung des ländlichen Raums und die Suburbanisierung der Städte basiert auf der „Vollmotorisierung" und auf günstigen Kraftstoffen. Spitze des Eisbergs der Orientierung der Raumentwicklung am Auto sind die Einkaufszentren auf der „grünen Wiese".
- Die offensichtliche Bereitschaft der Gesellschaft, einen großen Anteil ihrer Wohlstandsgewinne aus der fossilbasierten Wirtschaft in die Errichtung, Erhaltung, Reparatur und Erneuerung einer äußerst weitläufigen und damit kostspieligen und „energiezehrenden" Infrastruktur (Straßen, Kanal, Strom-, Wasserleitungen, Glasfaserverkabelung) zu stecken.
- Den weit verbreiteten Wunsch, in einem freistehenden Einfamilienhaus „im Grünen" zu wohnen. Damit verbindet sich nicht nur viel Verlust an Boden, sondern auch ein großer Energiebedarf pro Wohneinheit aus folgenden Gründen: Die hohen Abstrahlungsverluste durch die exponierte Baukörperform, die größere Wohnnutzfläche im Vergleich zu verdichteten Bauformen, die weiten Wege sowie die relativ weitläufige Infrastruktur pro erschlossener Wohneinheit.

---
3 Gerd Sammer, Gerlind Weber et al.: Mobilitäts- und Versorgungserfordernisse im strukturschwachen ländlichen Raum, untersucht an fünf österreichischen Beispielsregionen (MOVE), Wien, 2000.
4 Peter Koren: Standortpolitik braucht vorausschauende Raumordnung, in: Forum Land (Hrsg.): Flächen effizient nutzen – Raumordnung auf dem Prüfstand, Wien: 2007, S. 31 ff.

Wenn nun allerorten diskutiert wird, wie der Trend des stetig steigenden Energiekonsums (2–3 % pro Jahr) gebrochen werden kann, so ist auch die heute „selbstverständliche" kontinuierliche Ausdehnung des Siedlungs- und Verkehrsraumes in Frage zu stellen. Denn zusätzliche Gebäude und zusätzliche Straßen gehen regelmäßig Hand in Hand mit zusätzlichem Energiebedarf. Daran ändert auch der mögliche Passivhausstandard bei Neubauten nichts! Denn ein Nullenergiehaus am „falschen Standort" – das also nur mit Auto zur Alltagsbewältigung taugt – verbraucht mehr Energie als ein „normales Haus", dessen BewohnerInnen ohne Auto im Alltag auskommen.

Der Druck, den agrarisch genutzten Boden vor baulichen Nutzungen zu schützen, wird auch insofern zunehmen, als die Diversifizierung der Energiebasis mit einem steigenden Anteil von heimisch produzierten erneuerbaren Energieträgern angestrebt wird. Das bedeutet, dass die Energieerzeugung wieder viel präsenter in unserer Landschaft werden wird, als dies derzeit der Fall ist. Ins Gewicht fällt dabei der Umstand, dass „die erneuerbaren Energieträger in weit größerem Ausmaß als fossile Energieträger an Flächen gebunden (sind) – seien dies nun Solarpaneele auf Dächern oder Wiesen, Windräder, Flussstrecken, die man aufstaut, oder Äcker, auf denen Energiepflanzen wachsen"[5].

Die Nutzungskonkurrenz um Flächen wird aber nicht nur durch die Umstellung des fossilbasierten Energiesystems auf ein zunehmend solarbasiertes angeheizt, sondern erfährt in Hinkunft noch eine weitere Verschärfung dadurch, als es die „biogene Wende" zu meistern gilt. Das heißt, aus dem Boden werden neben den Lebens- und Futtermitteln sowie den Energieträgern vermehrt auch die Bau- und Industrierohstoffe sowie die Arzneimittelausgangsstoffe gezogen werden. Auch der Umstand, dass viele Werk- und Wirkstoffe hinkünftig nicht mehr auf Erdölbasis, sondern aus dem Boden gezogen werden, spricht gegen einen fortgesetzt verschwenderischen Umgang mit dem Boden durch Zersiedelung.

2.3 Klimawandel

In Österreich sind etwa 90 % der Treibhausgasemissionen der Siedlungs- und Infrastrukturentwicklung zuzuordnen – einschließlich der darin stattfindenden Nutzungen wie Wohnen, industrielle Produktion, Verkehr etc.[6] Daraus kann ersehen werden, in welch hohem Maße die fortgesetzte Umwandlung von landwirtschaftlichem Boden in Siedlungs- und Verkehrsflächen Triebkräfte für die Erderwärmung sind.

Dieser Umwandlungsprozess ist nämlich auf dreifache Weise problematisch für den Klimaschutz:
- Zum einen ist im Boden ein wichtiger Kohlenstoffspeicher zu erkennen. (Weltweit wird pro Jahr im Boden doppelt so viel Kohlenstoff gespeichert wie in der Atmosphäre.) Wird Boden für anthropogene Zwecke (Gebäude, Straßen) verbraucht, so verkleinert sich damit die Basis, Treibhausgase zu binden.
- Im Zuge dieses Umwandlungsprozesses von Grünland in Bau- und Verkehrsflächen werden zum einen mit der Entfernung des Mutterbodens Treibhausgase freigesetzt,

---

5   Fridolin Krausmann und Petra Schneider: Transformationen. Das moderne Energiesystem, in: Forum Wissenschaft und Umwelt (Hrsg.): Interdisziplinär 11/2008, S. 104 ff.
6   Umweltbundesamt (2005) zitiert in: Gerlind Weber, Franz Grossauer und Gernot Stöglehner: Klimaschutz durch Bodenschutz, Gutachten im Auftrag der Österreichischen Hagelversicherung, Unveröffentlichtes Manuskript 2008.

zum anderen (geschieht dies) durch den Einsatz von Maschinen im Zuge der Bauarbeiten.
- Schließlich geht die Benützung von Gebäuden (Wohnen, Arbeiten, Freizeitgestaltung etc.) sowie Infrastrukturanlagen (Autofahren, Energietransport etc.) regelmäßig mit hohen Treibhausgasemissionen einher. Wie drastisch in diesem Zusammenhang zugunsten des Klimaschutzes umgedacht werden muss, zeigt beispielsweise die Tatsache, dass sich die Treibhausgasemissionen aus dem Verkehr allein zwischen 1990 und 2005 fast verdoppelt haben[7].

Der Zersiedelung Vorschub zu leisten heißt, in zweierlei Hinsicht gegen den Klimaschutz zu verstoßen: Zum einen, weil man sich der Notwendigkeit widersetzt, die Steuerung der Siedlungsentwicklung an die durch den Klimawandel ausgelösten raumrelevanten Folgen anzupassen („adaptation"), und zum anderen, weil man der Notwendigkeit, dem Klimawandel durch eine bedachte Siedlungs- und Verkehrsplanung gezielt entgegenzuarbeiten („mitigation"), nicht auf angemessene Weise nachkommt. Beide Anforderungen haben einen starken Bezug zum quantitativen Bodenschutz:

Die Anpassung an den Klimawandel heißt in dem hier relevanten Kontext, die Siedlungsentwicklung im Bewusstsein zu steuern, dass zum einen die naturgefahrenfreien Räume immer kleiner werden, weil zum anderen die wetterbedingten Extremereignisse wie Starkregen, Hitzewellen, Dürreperioden und Stürme immer ausgreifender werden – etwa im Hinblick auf Frequenz, Dauer, Intensität sowie Raumwirksamkeit. Beispielsweise ist vor dem Hintergrund des klimawandelbedingten Ansteigens der Hochwassergefahr in den potenziellen Überschwemmungsbereichen jede weitere Erschließungs- und Siedlungstätigkeit tunlichst zu vermeiden, um zum einen der wachsenden Gefahr auszuweichen und zum anderen Abfluss- und Wasserrückhalteräume möglichst störungsfrei zu halten.

Über die Gefährdungsbereiche hinaus ist aber generell jedwede weitere Zersiedelung aus Gründen des Klimaschutzes zu vermeiden. Damit wird zum einen das potenzielle Ansteigen von Treibhausgasemissionen hintangehalten und zum anderen der Boden als Absorptionsmedium von Treibhausgasen möglichst geschont.

Fazit: Im quantitativen Bodenschutz ist immer auch ein entscheidender Beitrag zum Klimaschutz zu erkennen.

2.4 Demographische Verschiebungen

Die demographischen Prognosen für Österreich besagen, dass es binnen einer Generation zu erheblichen Verschiebungen im Bevölkerungsaufbau kommen wird, bei dem immer weniger Kinder, Jugendliche und Erwerbsfähige immer mehr Pensionisten gegenüberstehen werden. Besonders stark wird dabei das Anwachsen des Anteils der Hochbetagten, also der Über-85-Jährigen, an der Gesamtbevölkerung sein. Es wird für weite Teile Österreichs nahezu eine Vervierfachung dieses Anteils bis 2031 vorausgesagt. Zudem wird in vielen Landgemeinden und manchen Kleinstädten die Zahl der dort lebenden Menschen zurückgehen.

---

7 Umweltbundesamt: Nicht-nachhaltige Trends in Österreich: Qualitative Lebensraumveränderung durch Flächenverbrauch, Wien 2005.

Da durch die so genannte „doppelte Alterung" der Anteil jener steigt, die durch Gebrechen in ihrer „Raumtüchtigkeit" eingeschränkt sind, werden kompakte, durchmischte Siedlungsstrukturen, in denen möglichst viele Alltagswege zu Fuß sicher zurückgelegt werden können, immer wichtiger. Solche „nach innen" orientierten Siedlungsstrukturen fördern die Unabhängigkeit Betagter durch kurze Wege und Nachbarschaftshilfe, sie ermöglichen eine zeitsparende Erbringung der immer bedeutender werdenden Betreuung alter Menschen auf professioneller Basis und sind zudem bodenschonend. Untersuchungen haben gezeigt, dass stark zersiedelte Räume insbesondere die Kosten der sozialen Daseinsvorsorge (wie „Essen auf Rädern", Heimhilfebesuche) förmlich explodieren lassen.

Aus den Bevölkerungsprognosen lässt sich auch unschwer ableiten, dass immer weniger Erwerbstätige eine immer weitläufiger werdende Infrastruktur und immer mehr Gebäude erhalten werden müssen. Man läuft also Gefahr, nicht nur die baulichen Überkapazitäten der Zukunft, sondern auch die finanziellen Altlasten von morgen zu schaffen.

2.5 Eingeschränkte Finanzierungsspielräume

Vor dem Hintergrund einer in immer mehr Regionen schrumpfenden Bevölkerung wird es immer bedeutender, ob weitläufige oder kompakte Siedlungsräume von der Allgemeinheit finanziert werden müssen, denn die stark bodenbeanspruchenden sind auch die relativ teuren in Bezug auf Errichtung, Pflege, Reparatur und Erneuerung. Schon heute sind mit dieser Realität gerade die zersiedelten, strukturschwachen Landgemeinden konfrontiert, bei denen die Schere zwischen einerseits rückläufigen Bevölkerungszahlen und Einnahmen und andererseits steigenden Infrastrukturausgaben immer mehr aufzugehen droht und diese vor nahezu unlösbare Finanzierungsfragen stellt. Hier rächt sich, dass es gerade die ländlichen Kleingemeinden waren und sind, die im Verhältnis zu ihrer Einwohnerzahl weit mehr Flächen für Siedlungs- und Verkehrszwecke in Anspruch genommen haben als größere Kommunen[8]. Der Raubbau am Boden durch eine sorglose, meist anlassbezogene Flächenwidmungsplanung erweist sich so als Weg in die Finanzierungsfalle einer wachsenden Zahl an Gebietskörperschaften. Besonders schwer wiegt diese Bedrohung in Anbetracht des Umstandes, dass viele Investitionen, die im Ausbauboom der sechziger und siebziger Jahre des vorigen Jahrhunderts getätigt wurden, nun zur Erneuerung anstehen. So wird beispielsweise schon jetzt von einem „Investitionsstau" bei Abwasserkanälen und Wasserleitungen gesprochen.

Viel zu wenig wurde in der Vergangenheit darauf eingegangen, dass nicht nur bei der Errichtung der technischen Infrastruktur buchstäblich jeder Meter ins Gewicht fällt – beispielsweise kostet der Bau von 1 m^2 Straße etwa € 100,- bis € 150,- –, sondern, dass in der Folge auch die Wartungskosten (Reinigung, Winterdienst, Böschungspflege etc.) mit zunehmender Länge des Straßennetzes ansteigen. (Derzeit ist etwa pro Kilometer Straße mit ca. € 750,- im Jahr zu rechnen.)

Schon bei Errichtung als auch bei Betreibung des Infrastrukturnetzes werden die „Flächenfresser", also diejenigen, die nicht im kompakten Siedlungsverband siedeln, von den

---

8   Matthias Winkler: Flächensparsame Siedlungsentwicklung – ein „nachhaltig" verfolgtes Ziel?, in: Raum-Planung, Heft 132/133, 2007, S. 119 ff.

„Flächensparern" laufend quersubventioniert. Und zwar zahlt beispielsweise in ländlichen Gemeinden etwa zwei Drittel der Erschließung eines Neubaugebietes der/die SteuerzahlerIn, während der/die begünstigte „HäuselbauerIn" nur zu einem Drittel für die zu leistenden Aufschließungsbeiträge aufkommt. Dabei fällt natürlich ins Gewicht, dass diese Kosten bei Zersiedelung bis zu dreimal höher sind als bei kompakten Siedlungsstrukturen.

Wenn die ständige Erweiterung der so genannten äußeren Erschließung durch das Vorantreiben des Siedlungsgeschehens auf der „grünen Wiese" nicht eingedämmt wird, so besteht die Gefahr, dass das Leben auf dem Lande für immer mehr Haushalte zu teuer wird und so die Abwanderung gerade in strukturschwachen Gebieten zusätzlich angefeuert wird. Der Push-Faktor ist hier, dass steigende Kosten für zunehmend weniger Daseinsvorsorge (kein Lebensmittelgeschäft, kein Arzt, keine Schule, keine Sicherheitsdienststelle etc.) zu bezahlen sind. Diese zwischen Lebenshaltungskosten und Lebensqualität aufgehende Schere wird zunehmend als unattraktiv empfunden.

3. Schluss

Dass die hohen quantitativen Bodenverluste durch fortgesetzte Zersiedelung einer zukunftsfähigen Gesamtentwicklung unserer Republik entgegenstehen, darauf will dieser Beitrag hinweisen. So genügt es heute bei weitem nicht, nur darüber eine Auseinandersetzung zu führen, „wie" in Zukunft gebaut werden soll, vielmehr gewinnt die vorauseilende Frage, „wo" gebaut werden soll, an Bedeutung.

Josef Mathis[1]

Baukultur der Bürger – Best-Practice Zwischenwasser

Drei Dörfer – eine Gemeinde

Die Vorarlberger Gemeinde Zwischenwasser setzt sich aus den Dörfern Batschuns mit 1.200 Einwohnern, Dafins mit 400 Einwohnern und Muntlix mit 1.600 Einwohnern zusammen. Keine der Ortschaften trägt den Gemeindenamen Zwischenwasser – dieser leitet sich aus der Lage zwischen den Wildbächen Frutz und Frödisch ab. Jedes Dorf verfügt traditionell über eine komplette Infrastruktur. Einzig im Bereich der Lebensmittelnahversorgung wirkt sich die ungezügelte Ansiedlung von Großmärkten in den nahen Ballungszentren negativ aus. Es gibt nur in der kleinsten Ortschaft einen Dorfladen, der an drei Halbtagen geöffnet ist. In den Köpfen der Bürger ist das eigene Dorf näher als die politische (Gesamt-) Gemeinde. Diese vermeintliche „Eigenständigkeit" ermöglicht ungeahnte Dimensionen von Bürgerbeteiligung, weil um öffentliche Einrichtungen „gekämpft" werden muss. Es gibt relativ wenige Arbeitsplätze in der Gemeinde. Die finanziellen Möglichkeiten der Gemeinde sind daher begrenzt. Die Einbindung der Bürger in Entscheidungs- und Umsetzungsprozesse erweist sich im Nachhinein betrachtet als Volltreffer.

Der Beginn

1978, der erste Flächenwidmungsplan ist seit zwei Jahren in Rechtskraft. Der damaligen Zeit entsprechend mit deutlich zu viel Bauland bestückt. Umweltschutz ist eher ein Fremdwort, Baukultur unbekannt und Energiepolitik Angelegenheit der Energieversorger. Da und dort regt sich Widerstand gegen herrschende Zustände, und es ist nicht verpönt, sich zu engagieren. Genau betrachtet eine gute Voraussetzung, neue Formate in der Gemeindepolitik auszuprobieren. So wird bei der Gemeinderatswahl 1980 ein anderer Wahlmodus angewandt – anstelle der bisherigen Einheitsliste kandidieren erstmals Parteilisten zur Wahl in den Gemeinderat. Mit guten Kandidaten und einem großen Engagement gegen eine heftig umstrittene Umfahrungsstraße gelingt meiner Fraktion die erste absolute Mehrheit. Und in der Gemeindepolitik findet ein Generationenwechsel statt. Nicht nur ich, als neuer Bürgermeister, bin mit meinen damals 29 Jahren ein Newcomer, auch die Mehrzahl der Gemeinderäte entspricht nicht dem gängigen Klischee von zwingend notwendiger Alterserfahrung. Doch der absolute Wille zur Gestaltung der Gemeinde ist stärker als die relative Unerfahrenheit der neuen Crew. Die erste Überarbeitung des Flächenwidmungsplanes 1984 hat es in sich: Der Gemeinderat erkennt, dass für eine kontrollierte Entwicklung der Gemeinde Korrekturen des Flächenwidmungsplanes notwendig sind. Die Rückwidmung von 6,5 ha

---
1   Josef Mathis war von 1980 bis 2013 Bürgermeister der Vorarlberger Gemeinde Zwischenwasser.

Bauerwartungsland für Ferienwohnhäuser trägt der Gemeinde ein tendenziell ungewolltes Gastspiel beim Verfassungsgerichtshof ein, stärkt aber durch das positive Ergebnis den Gestaltungswillen des Gemeinderats. In einer weiteren Überarbeitung des Flächenwidmungsplanes 1987 werden 7 ha Bauerwartungsflächen in Freihaltefläche Landwirtschaft gewidmet – größtenteils im Einvernehmen mit den betroffenen Grundeigentümern. Ermutigt durch die bisherigen Rückwidmungen „erdreistet" sich der Gemeinderat 1991, 8,5 ha Bauland in Freihaltefläche Landwirtschaft zurück zu widmen. Es wird kein Wertausgleich bezahlt, nur die bisherigen Aufwendungen zur Baureifmachung den Grundeigentümern ersetzt. Gestärkt durch vorangegangene Rückwidmungen hat auch diese Korrektur beim Verfassungsgericht Bestand.

Bürger beteiligen

Die erste Bürgerinitiative zur Wiedererrichtung einer Volksschule in der kleinsten Ortschaft Dafins mit 400 Einwohnern wird politisch sehr ernst genommen und führt 1990 zur Inbetriebnahme eines solarbeheizten Schulgebäudes.

Abb. 1: Solarbeheizte Schule in Dafins.

Die Sieger des Architektenwettbewerbs, Hermann Kaufmann und Walter Unterrainer, ergänzen das Team um den Solararchitekten Sture Larsen. Dieses Projekt, an dem die Dorfbevölkerung nicht nur verbal teilnimmt, ist für die folgenden Jahrzehnte ein Leuchtturmprojekt. Umweltschutz, Bürgerbeteiligung, gelebtes Sozialkapital und Qualität in der Baugestaltung vereinen sich darin zu einer Symbiose. Einer neuen Form der Gemeindepolitik steht endgültig nichts mehr im Wege. Warum beteiligen sich die Bürger? Praktisch an allen öffentlichen Bauten der Gemeinde Zwischenwasser arbeiten Bürger freiwillig mit.

Eine interessante Erfahrung zeigt, dass bei persönlicher Ansprache viele Bürger bereit sind, sich einzubringen. Diese Einbindung hat mehrere Vorteile: Die Beteiligten identifizieren sich mit dem Bauwerk, das entsteht. Sie erleben Qualität in Planung und Umsetzung und entwickeln Verständnis für Baukultur und Architektur. Das gemeinsam erstellte Bauwerk ist auch „ihr" Bauwerk. Darüber hinaus gibt es jährlich einen Freiwilligentag, welcher an einem Samstag im April 130 Freiwillige zusammenführt. Sie arbeiten gemeinsam einen Tag an der Erhaltung und Verbesserung der Wanderwege. Der gemeinsame Abschluss mit Speis und Trank ist Humus für das Zusammenleben.

Baukulturelles Lernen – Ein Gebäude folgt dem anderen

Muntlix, die einwohnerstärkste Ortschaft, beherbergt neben einer Volksschule auch die Hauptschule. In der Gemeinde fehlt ein Veranstaltungsraum, und der bestehende Turnraum beider Schulen, die in einem Gebäude untergebracht sind, ist längst zu klein. Es entsteht ein architektonisch interessanter Holzbau, der sich seit 1994 als Turnraum und Veranstaltungssaal täglich bewährt. Der ursprüngliche Wettbewerb zur Realisierung – dieser sieht die Innenhofverbauung im bestehenden Schulgebäude vor – wird von Architekt Hermann Kaufmann gewonnen. Das Projekt kommt aus schulpolitischen Gründen nicht zur Umsetzung, und Hermann Kaufmann plant ein eigenständiges Gebäude.

In der kleinsten Ortschaft Dafins steht im Jahr 2000 die alte Sennerei zum Verkauf. Die dortigen initiativen Bürger bedrängen die Gemeinde, das Gebäude anzukaufen und einer öffentlichen Nutzung zuzuführen. Durch eine von Architekt Stefan Marte geplante Altbausanierung entsteht ein Multifunktionshaus, in dem der Dorfladen, ein Feuerwehrdepot, ein Mehrzweckraum, eine Notwohnung und ein Spielgruppenraum untergebracht sind. Die Dafinser arbeiten viele Stunden an diesem Projekt.

2001 stehen in der Ortschaft Batschuns gleich zwei Projekte an: Der örtliche Musikverein wartet schon ca. 50 Jahre auf das versprochene neue Probelokal – das eigene „Musighüsle" musste 1948 dem Schulbau weichen. Die Proben werden zwar in den Räumen der Schule abgehalten, die Räume dazu wechseln aber je nach Schüleranzahl zwischen Dachboden und Keller. Der neue eigenwillige Holzbau entspringt in einem Wettbewerb der Idee der heimischen Marte/Marte Architekten. Das Haus wird 2003 mit dem Vorarlberger Holzbaupreis ausgezeichnet.

Fast gleichzeitig muss im Jahre 2001 der Friedhof in Batschuns erweitert werden. Keine leichte Aufgabe neben der ersten Kirche von Clemens Holzmeister. Wiederum gehen die Marte/Marte Architekten als Sieger aus einem Wettbewerb hervor. Eine sehr reduzierte Architektur – dem Ort und dem Zweck hervorragend angepasst – zeigt den Aufbahrungsraum und die Friedhofseinfassung in Stampflehmbau. Die Bürger beteiligen sich an beiden Projekten mit hohem persönlichem Einsatz.

PPP (private public partnership) der Sonderklasse: Ein jahrzehntelang als Kinder-Ferienheim genutztes altes Bauernhaus steht 2004 zum Verkauf. Dafinser Bürger befürchten eine ortsunverträgliche Nutzung. Die finanziellen Mittel der Gemeinde sind durch andere Projekte gebunden. Kurzerhand schließen sich 6 Aktivbürger – ein Arzt, ein Architekt, ein Geschäftsführer, ein Holzbauunternehmer, ein Elektrounternehmer und ein Vertreter – zu einer Miteigentümergemeinschaft zusammen. Sie erwerben das Haus, sanieren es und vermieten die elf Wohnungen den Gemeinden der Region Vorderland, die dadurch über das erste Angebot an betreubarem Wohnraum verfügen. Das stilgerecht sanierte „Mitdafinerhus" ist baukulturell ein sehenswertes Stück. Die neuen Bewohner integrieren sich sehr gut in die Dorfgemeinschaft.

Abb. 2: Das „Mitdafinerhus".

Die einzig noch bestehende gedeckte Holzbrücke wird saniert: Ein alter landwirtschaftlicher Bringungsweg abseits der Besiedlung enthält als kleinen Talübergang eine gedeckte Holzbrücke. Der Kulturverein Dafins, auch bedacht auf die Erhaltung alter Kulturgüter, organisiert die Renovierung der Osangbrücke. Mit viel persönlichem Einsatz wird die Brücke instand gesetzt. Die Gemeinde leistet geringe Materialkosten und organisiert das Eröffnungsfest. Seit 2006 schmückt die renovierte Osangbrücke den Osang-Wanderweg.

Trockensteinmauern als Kulturgut: Trockensteinmauern wurden viele Jahrzehnte lang nicht als Teil der Baukultur gesehen. 2009 ändert sich das. Angeregt durch das Land Vorarlberg fördert ein Projekt der Universität für Bodenkultur in Wien die hohe Wertigkeit solcher Bauwerke zu Tage und bringt fachliche Empfehlungen zur Sanierung. Seither findet jedes Jahr ein dreitägiger Kurs zur Herstellung und Sanierung von Trockensteinmauern statt. Immer mehr Bürger übertragen diese Art der Geländebefestigung auch in ihre Gärten. Die Gemeinde saniert jedes Jahr mindestens eine Trockensteinmauer an öffentlichen Wegen.

Gemeindepolitik mit Verantwortung bleibt nicht ohne Folgen

Die Gemeinde verändert ihr Gesicht und verändert sich jeden Tag. Die Politik erkennt früh, dass Qualität in der Gestaltung wichtig ist. Bei den Bürgern ist dies nur vereinzelt der Fall. Das Ortsbild verändert sich auch durch privates Bauen. Um diesem Umstand

Rechnung zu tragen, wird 1992 vom Gemeinderat ein Fachbeirat für Architektur und Gemeindeentwicklung eingesetzt. Dieser berät die Baubehörde in Gestaltungsfragen und der Ortsbilddefinition. Der Beirat setzt sich aus zwei Architekten, politischen Vertretern und der Baubehörde bzw. dem Bürgermeister zusammen. Jährlich werden ca. 50 Baubewilligungen ausgestellt. Die konsequente Haltung der Baubehörde – was in der Sitzung als Begutachtungsergebnis formuliert wird, wird auch umgesetzt – erzeugt anfangs breite Verwunderung. Manche Vertreter von Fertighausfirmen und „Sonntagszeichner" haben damit keine Freude. Es entsteht daraus eine parteipolitische Kontroverse, die aber letztlich die Tätigkeit des Fachbeirates stärkt. Seit 2002 hat sich die Tätigkeit des Fachbeirats um die vorausgehende Planungsberatung erweitert. Bauwerber können gegen Voranmeldung eine für sie kostenlose Beratung bei den Architekten des Fachbeirates in Anspruch nehmen. Mittlerweile ist der Fachbeirat akzeptiert und unverzichtbar.

Die Gemeinde als Beispiel: Immer mehr Bürger orientieren sich an dem, was die Gemeinde tut. Moderne Architektur, Maßnahmen im Klima- und Umweltschutz, Qualität in Planung und Umsetzung verbreitern sich auffällig positiv. Das Sprichwort, dass eine Gemeinde zu gestalten und nicht nur zu verwalten ist, wird spätestens hier zur Überlebensstrategie. Gestaltungsqualität wird zum Markenzeichen für die Gemeinde.

Architekten planen nicht nur Hochbauten: Öffentliche Hochbauaufträge werden nur über Architektenwettbewerbe realisiert, kleine Veränderungen, wie Dorfplätze oder Kreuzungsumbauten, von Architekten mitgeplant. In der Gemeinde gibt es Architekten, welche die Verwaltung auch bei kleineren Bauvorhaben aus reinem Gestaltungsinteresse beraten. Das ist ein glücklicher Umstand, der an vielen Details ablesbar ist. Auch kleine Dinge verändern die Welt.

Mobilität als Teil der Baukultur: Die Mobilität darf in der Betrachtung von Baukultur und Raumordnung nicht fehlen. Sie bringt teilweise massive bauliche Veränderungen mit sich.

Eine wichtige Straßenkreuzung, die insgesamt über einen großzügigen Straßenraum verfügt, ist durch die Mittelinsel sehr gefährlich. In der Ausschreibung der Planungsleistung an ein technisches Büro wird die Bedingung gestellt, dass die gestalterische Komponente von einem Architekten zu erbringen ist. Diese Planungsform ist neu und ungewohnt. M+G Ingenieure und das Büro Marte/Marte legen das beste Projekt vor. Die seit dem Umbau ungeregelte Kreuzung zeigt einen klar definierten Straßenraum. Sie bietet großzügige Gehsteigflächen, die auch Bäume und einen Brunnen beheimaten. Bushaltestellen sind obligatorisch. Der Brunnen wird von den Anrainern nach Anleitung der Architekten aus einem Baum gearbeitet. Der beim Brunnen gepflanzte Baum wird von den Anrainern bezahlt. Die anderen vier Bäume bieten den Anrainern im Herbst Nüsse zur Ernte. Bei der Eröffnungsfeier gibt es auch kritische Stimmen, die prophezeien, dass die Nichtregelung Unfälle geradezu provoziere. Bis heute ist kein nennenswerter Unfall passiert. Seit 2007 kommt an dieser Kreuzung die Rechtsfahrregel zur praktischen Anwendung.

Der Kreuzungsumbau an der Kirchstraße in Batschuns beinhaltet auch die Neugestaltung des angrenzenden Schulplatzes. Die an die Kreuzung grenzende Stützmauer des Schulplatzes ist in Stampfbetonbauweise ausgeführt. Eine sehr gefällige Betonvariante, die bei den Stiegenaufgängen sehenswerte kleine Details zum Vorschein bringt. Der Schulplatz, eingefasst mit der Stampfbetonmauer und ausgestattet mit einem Drainasphalt, bietet auch der Dorfbevölkerung einen Festplatz, der eifrig genützt wird.

Tempo, Tempo, Tempo: Geringere Geschwindigkeit im Autoverkehr erfordert weniger Straßen bzw. Gehsteigfläche. Dieser Logik folgend erlässt der Gemeinderat 2004, fast selbstredend nicht einstimmig, eine generelle Tempo-30-Beschränkung. Ausgenommen sind die Durchzugsstraßen/Landesstraßen. Die eigentliche Ursache dieser Maßnahme war nicht die Grundknappheit, sondern leider ein tödlicher Unfall mit einem Kind. Etwas naiv in der Einschätzung der Wirkung dieser Maßnahme wird prompt die Reaktion der Bürger unterschätzt. Das wiederum hat damit zu tun, dass neben der Verordnung von Tempo 30 ein Radargerät seinen Dienst aufnimmt. Die so fotografierten Personen sehen sich, nach Bezahlung der fälligen Strafe fürs Schnellfahren, in ihrer persönlichen Freiheit massiv eingeschränkt. 600 Unterschriften zur Abschaffung von Tempo 30 liegen bald auf dem Schreibtisch des Bürgermeisters. Die kurz darauf folgende Gemeinderatswahl bringt eine nicht unwesentliche Kräfteverschiebung mit sich – es ist die einzige der insgesamt 7 Perioden meiner Amtszeit, wo meine Fraktion keine absolute Mehrheit erhält. In vielen Gesprächen mit Bürgern und Sitzungen im Gemeinderat entschärft sich aber die Situation zusehends. Tempo 30 samt Radargerät gibt es heute noch. Die durchschnittlich gefahrene Geschwindigkeit auf den Gemeindestraßen in Zwischenwasser ist um 11 km/h gesunken. Seither gibt es keine Unfälle mit Personenschaden zu verzeichnen. Letztendlich können lang geforderte Gehsteigprojekte neu bewertet werden. Die Gemeinderatswahl 2010 bringt wieder die gewohnten Kräfteverhältnisse.

Baukultur-Gemeindepreis: Die vielen Aktivitäten mit der Absicht, die Gemeinde aktiv zu gestalten, tragen Früchte. 2009 wird Zwischenwasser Hauptpreisträger des ersten österreichischen Baukultur-Gemeindepreises. Ausschlaggebend dafür ist die Konsequenz, mit der sämtliche Vorhaben umgesetzt werden – angefangen von der Beteiligung der Bürger bis hin zum ständigen Versuch, die Qualität des Bauens zu steigern. In einem eigenen Büchlein werden die acht ausgezeichneten Gemeinden portraitiert. Der Slogan „Baukultur machen Menschen wie du und ich" macht dem Geschehen alle Ehre. Mehr als 30 nationale und internationale Auszeichnungen bestätigen den vorbildhaften Umgang mit den Themen Baukultur, Energieeffizienz und Bürgerbeteiligung.

Gemeindeeigene Auszeichnung für gutes Bauen: Ein Problem, das jede Gemeinde kennt: Private Bauherren „verschönen" zum Abschluss des Bauvorhabens das umliegende Gelände mit Zäunen oder Steinen. Im Bergland kann das zu massiven Geländeveränderungen führen. Die Wiederherstellung des ursprünglichen Zustands ist eine „sisyphosähnliche Herkulesaufgabe". Auf einen Bescheid erfolgt eine Berufung, dann eine Vorstellung usw. Je mehr Gremien damit befasst werden, desto mehr wird die Sachlage verwässert. Eine Strategieänderung zeigt Wirkung: Die Guten werden belohnt. Die Gemeinde vergibt alljährlich eine Auszeichnung für gutes Bauen in Form einer Plakette. Die vom Fachbeirat vorgeschlagenen Bauwerber werden beim Neujahrsempfang vor großem Publikum ausgezeichnet. Die Auszeichnung enthält zwei Kategorien: Außenraum und Passivhaus. Es ist eine Ehre, von der Gemeinde für gutes Bauen ausgezeichnet zu werden.

Lokale Agenda, Energieleitbild, Räumliches Entwicklungsleitbild: In der lokalen Agenda definiert die Gemeinde 2001 für sich, wie sie die Herausforderungen des 21.Jahrhunderts in Angriff nehmen will. Neben Visionen gibt es Handlungsanleitungen und einen Maßnahmenkatalog. 2008 wird durch das e5-Team[2] ein Energieleitbild erstellt. Diesem angeschlossen ist eine Orientierungshilfe für private Bauherren in punkto Energieeffizienz, Öko-

---

2   e5 ist ein Programm zur Qualifizierung und zur Auszeichnung von engagierten Gemeinden. Es wurde im Auftrag der Vorarlberger Landesregierung vom Energieinstitut im Jahr 1998 ins Leben gerufen und zusammen mit den Partnern Energie Tirol und Salzburger Institut für Raumplanung (SIR) weiterentwickelt.

logische Materialien und Nutzung von erneuerbaren Energien. Erst 2012 beschließt der Gemeinderat, ein räumliches Entwicklungsleitbild zu erstellen. Unter beachtlicher Bürgerbeteiligung bringt die vor ort ideenwerkstatt ® spannende Ergebnisse. Neben der Festlegung von Widmungsgrenzen – der örtliche Flächenwidmungsplan hat einen nicht nutzbaren Baulandüberhang von 33 % Bauflächen – stehen eine aktive Leerstandpolitik, ein Erbpachtmodell und ein Gemeindezukunftsfonds in Aussicht. Das Erbpachtmodell soll jungen Bürgern die Möglichkeit bieten, Grundstücke zu nutzen, nicht zu kaufen. Der Gemeindezukunftsfonds soll der Gemeinde die Möglichkeit der aktiven Bodenpolitik eröffnen.

Kindergarten in Passivhausqualität und mit Bürgerbeteiligung: Bei den bisherigen Erfahrungen eigentlich logisch, dass der neue Kindergarten in Muntlix ein Passivhaus ist. 2013 in Betrieb genommen, die Stampflehmböden mit Bürgerbeteiligung eingearbeitet, ist er ein weiteres Highlight in der Baukultur der Gemeinde. Das Gebäude ist nach dem Vorarlberger Kommunalgebäudeausweis (KGA) errichtet. Der KGA ist ein Bewertungsschema, initiiert vom Vorarlberger Gemeindeverband für Abfallwirtschaft und Umweltschutz, welches die Verwendung ökologischer Materialien, die Energieeffizienz und Energiebilanz der Errichtung und Erhaltung misst. Die Handschrift von Architekt Matthias Hein – Sieger des Architektenwettbewerbs – verleiht dem Holzbau Qualität und Eleganz zugleich.

Gemeindehaus: Der Architektenwettbewerb zur Sanierung des 1933 erbauten Gemeindehauses sieht erneut Matthias Hein als Sieger. Bei diesem Projekt geht es darum, den Charakter des Hauses möglichst zu erhalten, den heutigen Anforderungen entsprechende Büroräume zu schaffen und trotzdem nicht der Dämmwut zu unterliegen. Mit einer Innendämmung und dem Einbau einer kontrollierten Be- und Entlüftung dürfte auch dieses Bauvorhaben mustergültig gelingen. Die Umsetzung ist für 2014 geplant.

Energieeffizienz als Alleinstellungsmerkmal: Zwischenwasser ist im europäischen Programm für energieeffiziente Gemeinden – e5 – aktiv. Unter mehr als 1.200 Städten und Gemeinden in zehn Ländern ist Zwischenwasser derzeit Spitzenreiter im Umsetzen von Maßnahmen der Energieeffizienz. Beispielsweise ist es gelungen, den Gesamtstromverbrauch in der Gemeinde (öffentlich und privat) seit 2004 nicht mehr ansteigen zu lassen. Sämtliche Gemeindegebäude werden mit erneuerbarer Energie beheizt. Ein sehr engagiertes e5-Team – Bürger und Mandatare – bringt Ideen ein und setzt sie um.

Gelebte Baukultur

Baukultur ist eine Querschnittsmaterie. Sie berührt praktisch alle Agenden einer Gemeinde, zudem fällt privates Bauen auch unter die Baukultur, weil es im öffentlichen Raum stattfindet. Nicht alle privaten Bauherren sehen das so. Bei der Baukultur geht es nicht um das „schöne" Gebäude, es geht vielmehr um den Prozess, wie gute öffentliche Gebäude und andere Bauwerke entstehen. Vor allem geht es um die Menschen, die täglichen Nutzer, die in diesen Prozess integriert sind. Baukultur allein ist eine eher trockene Materie und kein Garant, um eine Gemeindewahl zu gewinnen. Eingebettet in permanente Information, mit dem Willen, die Gemeinde zu gestalten, und unter der Voraussetzung der Bürgerbeteiligung kann Baukultur aber gelingen.

Gelebte Baukultur
- schafft Identität,
- schafft Arbeitsplätze,

- stärkt die regionale Wirtschaft,
- steigert die Qualität des Bauens,
- fördert Bürgerbeteiligung,
- bringt eine neue Planungskultur mit sich.

Das Ortsbild definiert sich letztlich durch die Summe aller baulichen Veränderungen, durch öffentliche Räume, durch Räume, die zwischen den Gebäuden sind, durch einen schonenden Umgang mit dem Gelände. Wohlfühlen kann man sich dort, wo diese Komponenten ideal aufeinander abgestimmt sind. Es lohnt sich, Baukultur zu leben.

Fritz Matzinger

Les Palétuviers – Von den Wurzeln des Wohnbaus[1]

Albert Einstein meint: „Mich interessiert vor allem die Zukunft, denn das ist die Zeit, in der ich leben werde." Der Wohnbau ist immer eine Sache der Zukunft. Zuerst wird er geplant, dann wird er gebaut und dann erst wird gewohnt. Und weil Bauen wirtschaftlich aufwendig ist, muss das Objekt mindestens 50 bis 100 Jahre benutzt werden können. Das bedeutet aber auch: „Wenn wir heute die Häuser nur mit dem Wissen von morgen bauen, sind diese Häuser übermorgen schon solche von gestern." [2] Gerade im Wohnbau sollten also immer die neuesten Erkenntnisse der Wissenschaften mit aktuellen praktischen Erfahrungen zusammengeführt und verwertet werden.

Verantwortung und Grundlagen

Mit dem möglichen Einfluss von Architektur auf die Menschen beschäftigt man sich wissenschaftlich erst seit den letzten Dekaden des vorigen Jahrhunderts. Im deutschsprachigen Raum sind es vor allem die Arbeiten von Antje Flade[3], die wesentlich dazu beigetragen haben, Architektur- und Wohnpsychologie auf ein wissenschaftliches Niveau zu heben. Ein grundsätzliches Wissen über die Wechselbeziehungen zwischen Mensch und gebauter Umwelt gab es aber schon immer. Das wohl bekannteste Zitat dazu stammt von niemand Geringerem als Winston Churchill: „First we shape our dwellings, and afterwards our dwellings shape us." Wir formen und werden geformt, die Art und Weise unserer Behausung hat unmittelbaren Einfluss auf unser Denken, Handeln, Fühlen. In dem prägnanten Ausspruch von Churchill wird die ganze Verantwortung offenbar, die alle Planer und Architekten gegenüber den zukünftigen Bewohnerinnen und Bewohnern ihrer Bauten tragen.

Es ist sehr verwunderlich, wenn heute Wohnsiedlungen massiv in Beton gegossen werden, als wäre man sich der Zukunft der nächsten 100 Jahre so absolut sicher. Saint-Exupéry meint: „Die Zukunft soll man nicht voraussehen wollen, sondern möglich machen." Das Bauen in Beton steht dazu in krassem Gegensatz. Steht auch im Gegensatz zum Faktum, dass es über die Wohnbedürfnisse so gut wie keine Forschung gibt. Die von Soziologen

---

1 „Les Palétuviers", das Bild von Mangrovenbäumen, wählte der österreichische Architekt Fritz Matzinger als Leitmotiv für die Atrium-Wohnhöfe, die er seit den 1970er Jahren in Österreich und Deutschland realisiert hat. Der „Wurzelbaum" weist auf die Grundidee: „Die Mitglieder der Wohngruppe in ihrer Individualität und Eigenständigkeit bilden die Wurzeln, die über die Wohnform zu einem festen ‚Stamm' zusammenwachsen. Die wichtigsten sozialen Bausteine des Wohnmodells: Aufhebung der Isolation der Kleinfamilie, Kinderfreundlichkeit, Kostengünstigkeit, Gemeinschaftsräume, Partizipation." (Vgl. Raimund Gutmann, Margarete Havel, Michaela Bartel, Brigitte Geißler-Gruber: 20 Jahre Atrium-Wohnhöfe ‚Les Palétuviers – ein alternatives Wohnmodell im Bewohnerurteil, Forschungsprojekt 1995–1997) (Anmerkung d. Red.).
2 Peter Houben, Redebeitrag, Wohnbund-Kongress, Hamburg 1989.
3 Vgl. Antje Flade: Wohnen – psychologisch betrachtet, Bern 1987.

betriebenen Forschungen sind in aller Regel reine Empirie und nicht der Zukunft verpflichtet. Es ist vergleichsweise müßig und wenig bedeutend zu erforschen, wie es den Menschen in bereits gebauten Objekten geht, anstatt Strategien zu entwickeln, wie wir in den nächsten 50 bis 100 Jahren besser leben können. Hier müssen Forschungen aus dem Bereich der Humanethologie und Psychologie abgefragt werden und für zukünftige Planungen zur Grundlage werden. Dazu mangelt es aber an Schnittstellen von der Wissenschaft zur Praxis, z. B. von der Verhaltensforschung zur Architektur und zum Städtebau.

Stattdessen werden laufend menschliche Bedürfnisse, die wissenschaftlich längst bekannt oder in der Praxis erlebbar sind, im Wohnbau einfach ignoriert. Wieso kann es z. B. vorkommen, dass auf der einen Seite mit großem politischem Getöse in Oberösterreich zwei Wohnhochhäuser[4] im März 2003 gesprengt werden und 10 Jahre später im gleichen Bundesland wieder Wohnhochhäuser errichtet werden, noch dazu mit Steuergeldern? Man kennt die Unzahl von Forschungsarbeiten, die sich aus wissenschaftlich nachgewiesenen Gründen massiv gegen das Wohnen im Hochhaus aussprechen, die aber allesamt in den Bibliotheken anscheinend vergeblich auf ihre Leser warten. Besonders kurios wird die Geschichte, wenn man bedenkt, dass fast zur gleichen Zeit der Sprengung dieser Hochhäuser die erste meiner Wohnhof-Siedlungen, Les Palétuviers 1 (gebaut 1974–1975), große Feste zum 30-jährigen Bestandsjubiläum feiern konnte[5]. Das hätte Gedanken nahelegen können, eher in gemeinschaftliche Wohnformen zu investieren denn in potenzielle Sprengkandidaten. Das Problem liegt offensichtlich darin, dass Wohnqualität sich nicht in Zahlen, nicht in Euro messen und ausdrücken lässt, zumindest nicht direkt und nicht kurzfristig.

Wohnbau heute

Dem gegenüber steht die aktuelle Entwicklung des Wohnbaus in bauphysikalischer und bauökonomischer Hinsicht. Der verstärkte Einsatz von Wärmedämmung ist relativ bald an geringeren Heizkosten ablesbar, lässt sich also in Zahlen kleiden und findet daher schnell seine Anhänger, auch bei den Bauträgern. Die Wohnbauproduktion der Nachkriegszeit ist ein auf rein ökonomischer Basis aufgebauter Wirtschaftszweig, egal ob gemeinnützig oder gewerblich betrieben, bei dem über weite Strecken alleine der Geschäftsertrag in der Bilanz der Motor allen Handelns ist. Dementsprechend finden nur messbare Fakten tatsächlich eine Umsetzung[6].

Warum der Trend zum freistehenden Einfamilienhaus noch immer anhält, ist sehr verwunderlich, wo doch nachweisbar diese Wohnform den mit Abstand höchsten Ener-

---

4   Im oberösterreichischen Leonding wurden im Jahr 2003 zwei zwischen 1972–1974 gebaute und zuletzt stark heruntergekommene Hochhäuser am Harter Plateau unter großem Interesse der Bevölkerung und der Medien gesprengt. Rund 50.000 Schaulustige verfolgten das Schauspiel, das vom ORF, der staatlichen Rundfunkanstalt, auch live übertragen wurde.

5   Vgl. dazu auch Georg Schmiedleitner: Les Palétuviers. 30 Jahre kommunikatives Wohnen, 30 Jahre nach der Vision, 30 Jahre Feldforschung, Film, 2004.

6   Vgl. dazu Herbert Claus Leindecker: „Der gegenwärtige Trend, der im Rahmen einer vordergründig geführten Ökologiediskussion den (solar-)energetischen Teil des Bauens, der zweifellos ein wichtiger Aspekt ist, favorisiert, ist nicht wirklich ‚nachhaltig'. Eine Verlagerung der Gewichtung auf ganzheitliches Denken mit soziologischem und humanitärem Anspruch zu erwirken, scheint vor allem in Städtebau und Raumplanung immer wichtiger zu werden.", in: Verdichtete Bebauungsstrukturen als kinderfreundliche Wohnumwelt in der Stadt, Dissertation, Technische Universität Wien, 2001, S. 18.

gieverbrauch verursacht, den größten Flächenverbrauch verantwortet und die höchsten Infrastrukturkosten zur Folge hat. Die über Steuergelder finanzierte öffentliche Förderung des (nach Meinungsumfragen) „Mercedes unter den Wohnformen" ist der Beweis dafür, dass sich die Politik aus Angst, Wählerstimmen zu verlieren, nicht auf den so dringend erforderlichen Paradigmenwechsel einlassen will. Das wird auch durch die regelmäßige Auslobung für „Das beste Haus"[7] bestätigt, wo unter großer medialer Anteilnahme nicht allgemein dem Wohnbau, sondern ausschließlich dem Einfamilienhaus die große Bühne geboten wird. Auf meine kritische Anfrage bei der zuständigen Ministerin[8] kam aus ihrem Büro die lapidare Antwort, dass das Einfamilienhaus eben dem Wunsch eines großen Teils der österreichischen Bevölkerung entspreche und man hier die Qualität verbessern wolle. Dazu eine ebenso lapidare Nachfrage: Warum will man von Seiten der Regierung nicht auch die Qualität beim allgemeinen Wohnbau verbessern, um z. B. den enormen Zersiedelungsdruck zu reduzieren? Man geht hier einen politischen Irrweg, der in der Siedlungsgeschichte seinesgleichen sucht. In Bezug auf Politiker bin ich diesen Kummer gewohnt, die Bausparkassen handeln gemäß ihrem Geschäftsmodell, mir ist allerdings unverständlich, warum die österreichischen Architekturzentren dieses kostspielige Theater mitspielen und fördern.

Ein sehr weit verbreiteter Irrtum, dem Einfamilienhaussiedler unterliegen, ist die Annahme, dass Wohnen im Grünen auch gut für ihre Kinder sei. In diesem Zusammenhang möchte ich nochmals auf die Arbeit von Herbert Claus Leindecker verweisen, der nachweist, dass verdichtete Bebauungsstrukturen kinderfreundlicher sind als nicht-verdichtete und sie gleichzeitig eine menschenfreundlichere Stadt bedeuten (Altstadt, Innenstadt). Er weist auch überraschenderweise nach, dass Hochhäuser und Einfamilienhäuser in der Frage der Kinderfreundlichkeit gleich problematisch sind. Und später dann, wenn die Kinder ausgezogen sind, wohnen immer mehr alt gewordene Singles in ihren Einzelhäusern im Grünen alleine und müssen sich fragen: War's das? [9]. Eine Erkenntnis, die dann viele Jahre zu spät kommt. Unverändert müsste Tacitus auch heute, nach über 2.000 Jahren, den gleichen Ausspruch tätigen wie anno dazumal, als er nach Germania kam:

„Hier und da zerstreut hausen sie weit voneinander, wie ihnen gerade eine Quelle, ein Feld, eine Waldung behagt. Dörfer legen sie nicht nach unserer Weise an, sodass die Gebäude aneinander stoßen und zusammenhängen. Jeder umgibt sein Haus mit einem leeren Raum, sei es zur Sicherung gegen Feuersgefahr, sei es, weil sie des Bauens wenig kundig sind."

Rund 2.000 Jahre später meint ein Landsmann von Tacitus, Gianluca Frediani: „Nur wenn man die Qualität der Wohnbauten verbessert, kann man das schwierigste Phänomen in den Stadterweiterungen eindämmen: nämlich die Ausbreitung der Einfamilienhaussiedlungen. Sie wachsen oft ohne Grenzen, werden im Eigenbau errichtet und zerstören endgültig die Form der Stadt. Diese Art von Wohnbau ruft nicht nur eine unkontrollierte Zersiedelung der Stadt hervor, sondern stellt auch eine große Vergeudung des Freiraums

---

7   Seit 2007 gibt es den von der s-Bausparkasse in Kooperation mit dem Bundesministerium für Unterricht, Kunst und Kultur und dem Architekturzentrum Wien (sowie regionalen Architekturinstitutionen in den Bundesländern) ausgelobten Wettbewerb „Das beste Haus". Alle zwei Jahre wird von einer Jury das beste Ein- oder Zweifamilienhaus jedes Bundeslandes ermittelt.
8   Die Anfrage erfolgte am 26.4.2011 und am 11.5.2011, zuständige Bundesministerin war zu diesem Zeitpunkt Claudia Schmied.
9   Vgl. dazu Claudia Ruff: Einsamkeit im Grünen, in: Der Standard, 31.05.2004.

und der öffentlichen Ressourcen dar."[10] Dieser Vorwurf geht an die Adresse aller Wohnbauschaffenden, an die gemeinnützigen wie gewerblichen Bauträger, aber vor allem auch an die in diesem kapitalistischen Wunschkonzert mitspielenden Architekten. Oft gibt es einen Anlauf zu innovativen Ansätzen in den Ausschreibungen zu Wohnbau-Wettbewerben (wie z. B. bei der Frauenklinik Linz, dem Frachtenbahnhof Linz oder dem Wohnpilot Gleisdorf), die hervorragende Ergebnisse hätten erwarten lassen können. Dadurch auch selbst schon zur Teilnahme an solchen Wettbewerben verführt, muss man dann im Ergebnis wieder Stillstand orten. Eine überhaupt nicht von den Vorgaben der Auslobung inspirierte Jury entscheidet. Politiker und Bauträger sind dabei – aus welchen Gründen auch immer – mehrheitlich vertreten, um bei Bedarf mit dem Totschlag-Argument „Kosten" zu argumentieren. Die Ergebnisse entsprechen dann den alten Mustern, oft auch geblendet von visualisierten Fassaden-Behübschungen, und schließlich wird wieder alles in Beton gegossen, für mindestens die nächsten 50 bis 100 Jahre wieder auf dem falschen Weg.

Gemeinschaftliches Wohnen

Solcherart war auch ich einmal wohnversorgt. 1973 war ich im Besitz einer neuen, wunderschön direkt an der Donaulände gelegenen 120-qm-Wohnung, mitten in Linz. Der Wohnungsbedarf war sozusagen abgedeckt. Warum dann also die Suche nach einer Alternative? Die bekannten physikalischen und dreidimensionalen Ansprüche an die Wohnung (vier Wände und das Dach über dem Kopf) waren wohl ausreichend erfüllt. Statistisch gesehen ein Wohnungswerber weniger. Die „Behausungsfrage" (vgl. Richard Neutra) war aber doch scheinbar und real nicht zufriedenstellend gelöst. Es war ein Wohnbau bar jeder „Philosophie" (F. L. Wright).

Erst durch die Berührung mit der Dritten Welt und einer neuen verwandtschaftlichen Beziehung zu einem Psychologen entstand in mir – unter den starken persönlichen Eindrücken eines Aufenthalts in der Elfenbeinküste – sehr spontan die Idee, eine Wohnform zu entwickeln, die weitestgehend die menschlichen Bedürfnisse erfüllen sollte. Der Grundgedanke sollte in der Bezeichnung „Les Palétuviers" abgebildet werden. Wortwörtlich übersetzt bedeutet „Palétuvier" Wurzelbaum, gemeint sind damit Mangroven. Dieses Sinnbild hatte sich mir in der Elfenbeinküste eingeprägt: Viele Wurzeln kommen aus einem fruchtbaren Boden, vereinigen sich zu einem gemeinsamen Stamm, aus dem sich die Baumkrone breit entfaltet. Zurückgekehrt nach Österreich stand innerhalb eines Monats die komplette Planung samt Kostenschätzung. Mit einer Zeitungsannonce versuchte ich zu sondieren, inwieweit meine Wohnvision auch Publikum findet. Die massive Reaktion (ca. 150 Zuschriften) darauf zeigte mir, dass für dieses soziale Experiment auch tatsächlich ausreichend Probanden vorhanden waren und ich einen Versuch wagen konnte.

So entstand das erste kommunikative Wohnprojekt „Les Palétuviers". Und seit diesen Tagen bzw. seit nunmehr 38 Jahren bewohne ich mit meiner Familie selbst dieses Haus und kann am lebendigen Objekt meine Studien und wertvolle Beobachtungen machen, um mit diesen laufende Projekte weiterzuentwickeln. Das nationale und internationale Echo

---

10 Gianluca Frediani, Redebeitrag, Sommerworkshop im „Napoleonstadel" (= heutiges ArchitekturHaus Kärnten), Klagenfurt, 1995.

war groß, der enorme Zuspruch war ein weiterer Ansporn. Beispielhaft sei hier aus einem Artikel von Josef Krawina zitiert:

> „Es ist keineswegs erstaunlich, dass das Äußere dieser Gebäude eine überraschende, allgemein nicht sofort verständliche Ästhetik besitzt. Da einerseits die Planung Funktionsabläufe und die Reflexion von Lebensvorstellungen wiedergibt, andererseits baumethodische und materialtechnologische Prämissen gegeben sind, prägen diese gemeinsam das ‚Ab-Bild' des Hauses. Somit wird dieses ausschließlich durch Denkformen und nicht durch ästhetische Kosmetik bestimmt. Dieses Abbild ist Hilfe für die Orientierung in der Umwelt, es dient der Identifikation der Bauherren mit ihrer Behausung. Es dient dem Verständnis aller, indem man human wohnt und bewusster lebt, und somit übt die Architektur tiefgreifenden Einfluss auf das ‚Miteinander-Umgehen' der Bewohner aus. Es handelt sich hier nicht um die Suggestion unnützer Bedürfnisse, sondern um die wiederentdeckte, aber uralte Weisheit, dass zur Behausung nicht nur die Wohnung, sondern auch die gesamte bebaute Umwelt gehört."[11]

Abb. 1: GuglMugl, nachbarschaftliches Wohnen, errichtet von Fritz Matzinger 1998–2000, Linz.

Historische Beispiele in Europa

Demselben Artikel von Josef Krawina verdanke ich auch den Verweis auf ein historisches Beispiel in Frankreich, das Familistère in Guise, erbaut vom Philantropen und Fabriksbesitzer Jean-Baptiste André Godin. Während meines Studiums gab es dazu keinerlei Hinweise

---

11 Josef Krawina, in: der Aufbau, 9/11, 1976.

oder Information, und deshalb machte ich mich auf zu einem Besuch der etwa 100 km nördlich von Paris gelegenen Siedlung. Damit entstand mein Interesse an Nachforschungen, welche historischen und/oder lebendigen Beispiele von gemeinschaftlichen Wohnformen es in Europa und anderen Weltgegenden gegeben hat oder noch gibt. Es ging mir dabei immer darum, persönlich zu sehen, was der Grund ist, warum das Zusammenleben funktioniert oder nicht funktioniert, welche Dinge es zu vermeiden gilt, was zum Scheitern führt und was als Bereicherung unverzichtbar ist.

Familistère, Guise/Aisne (1859–1885): Die realisierte Projektgröße von 500 Wohnungen konnte nur so lange funktionieren, wie alle männlichen Bewohner Mitarbeiter in der Ofenfabrik von Herrn Godin waren. Die allen gemeinsame gleiche Arbeitsstätte bildete den „sozialen Kitt". Der Konkurs der Firma ließ auch das Gefüge der Siedlung auseinanderbrechen. Heute funktionieren die fünf Wohnhöfe als normale Wohnhäuser, vorwiegend für Immigranten. Dabei ist allerdings bemerkenswert, dass es bei einem der Höfe keine Überdachung gibt und gerade dieser Hof auch nur eine sehr eingeschränkte kommunikative Kultur besitzt.

Cité Napoléon, Paris (1849–1851): Errichtet von der Société des Ouvriers im Auftrag von Napoleon III stellt die Cité Napoleon die erste soziale Arbeitersiedlung der Stadt dar. Hier wurde eine für diese Zeit einmalige Wohnqualität geschaffen und mit einer enormen Infrastruktur ausgestattet: Kinderhort für berufstätige Mütter, Versammlungsraum, Wärmestube, Badeanlage, Restaurant, glasüberdeckter Innenhof, der einem riesigen Wintergarten gleicht und auch heute noch für die Gemeinschaft einen schönen Begegnungsraum bildet.

Ashlyn's Buildings, Streatham Street, Bloomsbury, London (1848–1849): Die 48 Familien-Wohnungen, errichtet von der „Society for Improving the Conditions of the Labouring Classes" stellen ein nach heutigen Gesichtspunkten sehr modernes Konzept für die Verbindung von Wohnen und Arbeiten dar und dienten auch als Vorbild für die Cité Napoleon.

Diese drei Beispiele stehen prototypisch für Ideologien des ausgehenden 19. Jahrhunderts, wo es darum ging, in sozialer Verantwortung für Arbeiter optimale Wohnverhältnisse zu schaffen, um letztlich durch die Zufriedenheit der arbeitenden Menschen auch bessere Arbeitskraft zu erhalten. Diesen Hintergrund gibt es bei den nachfolgenden Beispielen nicht:

Il Claustri di Altamura (13. Jahrhundert): Auf Anregung von Friedrich II, dem „stupor mundi" (Staunen der Welt) und hoch gebildeten Herrscher vom Geschlecht der Staufer, entstanden in Altamura (Apulien) etwa 80 „Claustri" – kleine, feine Nachbarschaften innerhalb des mittelalterlichen Stadtgefüges. Diese Claustri bilden seit Jahrhunderten, bis zum heutigen Tage, Orte des gemeinsamen Lebens, der Sozialisation und Solidarität ab. Jedes Claustro wird mit Namen bezeichnet, wie „Herz von Altamura", „Ars Arc", „Pro Loco" oder „Federicus Club". Als kulturelles Erbe wurden sie gerade wiederentdeckt und mit Musik, Performance, Ausstellungen, Theater und Tanz einer breiteren Öffentlichkeit bekanntgemacht. Im Laufe der Jahrhunderte bewohnten auch unterschiedliche ethnische Gruppen diese Höfe, z. B. Mauren, Juden oder Latinos. Das städtebauliche Muster besteht im Prinzip aus kurzen Sackgassen, die sich an ihrem Ende zu kleinen Atrien aufweiten. Hier finden sich die Haustüren, durch die man ebenerdig oder über Freitreppen zu den verschiedenen Familien der Nachbarschaft gelangen kann. In der Mitte der Atrien befindet sich meist ein Brunnen oder ein Baum. Die Enge der mittelalterlichen Stadt öffnet sich hier jäh, und es kommt Licht, Luft und Sonne in den Platz, üppiges Grün hängt von den Balkonen und

Dachterrassen. Das alles bietet eine wunderbare Bühne für das humane nachbarschaftliche und südländische Leben. Da diese Höfe nur einen Zugang von der Hauptstraße her haben, waren sie immer auch abschreckend für ungebetene Gäste und Diebe, die nicht in eine Falle tappen wollten, aus der sie nicht so leicht ungeschoren davonkommen konnten. Eine schöne Erfahrung, die auch wir in unseren Atrien und nachbarschaftlichen Siedlungen, 700 Jahre später, machen dürfen.

Letchworth Garden City, Hertfordshire (1903): Raymond Unwin publizierte 1901 bei der Garden City Conference seinen Entwurf für den Bau einer Gartenstadt in Yorkshire für ca. 30 Familien mit großzügigem Gemeinschaftsraum für den gesellschaftlichen Verkehr, Musikdarbietungen samt Kaminfeuer, Bibliothek, Küche und Speiseraum. Zusammen mit Barry Barker als Hauptarchitekten der Gartenstadtbewegung baute er das erste so genannte „Quadrangel". Keine der großen Genossenschaften konnte sich dazu aufraffen, bei der Realisierung dieser Vision dabei zu sein. Unwins und Barkers Bestrebungen waren nicht als soziale Reform gedacht. Sie wollten vielmehr über eine strenge Baustruktur eine sehr individuelle Ausformung der einzelnen Häuser ermöglichen. Diese konnten verschieden groß und auch bewusst unterschiedlich gestaltet sein. Ziel war, ein malerisch-romantisches Siedlungsbild und gleichzeitig ein Abbild der Gesellschaft entstehen zu lassen. Sehr wichtig war den Architekten eine sorgfältige Gestaltung der Gemeinschaftsräume, die ihrer Meinung nach eine wesentliche Voraussetzung für funktionierendes soziales Leben waren. Die Gartenstadtbewegung verwirklichte dann auch in verschiedenen Städten Europas, u. a. auch durch die Wiener Siedlerbewegung, ähnliche Ideen, allerdings nirgends in der starken Ausprägung von Gemeinschaft wie in England.

Beispiele auf anderen Kontinenten

Von Mitbewohnern der ersten Les-Palétuviers-Siedlung wurde ich später auf gemeinschaftliche Wohnformen in Senegal und China aufmerksam gemacht. Selbst fand ich noch weitere Beispiele in Borneo und am Orinoco. Die nachfolgenden Beispiele präsentieren gemeinschaftliche Wohnformen, bei denen meistens familiäre oder stammesmäßige Zusammengehörigkeiten eine nachhaltige Verbindung ergeben.

Senegal, Westafrika: Bei diesen kleinen Hausgruppen von Rundhütten und Getreidespeichern bildet das Faktum der Verwandtschaft das Bindeglied. Die Hütten umschließen ein Atrium, das im Sinne des römischen Atriums relativ dunkel ist. Ein tief ins Atrium gezogenes, ringförmiges Satteldach schützt vor zu viel Sonne. In der Mitte des Atriums hat das Dach ein kleines kreisförmiges Loch, ein „Fenster zum Himmel", durch das bei Regen Wasser in eine Zisterne läuft. Hier ist das Atrium das Herz des Hauses, nicht nur für die Bewohner, sondern abends auch für die Haustiere, die hier Schutz vor wilden Tieren finden.

Sarawak, malaysischer Teil von Borneo: Die Ibans (oder Seedayaks) leben in so genannten Langhäusern in den Deltagebieten der Flüsse Sarawaks. Ein einzelnes Langhaus beherbergt die gesamte Dorfgemeinschaft und enthält sämtliche Wohn-, Arbeits- und Lagerräumlichkeiten. In einem Langhaus können über 50 Familien leben, die Länge des Hauses kann bis zu zweihundert Meter betragen. Traditionell wurden die Langhäuser aus Holz in Pfahlbauweise an den Flussufern errichtet. Der innere Aufbau eines Langhauses folgt einem einheitlichen Schema, das sich in allen Langhäusern wiederfindet. Hierbei ist die eine Hälfte des Hauses gemeinschaftlich genutzt (Ruai), in der anderen befinden sich die privaten, nicht allgemein zugänglichen Räume der einzelnen Familien (bileks). Der Zusammenhalt der Gruppen ist sehr stark durch verwandtschaftliche Beziehungen und gemeinsames Wirtschaften (Landwirtschaft) geprägt. Interessant ist hier der Hinweis auf ein Gesetz, wonach ein Langhaus nicht weniger als 10 Türen (= Familien) haben durfte. Das deckt sich sehr gut auch mit unseren eigenen Erfahrungen in Bezug auf die optimale Gruppengröße von Nachbarschaften, um die Gefahr von Instabilität bei zu kleinen Gruppen zu vermeiden.

Abb. 2: Hakka-Gebäude in Südchina.

Hakka Earth Buildings, Fujian (Südchina): Zu den interessantesten gemeinschaftlichen Wohnformen zählen wohl die alten Hakka-Siedlungen in Yongding und Nanjing in der Provinz Fujian in Südchina. Diese meist runde, wehrhafte Form von gemeinschaftlichen Siedlungen wird seit dem 12. Jahrhundert von der Volksgruppe der Hakka errichtet. Die älteste erhaltene Siedlung wird auf das Jahr 1680 datiert. Diese Wohnform stellt damit auch die älteste uns überlieferte und nach wie vor praktizierte Form von Gemeinschaftssiedlungen dar und ist deshalb auch ein reicher Fundus für diesbezügliche Studien. Mein letzter Besuch im Jahr 2012 brachte mir wieder neue Erkenntnisse, die mit hoher Wahrscheinlichkeit in laufende Projekte eingebaut werden. Auch die UNESCO erkannte den besonderen Wert dieser Tulous und ernannte 46 dieser Gebäude zum Weltkulturerbe. Die Siedlungen beherbergen oft 50 und mehr Familien. Die runde Form gilt als himmlisches Symbol, demgegenüber die eckige Form das Irdische widerspiegelt. Der ökologische, ökonomische und vor allem der soziale Aspekt dieser „Wohnburgen" ist so überzeugend, dass wir viel davon lernen können. Leider führte die Anerkennung als Weltkulturerbe inzwischen zu einem unerwarteten Besucheransturm. Aber vielleicht verbindet sich mit diesem Interesse eine Revitalisierung des Bewusstseins über Wohnen als humanes Kulturgut. Beim Besuch dieser Siedlungen kommt einem zwangsläufig ein Satz von F. u. H. Möbius in den Sinn: „Architektur bildet die Schönheit gesellschaftlicher Beziehungen, sie entwirft Vorstellungen des Lebens, an denen sich die Freude an der Meisterung des Schicksals ausspricht."

Und gerade aus diesem Blickwinkel betrachtet kann man sich auch an alten Stadt- und Dorfstrukturen in unseren Breiten erfreuen – besonders, wenn man hinter den gebauten Manifesten eine lebendige (Errichter-)Gesellschaft erahnen kann.

Gesellschaft und Architektur

Die kompakten Strukturen, die wir von den Römern und aus dem Mittelalter geerbt haben, sind zwar emotional stark besetzt und haben einen hohen identitätsstiftenden Wert, sind aber immer weniger bewohnt. Die Städter ziehen es offenbar zunehmend vor, draußen im „urban sprawl" zu wohnen, im Häuschen im Grünen, in der kleinbürgerlich-idyllischen Vorstadt. Le Corbusier meint in den Erläuterungen zur Charta von Athen[12]: „Bei der Erhaltung historischer Substanz der Städte geht es nicht in erster Linie um den musealen Schutz von Baudenkmälern, sondern um die Bewahrung von gebauten Mustern menschlichen Zusammenlebens, die in stärkerem Maß als das Bauen in unserer Zeit an der Natur und an den leiblichen, seelischen Bedürfnissen des Menschen orientiert waren."

Wenn wir uns dagegen die Wohnbauproduktionen der letzten 50 Jahre vor Augen halten, müssen wir uns fragen: Sind das unsere Lebensträume? Und was sagen diese Wohnbauten über die Verfasstheit unserer Gesellschaft und ihren Zusammenhalt aus? Mir fällt dazu nur ein Spruch von Hans Magnus Enzensberger ein: „Je trostloser die Zustände, desto glänzender die Aussichten" – Missstände erkennen und auf zu neuen Ufern! Architekten, Bauträger, Wettbewerbsjuroren und Politiker sind dringend zum Handeln aufzufordern. Insbesondere ist dabei ganz besonders jene Bevölkerungsgruppe zu berücksichtigen, die noch keine Lobby besitzt, die aber unsere Zukunft darstellt: unsere Kinder.

Sieben Forderungen an die Zukunft

1. Aus raumordnungspolitischen, städtebaulichen, sozialen, ökonomischen und ökologischen Gründen sollte jede öffentliche Förderung des nicht kinderfreundlichen Einfamilienhauses nach Südtiroler Vorbild landesweit eingestellt werden. Die Wohnform des Einfamilienhauses trägt wenig bis gar nichts zum sozialen Lernen von Kindern bei und fördert die Vereinsamung. Dem entgegen stehen gemeinschaftliche Wohnformen, von denen auch die Eltern profitieren können. Wir leben in Zeiten, wo alte Familienstrukturen (in denen es z. B. normal war, dass die Großeltern für die Kinder da waren und

---

12 Die Charta von Athen wurde unter der Federführung des französischen Architekten und Stadtplaners Le Corbusier auf dem IV. Congrès International d'Architecture Moderne (CIAM, Internationaler Kongresse für neues Bauen) 1933 in Athen verabschiedet.

sie betreut haben) mehr und mehr verschwinden, dafür immer öfter Eltern mit ihren Kindern ganz allein sind, was ein eher unnatürlicher Zustand ist[13]. Die aus dem „Einfamilienhausfördertopf" frei werdenden Gelder sind für die Förderung von nachbarschaftlichen Wohnkonzepten einzusetzen.

2. Architekten sind dringend aufgerufen, neue Strukturmodelle für den Wohnbau – phantasievolle Wohnalternativen – zu entwickeln, die geeignet sind, die Menschen von der herrschenden Ausweglosigkeit von Massenwohnbau und Einzelhaus zu befreien und neue Wege zu zeigen. Diese Modelle müssen alle humanethologischen Bedürfnisse erfüllen und müssen eine so überzeugende Architektur bieten, dass die unökologische Alternative im „Grünen Getto" weitgehend obsolet wird. Vor allem muss dem menschlichen Bedürfnis nach ständigem ambivalentem Pendeln zwischen Individualität und Gemeinschaft Raum geboten werden. Es muss der attraktivste Platz für die Gemeinschaft gesucht und hergestellt werden (vgl. Ebenezer Howard), kein anderer Ansatz macht wirklich Sinn. „Es geht um das harmonische Gleichgewicht zwischen sozialer Ordnung und individuellem Persönlichkeitsrecht, da das richtige Maß beider nötig ist, um die größtmögliche persönliche Freiheit innerhalb einer funktionierenden Gemeinschaft zu garantieren." (Amitai Etzioni). In der „Charta von Athen" wird in Artikel 73 Ähnliches gefordert: „Die Stadt muss auf geistiger und materieller Ebene sowohl die Freiheit des Einzelnen als auch das Interesse des Gemeinwohls sichern. Allen städtebaulichen Planungen ist der Maßstab des Menschlichen zugrunde zu legen."

3. Der Mensch ist ein soziales Wesen, und deshalb bedarf es kleiner Netzwerke zwischen Individuum und Staat, die unbewusst ein Gefühl von Sicherheit und „Heimat" bieten. Auf die Notwendigkeit dieser gegenseitigen Ergänzung von Individuum und Gemeinschaft hat bereits Ebenezer Howard 1901 hingewiesen. Besonders für Bevölkerungsgruppen ohne Lobby, z. B. allein erziehende Mütter und Väter, sind solche kleinen Netzwerke unabdingbar. Das ist eine immer größer werdende Gruppe mit hoher Doppel- und Mehrfachbelastung durch Broterwerb, Kindererziehung, Haushalt. Ein Wohnmodell, das einen familienübergreifenden Zusammenhalt und gegenseitige zwanglose Unterstützung in allen möglichen Lebenslagen bietet, reduziert für diese Menschen die alltäglichen Probleme, gibt ihnen auch das Gefühl der Geborgenheit und schafft damit eine lebenswertere Basis.

4. Altenheime sind eine inhumane Institution der Ausgrenzung aus der Gesellschaft und eigentlich eines Landes mit so hohem Wohlstandsindex nicht würdig. Ein Blick in manche Länder der 3. Welt lehrt uns sehr überzeugend, dass wir hier den falschen Weg beschreiten, den wir dringend verlassen sollten. Verbunden damit ist auch ein oft unterschätzter Werteverlust, wenn wir auf die Lebenserfahrung alter Mitmenschen vollkommen verzichten. Es ist aber auch ein Ausdruck großer sozialer Kälte, wenn den Vorfahren nicht die notwendige Anerkennung zuteil wird. Es ist daher so zu planen, dass die gewachsene Gesellschaft darin im Sinne christlicher Werte ihren angestammten Platz findet. Ganz abgesehen von den sozialen Lasten, die sich die Gesellschaft hier aufbürdet und schon in allernächster Zeit nicht mehr tragen wird können[14]. Als Vorahnung dazu sei nur das Beispiel eines Altenheimes in Oberösterreich angeführt, das kürzlich fertigge-

---

13 Vgl. dazu das afrikanische Sprichwort, wonach es ein ganzes Dorf braucht, um ein Kind großzuziehen.
14 Vgl. dazu Claus Fussek, Gottlob Schober: Es ist genug! Auch alte Menschen haben Rechte. Knaur Verlag, München 2013.

stellt wurde, aber wegen fehlender finanzieller Mittel nicht in Betrieb genommen werden konnte. Eine mögliche Alternative stellen Wohngruppen von Wahlverwandten dar, die geprägt von gegenseitiger Hilfsbereitschaft eine sozial tragfähige Gemeinschaft pflegen wollen. Gerade in der Bundesrepublik Deutschland ist hier eine massive Bewegung zur Selbsthilfe via Wohnbaugruppen zu bemerken. Deutsche Bauträger sind gerade dabei, diesen Trend zu erkennen und auf den Zug aufzuspringen.

5. Das Wohnumfeld ist für Jung und Alt wesentlicher Faktor für ein lebenswertes Dasein. Dieser Umstand wird umso bedeutender, je älter ein Bewohner ist. Wir wissen, dass sich der Aktionsradius im Alter massiv einschränkt und letztlich nur noch den Wohnbereich umfasst. Also braucht es eine sorgfältige Gestaltung des physischen und psychischen Umfeldes und nicht nur über die Bauordnung festgelegte Raumstrukturen und behindertengerechte Grundrisse. Wenn z. B. die Fußläufigkeit gar nicht mehr gegeben ist, muss die Sichtverbindung nach außen einen gewissen Ersatz ermöglichen. Auf der anderen Seite ist die Eroberung der Umwelt durch das Kleinkind zu beobachten, das meiner Erfahrung nach bereits im Krabbelalter das Territorium der privaten Wohnung verlassen will, wenn es nicht durch geschlossene Türen daran gehindert wird. Eine offene Tür in eine halböffentliche Zone lässt ein Kind schon früh auf Entdeckungsreisen gehen – immer im Wissen, sich jederzeit bei drohender Gefahr zurückziehen zu können. Natürliche Entwicklungen dieser Art dürfen baulich nicht eingeschränkt werden.

6. Raumordnung: Durch das Fehlen attraktiver Wohnalternativen wird dem Einfamilienhaus von der überwiegenden Mehrheit der Bevölkerung der absolute Vorrang gegeben, und das übl(ich)e vielgeschoßige Mehrfamilienhaus ist, wenn finanziell irgendwie machbar, nur eine ungewollte Zwischenlösung. Daher ist die unter Punkt 2 gestellte Forderung nach neuen Strukturmodellen für den Wohnbau auch eine sehr wesentliche raumordnungspolitische Forderung. Dass hohe Attraktivität nicht nur im verdichteten Flachbau, sondern sehr wohl auch im mehrgeschoßigen Wohnbau möglich ist, wird uns gerade jetzt mit neuen Beispielen aus Südostasien (z. B. Singapur) vorgezeigt. [15]

7. Architektur: Das Bauen für Menschen ist wohl die vornehmste und zugleich intimste Aufgabe in der Architektur. Die eigentliche Kunst dabei besteht einfach darin, im Sinne von Adolf Loos nicht der Verlockung zu erliegen, Architektur als Kunst zu verstehen. Daraus entsteht nämlich die offenkundige Phobie vieler Kollegen gegen Partizipation, die einen fruchtbaren Dialog mit den künftigen Nutzern verhindert. Man unterbindet damit auch, dass von den „Bauherren/-frauen" sinnvolle, lebensnahe Beiträge für die Planung eingebracht werden können. William Alsop meint: „Offenheit und die Einbeziehung der künftigen Nutzer in den Entwurfsprozess sind Voraussetzungen für eine zeitgemäße Architektur." Und Richard Meier sagt dazu: „Architektur ist im Idealfall immer direkte Auseinandersetzung mit den Menschen." Architektur als Ausdruck des Spannungsfeldes von Individuum und Gemeinschaft stand auch im Zentrum der Arbeit der Gartenstadt-Architekten Unwin und Barker. Dem Gesamtbild der Siedlung sollte ein stringenter Maßstab unterlegt werden, der es dann erlaubt, dem einzelnen Haus völlige Freiheit im Detail bei Hausgröße, Hausbreite, äußerer und innerer Gestaltung zu geben. Und genau dieser Ansatz der Kleinteiligkeit und Vielfalt im Detail ist neben dem sozialen Aspekt eine tragende Säule von erfolgreichem Städtebau, wie er z. B. im französischen

---

15 Siehe dazu Projekte von Kean Yeang oder den WOHA Architekten. Ein beispielhaftes Bauwerk in diesem Zusammenhang ist das „Duxton Plain" in Singapur.

Viertel in Tübingen erfolgte: Freie Baugemeinschaften verwirklichten in individueller Eigenständigkeit Projekte in überschaubarem Maßstab, und es entstanden Quartiere, welche die Mängel früherer Stadtentwicklungen (soziale Segregation, anonymes Gestaltungsdiktat und defizitäre Urbanität) vergessen lassen. Das Ergebnis ist lebendig, urban und in der Vielfalt beinahe malerisch romantisch. Und letztlich waren das auch immer die ungeschriebenen Regeln der Gestaltung unserer alten Siedlungsstrukturen Dorfanger, Platz und Markt – eben der zum Abbild gewordene Konsens einer harmonischen, menschlich überschaubaren Gesellschaft.

Abschließende Gedanken

Warum mich die Arbeit zum Thema „Das andere neue Wohnen" nicht mehr loslässt, das liegt u. a. auch an den vielen positiven Rückmeldungen der Palétuviers-Bewohner. So schrieb mir z. B. jemand, der als Kind im ersten Atrium geboren wurde, dort groß geworden ist und jetzt in der Ferne lebt: „( ) für mich ist diese Wohnform elementarer Bestandteil meiner Identität geworden. Auch wenn ich mich fernab davon durch die Welt bewege, der Traum kommunikativer Wohnformen holt mich immer wieder ein. Was ich hier schreibe, ist daher eine Liebeserklärung an das Atrium und seine Bewohner ( )." Oder Leo Steiner auf die Frage, warum er als erfolgreicher IBM-Manager noch immer im Wohndorf Klosterneuburg lebt: „Hier und nur hier sind wir down to earth. Kleiner Plausch im Innenhof, großes Gansl-Essen mit den Nachbarn, Weihnachtslieder gemeinsam im Atrium singen – wenn das nicht Lebensqualität ist, was dann?" Solche Äußerungen sind Bestätigung und immer wieder Antrieb, den einmal eingeschlagenen Weg nicht zu verlassen und weiter zu beschreiben. Das letzte Wort zum wesentlichen Inhalt meiner Arbeit und als Entgegnung zu der oftmals auch vorhandenen Skepsis gegenüber dem nachbarschaftlichen Wohnen möchte ich Prof. Erwin Ringel geben, der bei einem Architektursymposium 1978 in Bad Ischl Folgendes feststellte: „Kommunikation und Begegnung sind absolute Notwendigkeiten. Die menschliche Entwicklung ist ohne Gemeinschaft nicht möglich. Alles, was der Mensch tut, ist darauf ausgerichtet, dass er nicht allein ist. Wenn man Wände zwischen Menschen aufrichtet, wird das die Entfremdung fördern. Man kann sich öffen, ohne aufgefressen zu werden. Ein rechtes Maß zwischen den Bedürfnissen nach Individualität und Kommunikation ist zu finden."

Maik Novotny

Lichtblicke im Hindernisparcours – Vom Entwurf zur gebauten Realität

Was wollen Architekten im städtischen Wohnbau realisieren? Und vor allem: Was davon bleibt übrig, wenn der innovative Entwurf durch den Spießrutenlauf der ausufernden Normen, der Kostenersparnis und baukulturellen Nivellierung geschickt wird? Vier Architektenteams geben Antwort.

Nicht wenige internationale Architekten beneiden ihre österreichischen Kollegen. Vor allem, was den Wohnbau betrifft. Außer Frage steht, dass die Quantität an städtischen Wohnbauten, die hierzulande Jahr für Jahr fertiggestellt wird, in kaum einem anderen europäischen Land erreicht wird – rund 40.000 neue Wohnungen werden pro Jahr in Österreich bewilligt. Die stetige Zuwanderung, die den Prognosen zufolge alleine der Stadt Wien einen Zuwachs von 230.000 Einwohnern bis 2030 bescheren soll, dürfte ein Anhalten dieses Trends garantieren. Auch der Qualität des Wohnbaus werden überdurchschnittliche Werte bescheinigt. Vor allem Wien, wo die Stadt selbst mehr als 200.000 Wohnungen verwaltet und stolz auf die Tradition seit den 1920er Jahren verweist, rühmt sich als Innovationsmotor.

Doch sehen das die beteiligten Architekten genauso? Ist in Zeiten starker Normierung, hohen Zeit- und Verwertungsdrucks und ebensolcher Kostenersparnis seitens der Bauträger noch Raum für Innovationen? Wo und wie lassen sich architektonische Ideale noch durchsetzen? Und wie viel Innovation braucht der Wohnbau überhaupt – will der Mensch nicht seit jeher dasselbe? Vier Architekten und Architektenteams, die sich auf unterschiedliche Weise um Wohnbau jenseits der Durchschnittswerte und Minimalziele bemühen, geben Antwort.

Internationaler Ruf, internationale Vergleiche

„Aus der Wiener Wohnbautradition sind sehr gute Bauten und ein gewisser sozialer Standard entstanden", so Jakob Dunkl und Peter Sapp vom Wiener Büro Querkraft. „Um diesen Standard zu erhalten, gibt es – zumindest in Wien – das Instrument des Grundstücksbeirates, der Bauträgerwettbewerbe organisiert und ein gutes Werkzeug für Qualitätskriterien darstellt, was etwa Energiestandards oder Gemeinschaftseinrichtungen betrifft, aber auch die architektonische Qualität. Dank des Grundstücksbeirats wäre es hier nicht möglich, dass man mit Fördermitteln schlechten Wohnbau baut, etwa mit rein nordorientierten oder winzigen Wohnungen. So gesehen ist das eine gute Ausgangssituation mit einem hohen Standard für die Nutzer."

Querkraft Architekten, die seit Längerem auch international reüssieren, können aus eigener Erfahrung den Vergleich ziehen. „In Frankreich ist der Wohnbau viel marktwirtschaftlicher geprägt, mit Bauträgern, die entweder sehr viel oder sehr wenig Budget haben, die Bandbreite ist also viel größer. Der bauphysikalische Standard ist wiederum bei uns wesentlich höher."

Einen anderen Aspekt ermittelt Werner Neuwirth, der mit seinen so konstruktiv klaren wie räumlich großzügigen Wohnbauten sicher einer der „schweizerischsten" unter den österreichischen Architekten ist, im Vergleich mit der Stadt Zürich. „Ganz wesentlich ist die Tatsache, dass die Stadt Wien Zugriff auf bebaubare Grundstücke hat, während in Zürich praktisch nur Ersatzneubauten[1] möglich sind." Helmut Wimmer, der sich in seinen Bauten seit nunmehr über 30 Jahren um räumliche Flexibilität, Freiheit und Offenheit im Ausfüllen der Wohngrundrisse durch die Benutzer verdient gemacht hat, schreibt die internationale Reputation – nicht ohne Ironie – auch den formalen Pirouetten der hiesigen Architekten zu: „Der österreichische Wohnbau in seiner Gesamtheit, von der Architektur bis zur Förderungsmechanik, genießt zu Recht größte internationale Reputation. Etwas provokanter formuliert: Der internationale Wohnbau-Eintopf wird in Wien bzw. Österreich besonders schmackhaft zubereitet. Exzellente Köche sind hier am Werk, sie sind besonders bemüht und ständig auf der Suche nach neuen Gewürzen, um den Eintopf in Form von architektonischen Attitüden zu verfeinern. Allerdings gibt es auch hier und da einige wenige Wohnbauprojekte mit programmatischen Ansätzen."

Anna Popelka und Georg Poduschka vom Büro PPAG, denen es etwa mit ihrem Europan-Wohnberg in Wien-Simmering oder dem trickreich verschachtelten Wohnen am Park am Nordbahnhof-Areal gelungen ist, das Wohnen mit Mehrwert aufzuladen, ziehen wiederum den Vergleich mit außereuropäischen Tendenzen heran: „In Wien wurde der kommunale Wohnbau miterfunden, und auch aktuelle Entwicklungen finden dort heute relativ schnell Eingang. Die Diskussion ist allerdings zunehmend ‚krisengeprägt' und uns zu wenig hedonistisch. Die Art, wie in der zeitgenössischen japanischen Architektur grundlegend mit dem Thema Wohnen umgegangen wird, ist im Vergleich wesentlich experimenteller. Und das liegt sicher nicht am Einfallsreichtum der Architekten."

Abb. 1: Herbert Wimmer: Wohnhaus Grieshofgasse, 1120 Wien, 1995–1996, Perspektive.

---

1 Unter „Ersatzneubauten" versteht man Bauobjekte, die abgerissen und wieder in einer anderen (größeren oder höheren) Form aufgebaut werden. Ein Grund für einen Abriss kann sein, weil ihr baulicher Zustand eine Sanierung kaum mehr möglich macht, oder weil mit dem Ersatzneubau gezielt verdichtet werden soll.

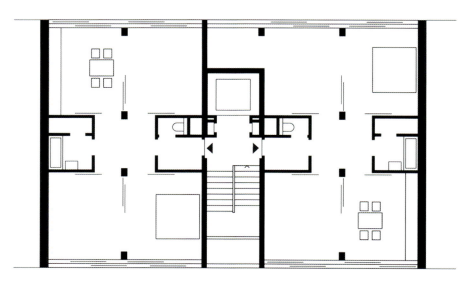

Abb. 2: Helmut Wimmer: Wohnhaus Grieshofgasse, Grundriss: „Ein Rahmenwerk, welches Spielräume eröffnet, für die individuelle Interpretation der Bewohner" (H. Wimmer).

Abb. 3: Helmut Wimmer: Wohnhaus Grieshofgasse, Fassade.

Hindernisse auf dem Weg zum Glück?

Was sind nun also für die ambitionierten Wohnbauarchitekten – und derer sind es nicht wenige – die Hindernisse auf dem Weg zu den Idealen? Bremsen die Protagonisten der Wohnbaupolitik, nivelliert der Bauprozess alles nach unten, oder steht man sich als Planer auch manchmal selbst im Weg? Und ist der Hintergedanke gestattet, dass man möglicherweise auf einem hohen Niveau Probleme lokalisiert, während in anderen Ländern – denkt man etwa an Deutschland, wo der kommunale Wohnungsbau in großem Maßstab längst der Vergangenheit angehört – erst gar nicht gebaut wird?

„Meistens geht es um räumliche Aspekte", sagen Anna Popelka und Georg Poduschka auf die Frage, wo man sich als Planer am ehesten die Zähne ausbeißt. „Bauträger gehen eher auf das einfachere Konzept von Regelgeschoßen mit gleichen Wohnungen für alle los. Wir glauben aber, dass das historisch hinter uns liegt und dass besonders großformatiger Wohnbau in jeder Hinsicht ein möglichst vielfältiges Angebot bieten sollte. Das hat schließlich auch einen positiven Einfluss auf eine stabile Nachbarschaft. Wir glauben, es ist besser, wenn eine sehr spezielle Wohnung ihren Liebhaber findet, als dass jeder so halbwegs zufrieden ist."

Bei den Kollegen von Querkraft konstatiert man eine Einengung des Spektrums vor allem im Zuschnitt und der Dimension der Wohnungen: „Es ist ein fragwürdiger Trend, dass die Wohnungen immer kleiner werden müssen mit dem Argument, dass es sich die Leute sonst nicht leisten könnten. Inzwischen sind wir bei so genannten SMART-Wohnungen[2] angekommen, die gar nicht mehr weiter schrumpfen können. Das ist traurigerweise notwendig, weil man für andere Dinge wie Schallschutz und Wärmeschutz viel mehr Geld ausgeben muss."

Werden also die Gelder, die in den Wohnbau fließen, vor allem in eine immer mehr mit Funktionen und Sicherheitsbedenken aufgeladene Masse kanalisiert, anstatt in das, worum es beim Zuhause-Sein eigentlich gehen sollte, nämlich den Raum? Werner Neuwirth schlägt in eine ähnliche Kerbe, auch für ihn sind SMART-Wohnungen nicht gerade zukunftsfähig: „In 20 Jahren wird man sich fragen, wer diese unnötig kleinen Wohnungen benutzen kann. Es wird dann nur wenige Planer geben, die in der Lage sind, diese kleinen Strukturen so anzuordnen, dass sie mehr Potenzial entfalten können." Seiner Beobachtung zufolge ist das Wohnen heute viel zu stark mit Bedeutung und Wunschvorstellungen überladen, die sich alle in gebauter Form manifestieren. „Es gibt das Phänomen, dass über gesellschaftliche Sehnsüchte Ansprüche ans Bauen gestellt werden, für die es nicht verantwortlich ist und die es nicht lösen kann. Jeder stopft hinein, was er will, und glaubt, dann kommt das Beste heraus. Ein Beispiel: Der Schall von den Straßen wird weder von den Häusern verursacht, noch sind sie in der Lage, ihn in den Griff zu bekommen. Dass Häuser sich im Schallschutz anstrengen, während die Autos den Lärm produzieren, hat ja keine Logik!"

---

2   Rund ein Drittel aller geförderten Neubauwohnungen der Stadt Wien ist dem so genannten SMART-Standard verpflichtet. Die Bruttomieten von SMART-Wohnungen betragen maximal 7,50 Euro/m², der Eigenmittelbeitrag ist im Vergleich zu herkömmlichen geförderten Mietwohnungen geringer, die Wohnungsgröße beträgt maximal 100 m². (Anm. d. Red.)

Im Würgegriff der Normen

Dieser irrationale Anspruch, ein Wohnhaus müsse alle Fährnisse und Risiken des Lebens auf alle Zeit absichern und eindämmen können, gepaart mit Regulierungsmanie und dem nachdrücklichen Impuls der Industrie, ihre neuen Produkte in den Bauwirtschaftskreislauf einzuschleusen, wird von immer mehr Architekten kritisiert. Auch Jakob Dunkl und Peter Sapp betrachten die zunehmende Flut an Normen und Regulierungen mit Sorge. „Die technischen Auflagen haben sich, verglichen mit noch vor 10 oder 20 Jahren, wesentlich verschärft – etwa beim Brandschutz oder der Stellplatzverpflichtung. Diese Dinge sind entstanden, um die Menschen zu schützen, insofern eine gute Sache. Aber es hat sich im Normenwesen, in dem die Wirtschaft ihren Einfluss ausübt, eine Eigendynamik entwickelt. Man bewegt sich permanent in Richtung Verschärfung und nicht in Richtung einer Evaluierung. Dabei entstehen diese Verschärfungen nicht einmal aus statistisch belegten Tendenzen, sondern aus einem Anlass, der irgendwo mal passiert und der eigentlich für das Gesamtgeschehen nicht relevant ist. Dadurch wird der Spielraum für Kreativität extrem eingeschränkt, und die Auswirkungen auf die Kosten sind enorm."

Dass sich die Normen dabei inzwischen auch untereinander widersprechen, macht diesen Spielraum nicht gerade größer. Die Normenausschüsse deklarierten einfach ihre jeweiligen Wünsche in festgegossene Form, ohne dass eine Kontrollinstanz bestünde, die diese Regeln koordiniert, sagt Werner Neuwirth. „Für barrierefreies Bauen darf es zum Beispiel kein Gefälle geben, die technische Norm schreibt aber ein Gefälle von 2 % vor. Als Architekt kann man sich dann aussuchen, nach welcher Seite man unkorrekt ist."

Andere Architekten sehen diese Zwänge als zwar lästiges, aber handhabbares Berufsrisiko. Anna Popelka und Georg Poduschka sehen die gesellschaftliche Realität gelassener: „Über all dem liegt immer die Frage der allgemeinen Kultur, die Dinge möglich macht oder nicht. Die Zunahme der Reglementierung und der Kostendruck sind allgegenwärtige Realitäten. Ein U-Wert in der Bauphysik ist greifbarer als Fragen von Kultur und Baukultur, deshalb läuft die Qualitätsdiskussion ausschließlich über solche Kriterien. Für uns ist das aber keine Entschuldigung für schlechten Wohnbau."

Auch Helmut Wimmer beurteilt die Lage aus 30-jähriger Berufserfahrung heraus als mühsam, aber nicht neu – Einschränkungen der architektonischen Kreativität will er nicht gelten lassen. „Es gibt Grenzen, an die man immer wieder stößt. Es sind aber nicht die bösen Normen, Bauherren, Behörden, Gesetze und Herstellungskosten. Solche Grenzen gibt es ausschließlich im Kopf der Akteure. Der Wohnbau ist – wie Le Corbusier schon sagte – nun einmal die komplexeste, schwierigste und verantwortungsvollste Aufgabenstellung in der Architektur. Natürlich ist es richtig, dass überzogene Normen, Gesetze oder nicht nachvollziehbare Flächenwidmungen Projekte erschweren, behindern und verteuern. Konzeptive Ansätze allerdings kann das alles wohl kaum behindern. Die Grenzen sind und bleiben im Kopf der Akteure gezogen."

Viele Köche: Die Akteure des Baugeschehens

Akteure gibt es viele im Planungs- und Bauprozess, und sie werden nicht weniger. Mehr Regeln produzieren mehr Experten, Experten produzieren Gutachten, Gutachten beschäftigen Anwälte, und alles beschäftigt die Architekten noch mehr als ohnehin schon. „Wenn ich einen Sachverständigen für Absturzsicherung beauftrage, jedes dritte Jahr evaluiere und ihn frage, was man verbessern könnte, muss er natürlich etwas sagen, sonst wäre er überflüssig", sagt Werner Neuwirth süffisant. „Also werden die Absturzsicherungen alle drei Jahre um ein paar Zentimeter höher. Beim Brandschutz genauso: Anscheinend brennt es alle paar Jahre anders."

Dass dies die Arbeit des Planers nicht erleichtert, liegt auf der Hand. Kommt dazu noch die beständige Suche nach möglichen Einsparungsmaßnahmen an allen Ecken und Enden, wird die vermeintlich simple Aufgabe, Wohnungen zu errichten, zum zähen Meeting-Marathon. Bei Querkraft Architekten hat man diesbezüglich Erfahrungen gemacht: „Wir sehen das in unendlich mühsamen Verhandlungen der Planer mit den Baufirmen, wo sich mit enormem Aufwand Kostenspiralen drehen, um irgendwann zu einem baubaren Ergebnis zu kommen, nachdem wochenlang 25 Leute an einem Tisch versuchen, hier und dort an Schräubchen zu drehen. Das ist für alle Beteiligten eine Katastrophe. Wir Architekten spüren, dass wir gewisse Qualitäten nicht mehr bauen können."

Doch auch die Bauträger selbst, die gemeinnützige Konstante im österreichischen System, sind es, die bisweilen als Hindernis der Innovation wahrgenommen werden. „Für uns sind die größte Bremse nicht die Leute, die letztlich in die Wohnungen einziehen, sondern die Ebene der Bauträger dazwischen, die sehr oft, gelinde gesagt, unambitioniert sind. Es ist für uns fast ein eigener Sport geworden, mit diesen Grenzen umzugehen", erzählen Anna Popelka und Georg Poduschka von PPAG. Dabei werden die in Kooperation mit den Bauträgern genutzten und längst etablierten Werkzeuge wie Bauträgerwettbewerbe und der Wiener Gestaltungsbeirat durchaus geschätzt. „Grundsätzlich haben diese Instrumentarien sicher positiven Einfluss. Aber wie alle Strukturen gehören sie gepflegt und beobachtet, sonst korrumpieren sie."

Jakob Dunkl und Peter Sapp appellieren vor allem an den politischen Einfluss, den Bauträger ausüben könnten, wenn es um steigende Kosten für immer neue Materialien geht. „Wir Architekten sind die Einzigen, die sich zu Wort melden und das öffentlich kritisieren. Uns sind die Bauträger ein bissl zu ruhig. Dabei hätten sie die Möglichkeit, mehr Druck in Richtung Politik zu machen. Denn auch sie leiden darunter, dass das Geld in einem Maße in unnötige Dinge fließt und dass man den Leuten Standards aufzwingt, die sie gar nicht wollen. Auch das wichtige Thema Energie sollte mehr von Seiten der Energieerzeugung angegangen werden, anstatt Gebäude einfach mit Ölschlamm zuzukleben."

Werner Neuwirth, dessen Wohnanlage an der Donaufelder Straße für den Bauträger „Neues Leben" von geradezu großbürgerlicher Großzügigkeit ist, kann über positive Erfahrungen mit der Bauherrenschaft berichten: „Wir haben bei unseren zwei Bauträgern immer einen guten Rückhalt gehabt und die essenziellen Entwurfsaspekte immer durchgebracht. Man überfrachtet Projekte ja absichtlich, so dass man von den 130 Prozent am Ende immer noch 90 Prozent umsetzen kann. Das ist auch ein guter Reinigungsprozess, Architekten sollten auch nicht alles 1:1 bauen, was ihnen in den Sinn kommt." Bei aller konstruktiven Harmonie attestiert er den Bauträgern aber eine gewisse Kurzsichtigkeit, was die Marktorientierung beim Wohnungsangebot angeht. „Zuerst hieß es, die Kleinstwohnungen wolle niemand, dann wollten sie plötzlich alle und sagten uns, wir müssten die Zahl der geplanten großen Wohnungen reduzieren. Letztlich waren diese aber als Erstes vergeben, weil sich eben alle Bauträger gleich verhalten hatten. Ein azyklisches Verhalten würde uns da viel weiter bringen."

Abb. 4: Werner Neuwirth: Wohnhausanlage Donaufelder Straße, 1210 Wien, 2011.

Wie viel Innovation braucht der Wohnbau?

Das A und O im Wohnbau ist also – so kristallisiert sich heraus – die Flexibilität und Innovationsfähigkeit. Doch wie viel Neuerung benötigt das Wohnen überhaupt? Ändern sich die Bedürfnisse des Menschen, was seine Unterkunft betrifft, wirklich Jahr für Jahr? Nein, sagt Werner Neuwirth. „Das Wohnen ist eine elementare und minimale Notwendigkeit. Besser, jemand hat überhaupt eine Wohnung als eine hochtechnisierte. Ich würde sogar behaupten, wenn die Wohnungen vom Himmel fallen, wäre das kein Problem. Der Mensch hat die Fähigkeit, sich in allem einzurichten und mit allem zu arrangieren."

Doch wenn sich Arbeitswelten, Familienformen und Lebensabschnittslängen ändern, müssen die Räume nicht darauf reagieren? Doch, meinen Jakob Dunkl und Peter Sapp. „Es gibt heute nicht mehr die klassischen Karrieren. Man möchte zu Hause freier agieren können. Darauf muss das Wohnen reagieren. Dabei geht es nicht um elektronischen Schnickschnack. Die Grundbedürfnisse sind Raum, Luft, Licht und Sonne. Die Vorschriften reduzieren das aber immer mehr. Die Regeln für Brandüberschlag, Schallschutz und Wärmeschutz haben zum Beispiel die Fenster immer kleiner werden lassen."

Aus eigener Erfahrung: Erfolge und Scheitern

Zeit, aus der Analyse der Bedingungen ins konkret Gebaute zu wechseln. Wie äußern sich nun all diese bisher angeführten bremsenden, blockierenden und wechselhaften Faktoren? In welchen ihrer Wohnbauten konnten die Architekten mehr als den genormten Durchschnitt realisieren, und wo fielen wichtige Aspekte des Entwurfs den Mechanismen zum Opfer? Bei PPAG Architekten konstatiert man selbstbewusst eine positive Bilanz: „Ohne prahlen zu wollen, ist bei allen unseren größeren Wohnbauten genug übriggeblieben, auf das wir stolz sind. Bei *Wohnen am Park* am Nordbahnhof-Areal mit seinen weitläufigen Erschließungszonen, in denen ein großes Kunstprojekt realisiert werden konnte, beim *Wohnhof Orasteig* mit sehr unterschiedlichen Wohnungen als Ersatz für das Einfamilienhaus und jetzt beim *Europan* in Wien-Simmering, bei dem wir schon im Bebauungsprinzip innovativer ansetzen konnten. Mit Maximaleinsatz unsererseits ist das gegangen." An schmerzhafter Reduktion im Laufe des Entwurfsprozesses mangelt es jedoch nicht. „Uns geht es nicht so sehr um eine tolle Fassade, auch wenn es nervt, dass meist nur Vollwärmeschutz zum Einsatz kommt. Mehr schmerzt uns Unverständnis gegenüber strukturellen Dingen. Schließlich entwickelt jedes Gebäude seine Gesetzmäßigkeiten. Beim Europan-Wohnbau haben wir zum Beispiel durch eine konservative Brandschutzplanung, die auf das Potenzial des Hauses nicht eingegangen ist, sicher viel verloren, was letztlich auch Kosten gesenkt hätte."

Abb. 5: PPAG architects: Europan6, 1100 Wien, 2011–2013.

Jakob Dunkl und Peter Sapp schätzen, dass sie einen Wohnbau wie ihren 2004 fertiggestellten in Wien-Favoriten, der mit großzügigem Fenstern zu Straße und Hof überzeugte, heute gar nicht mehr realisieren könnten. „Der Glasanteil wird inzwischen drastisch reduziert, und auch bei der Materialwahl gibt es Einschränkungen. In Aspern haben wir eine Holzmischbauweise versucht, mussten aber viele Kompromisse eingehen. Dabei hätte es ein Pilotprojekt zum Thema Holzbau in der Stadt werden können."

Abb. 6: querkraft architekten: LEE Wohnbau, 1100 Wien.

Ausblick: Wünsche an den Wohnbau

Was also muss sich nach Ansicht der Architekten verbessern, um Abhilfe im Hindernisparcours zu schaffen? Muss an den Schrauben der Gesetze oder an den Schrauben in den Köpfen gedreht werden? Anna Popelka und Georg Poduschka formulieren es kurz und bündig: „Wir wünschen uns mehr Experiment und Entwicklung auf allen Ebenen, vom Material bis zum Nutzungsmanagment." Die Kollegen von Querkraft haben für dieses Experiment schon einen konkreten Vorschlag: „Wir würden gerne einmal eine Siedlung mit dem Thema ‚Gefährlich wohnen' bauen. Dann würden wir sehen, ob es Interesse gäbe, wenn die Menschen gewisse Standards wie Stellplätze nicht haben, aber dafür Licht, Luft, Sonne, Gemeinschaftseinrichtungen. Wir glauben, das wird weggehen wie die warmen Semmeln."

Für Werner Neuwirth wiederum ist das ideale Wohnen kein Hexenwerk, nicht einmal eine Frage des gewagten Experiments, sondern von Raumgrößen und hohen Verarbeitungsstandards. „Mir wird oft vorgehalten, meine Wohnbauten seien zu luxuriös, was ein seltsamer Vorwurf ist. Ein Wohnbau kann für mich nicht hochwertig genug sein. Die Idee, der soziale Wohnbau müsse von Haus aus schäbig sein, damit eine kulturelle Spannweite im Prestige entsteht, ist ja abstrus."

Helmut Wimmer schließlich fasst das Thema abschließend in einem Aufruf zusammen, den man als kleines Manifest lesen kann: „In einer Zeit, in der die gesellschaftliche Entwicklung so rasant voranschreitet, nach adäquaten Lösungsansätzen in Bezug auf die Organisation und die Anpassungsfähigkeit einer Wohnung verlangt, in einer Zeit, in der die wirtschaftlichen Voraussetzungen nicht gerade rosig sind und der Ruf nach leistbaren Wohnungen immer lauter wird, bedarf es tatsächlich einer substanziellen Bewegung. Eine Serie von Ideenfindungen, von Wettbewerben, die sich mit experimentellem Wohnbau beschäftigen, ist längst vonnöten. Diese Projekte gehören realisiert und evaluiert. Wir könnten, wenn wir wollen, greifbar nahe, eine weitere Vorreiterrolle für qualitätsvollen, leistbaren Wohnbau übernehmen. Wir stehen hier vor einer großen Herausforderung, einer großen Chance, endlich zu handeln! Wann, wenn nicht jetzt?"

Christian Aulinger

Reform Wohn(bau)politik en détail – Schauplatz Normungswesen

Die Standardfloskel „Es gelten alle einschlägigen ÖNORMEN" fand ich unlängst – wie schon oft zuvor – in einem Vertragsentwurf eines Bauträgers. Sie findet sich im Übrigen in nahezu jedem Vertrag, in jeder Ausschreibung, in jedem Auftrag, der heute rund um das Planen und Bauen vergeben wird. Das überbordende Normenwesen hat mit zur Kostenexplosion im Wohnbau beigetragen. Nach Schätzungen des Verbands gemeinnütziger Bauvereinigungen könnten durch eine Reform des Normenwesens die Kosten des Wohnbaus bis zu 15 % gesenkt werden. Mit diesem Normenwesen beschäftige ich mich im Rahmen des folgenden Beitrages.

Am Beginn steht eine Begriffsklärung: OIB-Richtlinien, ÖNORMEN, Internationale Normen etc. schaffen Rahmenbedingungen der Arbeit von PlanerInnen. Gegenstand der Tätigkeit des Austrian Standards Institute (und Regelungsinhalt des „Normengesetzes von 1971") sind lediglich die ÖNORMEN. Im Folgenden versuche ich zu zeigen, dass bei der Erzeugung von ÖNORMEN privatwirtschaftliche gegenüber öffentlichen Interessen bevorzugt werden und die (Kosten-)Folgen neuer ÖNORMEN zu wenig beachtet werden. Ich schließe mit Überlegungen und Vorschlägen für eine Reform des Normenwesens und des österreichischen Normengesetzes.

Begriffsklärungen

Bauvorschriften: Bauvorschriften sind in Österreich Ländersache und daher gibt es neun verschiedene Bauordnungen. Im weitesten Sinne wird damit auch die Art und Struktur der Besiedelung (Raumordnungsgesetze), im engeren Sinn die Festlegungen über die mögliche Bebauung, die Ausnützung von Bauplätzen, Einschränkungen bei der Änderung von Grundstücksgrenzen sowie die technischen Vorschriften über die Bauausführung erfasst. Die Bauordnungen legen also Rahmenbedingungen für alle baulichen Tätigkeiten fest. Sie beschreiben etwa, was zu tun ist, um eine Bauplatzbewilligung zu erhalten, oder definieren, welche Vorhaben bewilligungspflichtig und welche „nur" anzeigepflichtig sind.

OIB-Richtlinien: Das Österreichische Institut für Bautechnik (OIB) ist die Koordinierungsplattform der österreichischen Bundesländer auf dem Gebiet des Bauwesens, insbesondere im Zusammenhang mit der Umsetzung der Bauproduktenverordnung. Die OIB-Richtlinien wurden in der Generalversammlung des OIB am 6. Oktober 2011 unter Anwesenheit der Vertreter aller Bundesländer beschlossen. Sie dienen als Basis für die Harmonisierung der bautechnischen Vorschriften und können von den Bundesländern zu diesem Zweck herangezogen werden. Die Erklärung einer rechtlichen Verbindlichkeit der OIB-Richtlinien ist den Ländern vorbehalten.

Wohnbauförderungs-Richtlinien: Im Rahmen der Wohnbauförderung können der Erwerb, der Neubau und die Sanierung von Ein- und Mehrfamilienhäusern mit öffentlichen Förderungsmitteln unterstützt werden. Auch hier gelten in Österreich in jedem Bundesland eigene Wohnbauförderungsbestimmungen. Es gibt verschiedene Arten der Förderung, wie zum Beispiel ein günstiges Förderdarlehen gewährt zu bekommen, Zuschüsse zur Rückzahlung von Bauspar- oder Bankdarlehen durch einen einmaligen, nicht rückzahlbaren Zuschuss oder die Gewährung von individueller Wohnbeihilfe.

ÖNORMEN: Eine ÖNORM ist eine vom Austrian Standards Institute (ASI) veröffentlichte nationale Norm. Das ASI ist ein im Jahre 1920 gegründeter gemeinnütziger Verein. Das Normengesetz von 1971 bildet bis heute den rechtlichen Rahmen für die Tätigkeit des ASI. ÖNORMEN sind freiwillige Standards, die in Normungsgremien (Komitees) erarbeitet werden. Angeregt wird ihre Entwicklung entweder durch interessierte Kreise oder sie werden im Rahmen der europäischen und internationalen Normung (z. B. CEN-CENELEC[1], ISO/IEC[2]) als nationale Norm übernommen.

Europäische Normen (CEN-CENELEC): Auf Basis der Stellungnahmen der nationalen Normungsorganisationen zu einem Normen-Entwurf erstellt das zuständige Arbeitsgremium einen Schlussentwurf in deutscher, englischer und französischer Sprache. Über die Annahme als Europäische Norm entscheiden die nationalen Normungsorganisationen anschließend in einer zweimonatigen Schlussabstimmung, bei der nur noch angenommen oder begründet abgelehnt werden kann. Für die Annahme sind mindestens 71 % der gewichteten Stimmen der CEN-CENELEC-Mitglieder nötig. Die Ratifizierung erfolgt automatisch einen Monat nach einem positiven Abstimmungsergebnis. Nach der Ratifizierung muss diese von den nationalen Normungsorganisationen unverändert als nationale Norm übernommen werden, abweichende nationale Normen sind zurückzuziehen. Alle fünf Jahre wird eine Norm überprüft und kann entweder bestätigt, geändert, überarbeitet oder zurückgezogen werden.

Zur notwendigen Reform des österreichischen Normungswesens

Von den oben angeführten Regelungen, die dazu beitragen, dass PlanerInnen nicht mehr zum Planen kommen, sondern stattdessen tausende Regelwerke studieren, verantwortet das Austrian Standards Institute (ASI) die ÖNORMEN. Zwischen dem ASI und der Bundeskammer der Architekten und Ingenieurkonsulenten[3] gibt es gegenwärtig eine offene Auseinandersetzung. Ich möchte im Folgenden auf die Konfliktfelder eingehen und denke, dass dieses Fallbeispiel sehr gut den Reformdruck in der österreichischen Baupolitik widerspiegelt.

---

1 CEN = European Committee for Standardization, CENELEC = European Committee for Electrotechnical Standardization.
2 ISO/IEC = International Organization for Standardization/International Electrotechnical Commission.
3 Ich selbst bin Vorsitzender der Bundessektion Architekten innerhalb dieser Interessenvertretung.

Gesetz oder Empfehlung?

„Eine Norm ist eine unverbindliche Empfehlung"[4], argumentiert das ASI. „Zum Teil wirft man Norm und Gesetz in einen Topf"[5], sagt Elisabeth Stampfl-Blaha, Direktorin des Austrian Standards Institutes. „Bei der aktuellen Diskussion hat mich doch überrascht, wie viele Missverständnisse über Normung in Österreich noch immer bestehen beziehungsweise geschürt werden"[6], so Stampfl-Blaha weiter. Da das ASI nur unverbindliche Empfehlungen verabschiede, könne es z. B. nicht für Kostensteigerungen im Wohnbau verantwortlich sein. Verantwortlich sind vielmehr diejenigen, die diese Normen zum Inhalt eines Bauvertrages, einer Ausschreibung oder Ähnlichem machen.

Ich halte das für eine beschönigende und verkürzte Sicht der Dinge. Lassen wir andere Stimmen zu Wort kommen:

„Seit dem Normengesetz aus 1971 dürfen Normen durch Gesetz und Verordnung für verbindlich erklärt werden, damit sei das Normungsinstitut – ein privater Verein – ein regelrechter ‚Geheimgesetzgeber' geworden"[7], sagt Matthias Öhler, ein Wiener Anwalt.

„Alle! Das ist doch eh klar!", antwortet mir ein Projektmanager der Stadt Wien auf die Frage, welche Normen für das zu planende Projekt, einen Schulbau, verbindlich anzuwenden wären.

Die Wissenschaft würde hier vielleicht von einer latenten Funktion sprechen. Fakt ist: Was in einer Norm steht, beeinflusst oder bestimmt unsere Planungsentscheidungen. Einmal *muss* ich eine Norm anwenden, weil ein Gesetz auf sie verweist. Ein andermal *muss* ich sie anwenden, weil mir das in einer Art Generalklausel auferlegt wurde. Und schließlich kann ich die Norm oft nicht ignorieren, weil eine latente Erwartungshaltung mich zu einer Anwendung zwingt.

Wenn solche gesamtgesellschaftlichen Fakten ignoriert oder mit dem Hinweis versehen werden, dass Sinn und Wesen der Normung hier missverstanden würden – missverstanden von Bestellern, Verwaltungsorganen, PlanerInnen, KonsumentInnen, sogar JuristInnen – dann könnte es sein, dass man das Wesen des Gebrauchs seiner Erzeugnisse nicht sieht oder nicht sehen will. Tatsache ist: Normen haben praktische Auswirkungen, die noch weit über die praktischen Folgen formeller Gesetze hinausgehen können.

Sind alle gleich oder sind manche gleicher?

„Wenn Sie sich die Delegierten in vielen ON-Komitees ansehen, wird Ihnen die Dominanz der Entsendung durch industrielle Betriebe auffallen. Diese Unternehmen können es sich einfach leisten, Mitarbeiter zur Normenarbeit abzustellen – mit dem Ergebnis industriedominierter Normen und struktureller Vorteile"[8], sagt Walter Ruck, Vizepräsident des Austrian Standards Institute. „Wer die Norm hat, hat den Markt. Wer an der Normung

---

4 Elisabeth Stampfl-Blaha, in: Wir sind der Wissensverkäufer, Wiener Zeitung, 13.05.2013 (online abrufbar – letzter Abruf im März 2014).

5 Ebenda.

6 Elisabeth Stampfl-Blaha, in: Normenstrategie: „Wünsche mir eine sachliche Diskussion", Die Presse, 12.02.2014 (online abrufbar – letzter Abruf im März 2014).

7 Vgl. „Planloses" Normungsinstitut, auf: derStandard.at, 15.11.2013 (online abrufbar – letzter Abruf im März 2014).

8 Vgl. Baunormen: „Die Dosis macht das Gift", auf: www.immonet.at, 30.10.2012 (letzter Abruf im März 2014).

mitwirkt, gestaltet die Rahmenbedingungen seines wirtschaftlichen Handelns. Unternehmen, Organisationen und Interessenvertretungen planen daher genau, an welchen Themen sie mitarbeiten, wo und wie sie ihr Wissen und ihre Erfahrungen einbringen"[9], sagt Walter Barfuß, Präsident des Austrian Standards Institutes.

Trotz der enormen praktischen Bedeutung der Normen haben öffentliche Interessen einen zu geringen Stellenwert in der Normenarbeit. Es dominieren Einzelinteressen, z. B. von großen Unternehmen, die sich die zeitintensive Arbeit in den ON-Komitees leisten können. Die Zusammensetzung der ON-Komitees ist nicht ausgewogen, wie aus der oben zitierten Äußerung von Walter Ruck hervorgeht. Natürlich vertreten nicht alle MitarbeiterInnen in ON-Komitees wirtschaftliche Einzelinteressen. VertreterInnen von Universitäten, Landesbaudirektionen und anderen Behörden und nicht zuletzt ArchitektInnen und IngenieurkonsulentInnen bringen öffentliche Interessen in die Normenarbeit ein. Dabei gibt es aber ein gravierendes Ungleichgewicht: VertreterInnen der Industrie versprechen sich von ihrer Mitarbeit einen massiven ökonomischen Vorteil, bis hin zu einer marktdominierenden Stellung. „Wer die Norm hat, hat den Markt". Dieses Ungleichgewicht führt dazu, dass die VertreterInnen „öffentlicher Interessen" schon bisher auf verlorenem Posten standen, denn sie müssen für die Neufassung einer einzigen Norm bis zu zwanzig ganztägige Arbeitssitzungen absolvieren. Sie tun das in ihrer Freizeit und müssen auch noch ihre Reisekosten selbst berappen. So wird das Normenwesen unweigerlich eine Spielwiese für jene, die die Ressourcen haben, um diesen Prozess mitzugehen.

Die von Walter Ruck konstatierte Dominanz der Industrie wird sich künftig aber noch verschärfen. Das ASI hat nämlich zur Abdeckung seiner Verluste beschlossen, von den unbezahlt an den Normen mitarbeitenden ExpertInnen einen jährlichen „Teilnahmebeitrag" einzuheben. Die von der Industrie entsandten ExpertInnen werden diesen ebenso bezahlt bekommen wie ihre Arbeitszeit. Die freiberuflichen ExpertInnen und WissenschaftlerInnen sollen diesen aus ihrer Privatkasse finanzieren. Ein unerträglicher Zustand, der Institutionen wie die Bundeskammer der Architekten und Ingenieurkonsulenten und die Technischen Universitäten zum Rückzug der von ihnen entsandten ExpertInnen bewogen hat. Öffentliche Interessen geraten damit innerhalb des ASI immer mehr in den Hintergrund. Es bleibt zu befürchten, dass ohne Änderung der Rahmenbedingungen zukünftig noch mehr Normen von der und für die Industrie geschrieben werden.

Transparenz

Wie oben gezeigt, sind ÖNORMEN lediglich de iure unverbindlich. De facto treten Normen immer öfter an die Stelle von Gesetzen, allerdings mit einem gravierenden Unterschied: Der Gesetzgebungsprozess ist strengen Bestimmungen unterworfen, die sowohl Transparenz als auch Nachvollziehbarkeit garantieren sollen. Auch hier besteht beim Normierungsprozess großer Verbesserungsbedarf.

„Normen werden keineswegs hinter verschlossenen Türen gemacht – vielmehr kann sich jeder aktiv und unbürokratisch an der Entwicklung neuer Normen beteiligen"[10], sagt Elisabeth Stampfl-Blaha. „Normungsarbeit ist vertraulich: Personenbezogene Daten wie

---

9 Vgl. Unsere Organisation – 7 wichtige Dinge, auf: www.austrian-standards.at (letzter Abruf im März 2014).
10 Vgl. Ohne Normen gibt's Brösel, auf: www.alphafrauen.org (letzter Abruf im März 2014).

Namen von Teilnehmenden eines Komitees oder einer Arbeitsgruppe – mit Ausnahme die der Vorsitzenden – dürfen nicht veröffentlicht werden"[11], das sagt die Geschäftsordnung des Austrian Standards Institutes. „Juristische Personen, die Teilnehmende in Komitees und/oder Arbeitsgruppen nominiert haben, sind auf der Homepage von Austrian Standards Institute dem jeweiligen Komitee zugeordnet zu nennen. Bei natürlichen Personen, die in Komitees und/oder Arbeitsgruppen teilnehmen, ist ihr Beruf oder die für sie zutreffende Interessentträger-Kategorie auf der Homepage von Austrian Standards Institute dem jeweiligen Komitee zugeordnet zu nennen"[12], auch das sagt die Geschäftsordnung des ASI – im selben Absatz. Wer, wie ich, Schwierigkeiten hat, diese Sätze eindeutig zu verstehen, der hat vielleicht das Normenwesen nicht verstanden.

Erleichtern Normen den Alltag?

Wenn die PlanerInnen nicht mehr zum Planen kommen, weil sie ihre Zeit damit verbringen müssen, tausende Normen zu studieren; wenn sogar die eigenen Leute Transparenz und Ausgewogenheit des Normierungsprozesses bezweifeln; wenn es die Bundesregierung notwendig findet, eine Reform des Normenwesens in ihr Regierungsprogramm[13] aufzunehmen, ja, dann könnte es sein, dass da etwas aus dem Ruder gelaufen ist. Es ist der Prozess aus dem Ruder gelaufen, es ist das Finanzierungsmodell aus dem Ruder gelaufen, es ist die inhaltliche Qualitätskontrolle aus dem Ruder gelaufen und – last not least – es sind die Folgekosten überzogener Standards aus dem Ruder gelaufen.

Bei aller Kritik am österreichischen Normenwesen findet sich kaum jemand, der die grundsätzliche Sinnhaftigkeit von Normierungen bezweifelt. Eine Norm ist wie ein Werkzeug. Ein sinnvolles Werkzeug wird mir bei dem helfen, was ich planen oder ausführen will. Das Normeninstitut ist wie ein riesiger Baumarkt. Und wer in einem solchen schon einmal den Verdacht gehegt hat, dass nicht alles, was da angeboten wird, auch tatsächlich brauchbar ist, der ist wohl auf der richtigen Spur. Wenn ich aber zu viele Werkzeuge in meinen Werkzeugkoffer packe, dann werde ich ihn nicht mehr tragen können. Vor allem, wenn schon viele der einzelnen Werkzeuge mehr wiegen, als notwendig wäre. Der Handwerker ist in diesem Zusammenhang die PlanerInnenschaft, allen voran die ArchitektInnen.

Aber es dreht sich nicht nur um die Art und Zahl der Normen, sondern auch um deren inhaltlichen Umfang. Hier verhält sich die Norm etwa wie eine Gebrauchsanweisung. Grundsätzlich sollte eine solche kompakt und gut verständlich sein, geeignet, um die notwendige Anwenderinformation effizient zu vermitteln. Jeder kennt die Problematik schlechter, unverständlicher oder ausufernder Gebrauchsanweisungen. Eine Gebrauchsanweisung muss keine, besser, soll keine wissenschaftliche Abhandlung sein. Werden auch Normen vom Virus „Expertismus" infiziert? Ja. Gleichsam epidemisch. Der Textumfang einzelner Normen nimmt tendenziell bei Neuauflagen stark zu. Damit naturgemäß auch die erforderliche Lesedauer. Und vor allem der Aufwand, um Sinnvolles von nutzloser, eventu-

---

11 Vgl. Unsere Organisation – Geschäftsordnung 2014, auf: www.austrian-standards.at (letzter Abruf im März 2014).
12 Ebenda.
13 Vgl. Maßnahmen zur Schaffung von neuem und leistbarem Wohnraum sowie Sanierung: „Novelle des Normengesetzes und Entwicklung einer Normenstrategie; zusätzlich Änderung der Struktur und Finanzierung des Normungsinstituts (ASI)", in: Regierungsprogramm für die Legislaturperiode 2013–2018, S. 67.

ell unsinniger Information zu trennen. Das erhöht den Zeitaufwand und senkt gleichzeitig die Rechts- und Planungssicherheit.

Was muss sich ändern?
Über die Notwendigkeit der Neufassung des Normengesetzes

Zuallererst müsste der Gesetzgeber jenes Gesetz völlig überarbeiten, das die Grundlage für das gesamte Normenwesen bildet. Dieses stammt aus dem Jahre 1971 und hatte schon damals ganz wesentliche Regelungen bezüglich der Kontrolle durch die öffentliche Hand und der Zweckdefinition des Gesetzesgegenstandes nicht ausreichend und eindeutig formuliert. Im Wesentlichen delegiert das bestehende Normengesetz die Arbeitsweise der Normung an die vom ASI selbst zu verfassende Geschäftsordnung. Betrachtet man nun diese Geschäftsordnung, dann stellt man fest, dass ganz wesentliche, erforderliche Standards hier gar nicht oder völlig unzureichend festgelegt werden. Die nach der heftigen Kritik von vielen Seiten Anfang 2014 durchgeführte Überarbeitung der Geschäftsordnung brachte keine erkennbare qualitative Verbesserung bezüglich Wahrung der Ausgewogenheit und Vermeidung „unerwünschter Nebenwirkungen". Die von mehreren Seiten geforderte zwingende Abschätzung der Folgekosten und volkswirtschaftlichen Effekte einer Norm, *vor* In-Kraft-Setzen derselben – etwas, was z. B. im parlamentarischen Gesetzgebungsprozess längst zwingend vorgeschrieben ist – fehlt nach wie vor. Auch was die Zusammensetzung der Gremien der Arbeitsebene betrifft, also die so genannten Komitees und Arbeitsgruppen, fehlen hier Mindeststandards, um die Ausgewogenheit der Interessen – vor allem jener der Allgemeinheit gegenüber jenen der Hersteller – auch wirklich sicherzustellen. Die alte, ohnehin sehr unverbindlich gehaltene Formulierung bezüglich der ausgeglichenen Zusammensetzung von Gremien wurde sogar entfernt. Man braucht sich also nicht der Hoffnung hingeben, das ASI verfüge über ausreichend Willen und kritische Selbstreflexionsfähigkeit, um sich selbst die Spielregeln so zu schreiben, dass übergeordnete Interessen, die durchaus nicht selten der Effizienz der reinen Normenproduktion entgegenwirken würden, tatsächlich prioritär behandelt werden. Das ASI beschreibt sich ja in der eigenen PR als „modernes Dienstleistungsunternehmen" (wenngleich nach wie vor in der Rechtsform eines gemeinnützigen Vereins). Ein „Unternehmen" verfolgt immer zuallererst die eigenen Interessen, es kann gar nicht anders. Das liegt in der Natur eines Unternehmens. Dass sich das ASI gegen eine Neufassung des Normengesetzes wehrt, ist durchaus nachvollziehbar. Welches Unternehmen will schon wegen öffentlicher Interessen in seiner Bewegungsfreiheit eingeschränkt werden? Aber Unternehmen haben sich z. B. auch gegen Umweltauflagen, Arbeitsschutzbestimmungen, Transparenzregeln gewehrt. Darum braucht es eben den Gesetzgeber und ein modernes Normengesetz, die diese öffentlichen Interessen wahren.
   Leitlinien für eine Überarbeitung des Normengesetzes könnten sein:
- Evaluierung der bestehenden Normen in Hinblick auf negative Auswirkungen auf Wachstum und Beschäftigung.
- Evaluierung der bestehenden Normen im Bereich Bauwesen in Hinblick auf Auswirkungen auf die Baukosten, denen kein (ausreichender) Nutzen gegenübersteht.
- Einrichtung eines PlanerInnen-Rates aus VertreterInnen (herstellerunabhängiger) planender Berufe, dem die Aufgabe zukommt, der Kostenexplosion durch neue Normen entgegenzuwirken.

- „Normierung der Normerzeugung": Anwendung der wirkungsorientierten Folgenabschätzung nach § 17 Bundeshaushaltsgesetz auch auf neue Normenvorhaben; Prüfung der mit einer neuen Norm verbundenen Kosten und der Auswirkungen auf Wachstum und Beschäftigung.
- Schaffung von Transparenz hinsichtlich des Normentstehungsprozesses; Offenlegung, wer an welchen Normen mitwirkt.
- Normen müssen gratis zu Verfügung stehen.
- Evaluierung der Effizienz der Strukturen des Austrian Standards Institutes im internationalen Vergleich.
- Schaffung wirksamer Aufsichtsrechte des Wirtschaftsministeriums gegenüber dem ASI.

Diesen Handlungsbedarf hat auch die Politik erkannt:

Die Bundesregierung hat in ihrem Regierungsprogramm vom Dezember 2013 die Reform des Normenwesens angekündigt. Der Leidensdruck und die Kritik verschiedener betroffener Gruppen, vor allem jener der Konsumenten, die die Folgen über stark steigende Kosten im Bereich des Wohnens tragen müssen, waren dann doch ausreichend, um auf dieser Ebene das Problembewusstsein zu wecken. Es wird die Schaffung einer „Normenstrategie" und eine Novellierung des Normengesetzes angekündigt. Die im Regierungsprogramm angedachten Maßnahmen gehen aus unserer Sicht damit in die richtige Richtung.

Erich Raith

Gebäudetypologie als Thema der Stadtentwicklung[1]

Die Stadt als Prozess

Wenn man Entwicklungsprozesse baulich-räumlicher Strukturen studiert, macht es Sinn, zwischen den Veränderungspotenzialen der materiellen Bausubstanz – der „hardware" – und den Veränderungen ihrer immateriellen Aspekte – der „software" – zu unterscheiden. Wobei unter der „software" die den Baulichkeiten zugeordneten Informationen, Bedeutungen, Nutzungsansprüche etc. zu verstehen sind. Es liegt auf der Hand, dass sich immaterielle Phänomene schneller und leichter verändern lassen als massive Baumassen. Trotzdem erweisen sie sich nicht selten als ortsfester und beständiger als die materielle Bausubstanz, die zwangsläufig Alterungs- und oft auch Transformationsprozessen ausgesetzt ist. In starker Abhängigkeit von der Gestalt baulich-räumlicher Strukturen setzen Baumassen allein aufgrund ihrer physischen Präsenz allen Veränderungen typische Widerstände entgegen – sie bieten aber auch ebenso typische Veränderungs-, Anpassungs- oder Umnutzungspotenziale an.

Diese Betrachtung soll nachdrücklich darauf verweisen, dass baulich bedingte Entwicklungswiderstände und -optionen für eine langfristig positive Stadtentwicklung von entscheidender Bedeutung sind. Ein sozial, ökonomisch und ökologisch erfolgreicher Stadtentwicklungsprozess braucht Robustheit und Beständigkeit, aber gleichzeitig auch Innovation und Veränderung. Es geht allerdings nicht darum, zwischen diesen gegensätzlichen Ansprüchen einen faulen Kompromiss zu finden, sondern darum, sie konzeptionell präzise den richtigen Maßstabsebenen und den jeweils typischen Komponenten baulich-räumlicher Systeme zuzuordnen.

---

[1] Dieser Text ist die stark gekürzte und überarbeitete Fassung eines theoretischen Beitrages zur Forschungsarbeit „Das Neue Stadthaus – nutzungsoffen, wertbeständig, lebendig", nonconform architektur vor ort, Institut für Städtebau, Landschaftsarchitektur und Entwerfen, Fachbereich Städtebau, Technische Universität Wien, gefördert von zit, der Technologieagentur der Stadt Wien, 2012.

Abb. 1: Wien, Innere Stadt.

Ein Blick auf die Wiener Innenstadt zeigt z. B. eine Struktur, die seit annähernd zwei Jahrtausenden einen morphologischen Bildungsprozess absolviert, der für europäische Städte beispielhaft ist. Im Verlauf dieses Prozesses konnte der urbane Lebensraum immer wieder mit neuen, zeitspezifischen Aspekten angereichert und auch baulich aktualisiert werden, ohne dabei die signifikanten Spuren seiner Geschichte zu verlieren. Die Stadt ist in jeder Hinsicht als eine hochwertige Ressource zu betrachten, mit der möglichst zukunftsorientiert und intelligent – das bedeutet auch: mit größtmöglichem Verantwortungsbewusstsein, aber frei von falscher Sentimentalität – umgegangen werden muss.

Zu beachten ist dabei, dass vitale Urbanität offensichtlich nicht per Masterplan herstellbar ist. Sie ist vielmehr ein Ergebnis gesellschaftlicher Prozesse, die zu ihrer Entfaltung geeignete räumliche Voraussetzungen brauchen. Sicherheit und Kontinuität entstehen in diesem Zusammenhang nicht durch die autoritäre Fixierung einmal definierter Ordnungen, sondern im Gegenteil dadurch, dass das System in Bewegung bleiben und mit Dynamiken, Störungen und neuen Informationen konstruktiv umgehen kann. Vitale Urbanität ist insofern untrennbar an den morphologischen Stadtentwicklungsprozess gebunden, als für beide Phänomene die gleichen komplementären Bedrohungsszenarien bestehen:
- ein Zuviel an radikaler Veränderung (Auslöschungen, großflächige Abbruch- und Neubaustrategien etc.)
- ein Zuwenig an konstruktiver Veränderung (Erstarrung, Musealisierung, Verfall etc.)

Die Entwicklungs- und Risikopotenziale bebauungstypologischer Systeme sind daher immer mit Blick auf dieses Spannungsfeld zu bewerten.

Wiener Erfahrungen

Skizzenhaft sollen hier einige typische Stadtsysteme Wiens nach dem Kriterium ihrer prozessualen Entwicklungsfähigkeit kritisch betrachtet werden:

Die Wiener Innenstadt zeigt bis heute ihre Fähigkeit, morphologische und typologische Entwicklungsprozesse absolvieren zu können und beweist damit das Potenzial, sich unter bewusster Einbeziehung des baulichen Bestandes angemessen aktualisieren zu können. Die Ressource Stadt hat hier trotz ihres Alters bis heute keinen Wertverlust, sondern – im Gegenteil – eine zunehmende Aufwertung erfahren. Gegenwärtig ist allerdings zu befürchten, dass die Dichte an defensiven Schutz-Instrumentarien (Denkmalschutz, Schutzzonen, Status Weltkulturerbe etc.) genau jene evolutionären Prozesse stark behindert, die im Lauf der Zeit diese Aufwertung generiert haben.

Abb. 2: Wien, gründerzeitliche Stadtstruktur.

Die gründerzeitlichen Stadtquartiere Wiens sind das typische Ergebnis eines Boom-artigen Entwicklungsschubes. Der rigide Straßenraster und die charakteristischen, modular aufgebauten Blockrandbebauungen bilden ein robustes und in sich weitgehend widerspruchsfreies baulich-räumliches Gerüst. Die Schwächen dieses Stadtsystems – vor allem der Mangel an gut nutzbaren Grün- und Freiflächen, die hohe Bebauungsdichte oder lokal bestehende Nutzungskonflikte – waren immer schon Gegenstand scharfer städtebaulicher Kritik. In den letzten Jahrzehnten hat dieses Stadtsystem aber eine positive Neubewertung erfahren, weil es im Vergleich mit jüngeren Stadtsystemen offensichtlich besser in der Lage ist, Urbanität zu generieren, unterschiedliche Alltagskulturen aufzunehmen, verschiedene und auch instabile Nutzungsszenarien zuzulassen und diverse Entwicklungsoptionen anzubieten. Worin liegen diese prozessrelevanten Qualitäten des gründerzeitlichen Stadtsystems begründet? An dieser Stelle sollen nur zwei charakteristische Aspekte hervorgehoben werden:

Der erste Aspekt betrifft den offensichtlichen Gegensatz zwischen einem hochgradig regulierten System öffentlicher Räume einerseits und wesentlich schwächer regulierten Innenhof-Bereichen andererseits. Die Blockstruktur bietet ein Spannungsfeld zwischen einem Milieu strikter Ordnung und einem tendenziell chaotischen Milieu, das schneller und unkomplizierter umgenutzt oder auch umgebaut werden kann. Veränderungsdynamik entsteht nicht zuletzt deshalb, weil die Hofbereiche von Ansprüchen gestalterischer Repräsentation entlastet sind und die Aufnahme unterschiedlicher und auch temporärer Füllungen leichter zulassen.

Der zweite wesentliche Aspekt ist die einfache, serielle, modulare Grundstruktur der Blockrandbebauungen, die mit ihren tragenden Außen- und Mittelmauern sowie mit ihren relativ großzügig dimensionierten Geschoßhöhen ausreichend nutzungsoffene Raumangebote machen können. Die meist nicht-tragenden Zwischenwände sind mit relativ geringem baulichem Aufwand veränderbar. Daher finden sich auch in architektonisch anspruchslosen gründerzeitlichen „Zinskasernen" erstaunlich vielfältige und flexible Nutzungsmischungen sowie unterschiedlichste Wohnformen.

Das vorfunktionalistische gründerzeitliche Stadtsystem hat die faszinierende Fähigkeit, auf gesellschaftliche Veränderungen reagieren, wie ein Schwamm verschiedene Inhalte aufsaugen und sie bei verändertem Bedarf auch wieder abgeben zu können. Dieses Stadtsystem ist für kaum eine Nutzung perfekt geeignet, aber es ist für erstaunlich viele Nutzungsszenarien ausreichend gut geeignet. So hat es seine beachtliche Anpassungs- und Regenerationsfähigkeit beweisen können.

Die aktuelle Neubaupraxis wird dem gründerzeitlichen Stadtsystem diesbezüglich nicht gerecht. Die Errichtung eines konventionellen monofunktionalen Wohnbaus in einer Baulücke verstärkt z. B. oft die bekannten Schwächen gründerzeitlicher Quartiere (hohe Dichte, Mangel attraktiver Freiräume etc.) und missachtet ihre prozessrelevanten Stärken (z. B. die Nutzungsoffenheit der primären Raumstruktur, attraktive Erdgeschoßnutzungen etc.). Wenn man heute im Interesse nachhaltiger Raumentwicklung wieder die Herstellung möglichst nutzungsoffener und entwicklungsfähiger Bebauungsstrukturen ins Auge fasst, bieten die gründerzeitlichen Stadtstrukturen den historisch nächstliegenden Anknüpfungspunkt.

Abb. 3: Wien, 1190, Karl-Marx-Hof.

Der kommunale Wohnbau der Zwischenkriegszeit war eine schlüssige Antwort auf die oft prekären Lebensbedingungen in der dichten und überlasteten gründerzeitlichen Stadt des späten 19. und des frühen 20. Jahrhunderts. Die nicht nur in quantitativer Hinsicht beeindruckende Produktion von Kleinwohnungen für Kleinfamilien wurde nicht zuletzt dadurch ermöglicht, dass die Wohnungsgrundrisse und auch die niederen Geschoßhöhen in Hinblick auf ein ganz bestimmtes Nutzungsszenario und einen vordefinierten Lebensstil optimiert wurden.

Im Geist der Industrialisierung setzte der „soziale Wohnbau" auf eine funktionalistische Spezialisierung aller Räume. Vorräume, Sanitärräume und Küchen, aber auch Wohn- und Schlafräume wurden in Hinblick auf bestimmte Möblierungsstandards zentimetergenau zugeschnitten (das Elternschlafzimmer z. B. auf die Breite eines Doppelbetts mit zwei Nachtkästchen). Diese den damaligen Verhältnissen geschuldete Interpretation von Raumeffizienz muss allerdings mit einem Mangel an Nutzungsreserven, Offenheit, Anpassungsfähigkeit und Flexibilität bezahlt werden. Das Ergebnis sind funktionell eindimensionale Wohnquartiere, die bislang kaum Weiterentwicklungen zugelassen haben und die Bewohner bis auf Weiteres auf eine bestimmte Form des Wohnens festlegen.

Auch das „chaotische" Potenzial der informell nutzbaren Innenhöfe ist auf diesem Weg verloren gegangen. Wer in diesem Stadtsystem Räume (Innen- wie Freiräume) anders nutzen oder eine andere Wohn- und Lebensform praktizieren will, stößt auf massive Struktur- und baulich bedingte Widerstände und wird in der Regel ausziehen müssen – nicht selten in einen gründerzeitlichen Altbau, der immer noch flexiblere Raum-, umfassendere Nutzungs- und leichter realisierbare Veränderungsangebote machen kann.

Abb. 4: Wien, 1210, Großfeldsiedlung (1966–1971).

Die Wohnbauten der Nachkriegszeit stellen die konsequente Fortsetzung dieser funktionalistischen Planungshaltung dar. Durch die Fertigteilbauweise und die meistens praktizierte Umorientierung der konstruktiven Primärstruktur zu querliegenden tragenden Schotten wurde die innere Flexibilität der Gebäude weiter reduziert. Andere typische Erscheinungen sind z. B. sehr niedere Erdgeschoße, deren Raumhöhen zwar für die Unterbringung von Garageneinfahrten, Müll- und Fahrradabstellräumen ausreichen, die aber auf Bestandsdauer der Gebäude nie als Geschäfte, Lokale oder sonstige Aufenthaltsräume nutzbar sein werden.

Aktuell zeigt sich eine Tendenz, die typischen funktionellen Spezialisierungen des Wohnbaus noch zusätzlich mit forcierten formalen Spezialisierungen der Gebäudekonfigurationen zu überlagern. Damit werden etwaige langfristig abrufbare Anpassungspotenziale weiter reduziert. Parallel dazu gibt es auch bemerkenswerte Anstrengungen, Wohnbauten mit mehr Flexibilität und mehr „struktureller Offenheit" zu schaffen. Aber es gelingt nur sehr schwer, den verengten und weitgehend erstarrten Regel- und Systemkorsetten des etablierten Wohnbaus zu entkommen.

Endprodukt versus Offenheit[2]

Die Diskussionen über „nachhaltiges Bauen" beziehen sich meistens auf den engen Fokus des Energiehaushalts von Gebäuden – auf Wärmedämmung, Solarenergie, Haustechnik, Baustoffwahl etc. Wie ökologisch sinnvoll baulich-räumliche Strukturen sind, entscheidet sich aber vor allem auf den Maßstabsebenen der Raum- und Stadtplanung sowie bei der Festlegung von bebauungstypologischen Programmen. Ressourceneffizienz hängt primär davon ab, wie Gesellschaften ihre Lebensprozesse im Raum organisieren. Das aktuell praktizierte Modell beruht auf enormem Energieverbrauch und Flächenverschleiß. Es wäre längst grundlegend in Frage zu stellen.

Auf akademischer Ebene haben sich städtebauliche Leitbilder etabliert, die unter den Schlagworten „kompakte, nutzungsgemischte Stadt", „die Stadt der kurzen Wege" oder „die mehrdimensionale Stadt" auch ihren Eingang in öffentliche Debatten gefunden haben. Aber wie verhalten sich die aktuelle Raumplanung und die architektonischen Massenproduktionen zu diesen Leitbildern? Sind sie schon ausreichend bis zu den Entscheidungsträgern, den Planern und Produzenten durchgedrungen?

Auf Basis historischer Erfahrungen und angesichts der Unsicherheit aller Zukunftsprognosen sollten jedenfalls Stadt- und Bebauungsstrukturen forciert werden, die permanent weiterentwickelt, verändert, korrigiert, umgenutzt, nachverdichtet, ausgedünnt, gestalterisch modernisiert, technisch nachgerüstet, in ihren Bedeutungen neu interpretiert, jedenfalls mit angemessenem Aufwand immer wieder neu angeeignet und auf Basis neuer Aspekte zeitspezifisch verbessert werden können. Wir müssen uns fragen: Werden unsere „zeittypischen" Einfamilienhäuser, Geschoßwohnbauten, Bürohäuser etc. dies leisten können? Offensichtlich sind unsere Neubauten, die beharrlich der Logik des Funktionalismus und kurzfristigen ökonomischen Kalkülen folgen, weder in ihren grundlegenden Raumstrukturen noch in den primären Konstruktionen, den konstruktiven Details oder in der Materialisierung auf Weiterentwicklung vorbereitet. Sie sind als „Endprodukte" konzipiert und tragen daher ein wesentlich höheres Risiko in sich, mit dem rapiden gesellschaftlichen Wandel nicht ausreichend Schritt halten zu können.

Eine konzeptionelle Antwort auf diesen Umstand wäre, neuen Bebauungsstrukturen Nutzungs- und Entwicklungsreserven mit auf ihren Weg in die Zukunft zu geben, die nach Bedarf abrufbar und mit geringen baulichen Investitionen aktivierbar sein sollten. Es geht

---

2   Erich Raith: Wohnen und Arbeiten, in: wettbewerbe. architekturjournal, Heft 279/280, Wien 2009, S. 10 ff (überarbeitet und ergänzt).

um eine grundlegende Qualität, die mit Begriffen wie „Polyvalenz", „Multioptionalität", „Flexibilität", „Aneignungsfähigkeit", „Offenheit", „Nutzungsneutralität", „Lernfähigkeit", „Zukunftstauglichkeit", „Anpassbarkeit", „Prozessualität", „Varianz" etc. charakterisiert werden kann.

Die strukturelle Offenheit eines Gebäudes garantiert, dass es immer und auch in Teilbereichen mit angemessenem Aufwand in den Zustand eines „Halbfertigprodukts" rückgeführt werden und von wechselnden Nutzern jeweils wieder individuell „fertig"gestellt werden kann. Dadurch öffnen sich jene Gestaltungs-, Aneignungs- und Nutzungsspielräume, die für eine Immobilie eine langfristige Minimierung des Verwertungsrisikos und damit Wertbeständigkeit bedeuten. Gleichzeitig ergeben sich Potenziale für jene Selbstorganisations- und Selbstregulationsprozesse, die Voraussetzungen für das Entstehen vitaler urbaner Milieus sind. Einfach konfigurierte baulich-räumliche Strukturen bewähren sich dabei besser als komplizierte – sie sind in der Regel auch kostengünstiger. Langfristige Wertzuwächse historischer Bebauungsstrukturen erklären sich genau aus diesem Potenzial, im Lauf der Zeit an Vielschichtigkeit (das heißt: „Geschichte") gewinnen zu können.

Ganze Häuser

In vorindustrieller Zeit repräsentierten Häuser – sowohl in der Stadt wie auf dem Land – Lebensräume, in denen nahezu alle Lebensvorgänge einschließlich Geburt und Tod stattfinden konnten. Da sie in diesem Sinn dem „ganzen Leben" Raum geben mussten, nannte sie der Stadtsoziologe Walter Siebel „ganze Häuser".[3] Solche Gebäude und die dazugehörigen Freiräume waren in der Regel an allen sieben Tagen der Woche rund um die Uhr belebt. In der vorindustriellen Welt hätte es auch kaum Sinn gemacht, zwischen den Kategorien Wohnen, Arbeit und Freizeit zu unterscheiden. Diese Unterscheidungen werden erst in der Industriegesellschaft für die strikte zeitliche und räumliche Organisation der alltäglichen Lebensprozesse bestimmend.

Wenn man aber dem Wohnen, dem Arbeiten, der Freizeit, dem Einkaufen und allen anderen Aspekten des öffentlichen Lebens eigene, oft weit voneinander entfernte Flächen widmet und dafür jeweils funktionell spezialisierte Gebäude errichtet, dann provoziert man nicht nur eine Zwangsmobilität, die in enormen Ausmaßen Energie und Zeit in Anspruch nimmt, dann dünnt man auch die Nutzungsintensität aller Einzelkomponenten extrem aus. So ist festzustellen, dass die meisten jener Räume, Gebäude und Quartiere, die funktionell auf das Wohnen oder das Arbeiten spezialisiert sind, erschreckend niedere Ausnützungsgrade aufweisen:

> „Die Rechnung (Quelle DEGW/Teknibank, The Intelligent Building in Europe, März 1992) geht von hundertprozentiger Inanspruchnahme innerhalb von vierundzwanzig Stunden aus. Durch die Fünf-Tage-Woche sinkt sie auf 71, nach Abzug von Urlaub und Feiertagen auf 63 Prozent. Da durchschnittlich im Büro acht Stunden gearbeitet wird, reduziert sich der Nutzungsgrad radikal auf 21 Prozent. Durch Pausen und Krankheiten fällt der Pegel auf 16, durch soziale und organisationsbedingte Aktivitäten schließlich auf fünf Prozent. Dem gegenüber – im wahrsten Sinn des

---

3   Walter Siebel: Zukunft des Wohnens, in: ARCH+, Heft 176/177, Mai 2006, S. 47.

Wortes, gelegentlich in Sichtweite, meistens aber einige Kilometer entfernt – stehen die Schlafstädte der arbeitenden Bevölkerung, die tagsüber weitgehend menschenleer erscheinen und erst abends und an den Wochenenden zum Leben erwachen. Eine Analyse würde auch hier den Prozentsatz der Inanspruchnahme vermutlich nicht allzu hoch ansetzen. Zwischen diesen beiden Polen, Arbeiten und Wohnen genannt, spielt sich zweimal am Tag der ökologische Irrsinn des Hin- und Herfahrens ab, mit Staus und Stress und Abgasen, die buchstäblich zum Himmel stinken."[4]

Dem wäre noch hinzuzufügen, dass bei öffentlichen Gebäuden, wie Schulen, die Nutzungsquote in der Regel bei 10 Prozent liegt.[5] Hermann Knoflacher belegt in seinem Buch „Stehzeuge", dass der Auslastungsgrad eines Automobils im Durchschnitt unter einem Prozent liegt.[6] Bei vielen Wohnsiedlungen ist zu beobachten, dass sie tagsüber fast menschenleer sind. Die Erwachsenen sind in der Arbeit, die Kinder in Kindergärten und Schulen. So werden heute Gebäude massiv finanziell gefördert, die meistens leer stehen. Was bedeutet es aber in Hinblick auf die intelligente Nutzung räumlicher und energetischer Ressourcen, wenn aufwendig gebaute und bauphysikalisch auf Energieeffizienz optimierte Gebäude den Großteil der Zeit kaum genutzt werden?

Die Lebensrealität alter Industriegesellschaften, die das konsequente Trennen von Funktionen bewirkt hat, verliert in einer postindustriellen Welt zunehmend an Verbindlichkeit. In vielen Bereichen zeichnet sich die heutige Berufswelt durch eine steigende Veränderungsdynamik, durch Individualisierung und Fragmentierung aus. Lebenslang durchgängige Karrieren werden zum Ausnahmefall. Das gleiche gilt allerdings auch für das Privatleben („Patchworkfamilien" etc.). Diese Phänomene treffen besonders auf neue Arbeitssphären zu. Die als „Creative Class" charakterisierten Akteure der Kreativwirtschaft lassen sich nicht mehr in überkommene zeitliche und räumliche Organisationsmuster zwängen. Daher findet man sie auch weder in den engen räumlichen Korsetten des monofunktionellen Wohnbaus, noch greifen sie auf das banale Flächenangebot der „Business Districts" zu. Sie tendieren vielmehr zurück in die Stadt, stärken Standorte mit einem hohen Potenzial an Urbanität und suchen Raumsituationen, die nicht nur passiv konsumiert, sondern „kreativ" angeeignet werden können, also solche, die wie alte Industrielofts oder gründerzeitliche Bauten über „strukturelle Offenheit" und auch über ein ortsspezifisches inspirierendes Flair verfügen.

Neue Stadthäuser

Die aktuelle bebauungstypologische Entwicklung sollte verstärkt darauf abzielen, wieder „ganze Häuser" zu ermöglichen, also Gebäude, die für unterschiedlichste Nutzungen in unterschiedlichsten Mischungen geeignete Räumlichkeiten, differenzierte Zonierungen, attraktive Erschließungsstrukturen und hochwertige Beziehungen zu Freiräumen anbieten können. Da man davon ausgehen muss, dass sich zukünftige Nutzungsszenarien in

---

4 Mensch & Büro, Heft 2/94, S. 29 f.
5 Dazu: Dietmar Wiegand: More Space – Organisation der Raumnutzung über die Zeit, in: Fakultät für Architektur und Raumplanung (Hg.) TU Wien: Stadt:Gestalten. Festschrift für Klaus Semsroth, Wien/New York 2012, S. 199 ff.
6 Hermann Knoflacher: Stehzeuge. Der Stau ist kein Verkehrsproblem, Wien 2001, S. 29.

einem „Wandel in Permanenz" befinden werden, wäre es falsch, solche Gebäude für *eine* bestimmte Situation zu optimieren. Die „ganzen Häuser" der Zukunft sollten eben wieder für keine spezielle Nutzung hundertprozentig perfekt, aber für möglichst viele verschiedene Nutzungsszenarien sehr gut geeignet und darüber hinaus leicht adaptierbar sein.

„Ganze Häuser", die den weitaus größten Teil ihrer Bestandsdauer intensiv genutzt werden können, werden bei einer umfassenden Bewertung ihres ökologischen „Footprints" viel besser bilanzieren als Bebauungen, die zwar „Passivhäuser" auf technologischem Letztstand sein mögen, aber eine viel geringere Nutzungsintensität aufweisen. Entsprechende Berechnungen müssten auch die Nutzungsdichte von Freiräumen, die Auslastung von technischen Infrastrukturen und den ökonomischen und energetischen Aufwand für Mobilität einbeziehen. Unter dem steigenden Effizienzdruck bei immer knapper und teurer werdenden energetischen und rohstoffbasierten Ressourcen wird es auf allen Maßstabsebenen zu einem intelligenteren Umgang mit den Ressourcen „Fläche" und „Raum" kommen müssen.

Gemischt und variabel genutzte sowie langfristig entwicklungsfähige Bebauungsstrukturen haben das Potenzial, vitale Urbanität zu generieren. Sie markieren den entscheidenden Qualitätssprung von den monofunktionalen Konzeptionen des Siedlungsbaus oder der „Business Districts" hin zu einem komplexen, mehrdimensionalen und prozessorientierten Städtebau. Die Konsequenzen dieses Fortschritts werden sich direkt auf die Attraktivität und Nutzungsintensität der öffentlichen Räume auswirken. Wenn der schwer fassbare Begriff „Urbanität" eine Qualität beschreibt, die jedenfalls begünstigt, dass in Ballungsräumen viele verschiedene Menschen mit unterschiedlichen Alltagskulturen, unterschiedlichen Voraussetzungen und unterschiedlichen Interessen in Toleranz und Menschenwürde zusammenleben, optimistische Lebensentwürfe entwickeln und sich räumliche Ressourcen ihren Bedürfnissen entsprechend aneignen können, dann ist Urbanität ein wesentlicher Schlüssel zur sozialen Nachhaltigkeit unserer Lebensräume. Dafür gilt es, geeignete räumliche Voraussetzungen herzustellen.

Abb. 5: „Neues Stadthaus", © raith nonconform architektur vor ort.

Das Pilotprojekt „Neues Stadthaus" in der Jagdgasse im 10. Wiener Gemeindebezirk verbindet wesentliche Komponenten eines programmatischen Konzepts. Auf der Liegenschaft Nr. 35 wird ein bestehendes Gebäude aus der Zwischenkriegszeit, das gewerblich genutzt und bereits für den Abbruch bestimmt war, adaptiert und revitalisiert. Unmittelbar im Anschluss daran wird auf der Liegenschaft Nr. 33 auf Basis aktuellster gebäudetypologischer Forschungsergebnisse ein „Neues Stadthaus" realisiert. Die Kombination beider Objekte, die sich gleichermaßen durch „strukturelle Offenheit" auszeichnen, veranschaulicht grundlegende Prinzipien potenzieller Nachhaltigkeit kompakter urbaner Bebauungsstrukturen.

Abb. 6: Das „Neue Stadthaus", Ansicht.

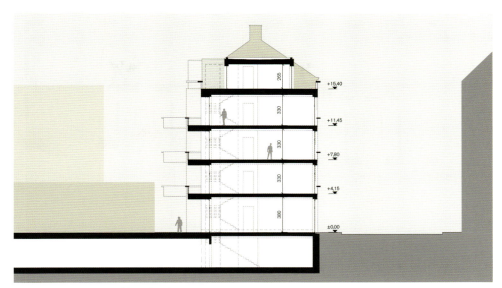

Abb. 7: Das „Neue Stadthaus", Schnitt.

Abb. 8: Das „Neue Stadthaus", Grundriss.

119

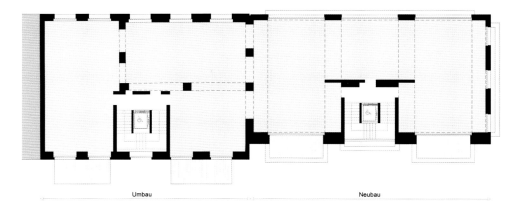

Abb. 9: Das „Neue Stadthaus", Primärstruktur.

Rainer Münz[1]

Das Österreich von morgen: Für wen wo gebaut werden muss

Österreichs Einwohnerzahl wächst

Bei Wirtschaft und Politik sind Prognosen oft schwierig. Das gilt vor allem dann, wenn es über längere Zeiträume geht. Bei Zahl und Struktur der Einwohner wissen wir hingegen heute schon, wohin die Reise geht. Österreichs Bevölkerung wächst. Und unsere Gesellschaft altert. Beide Trends werden in den kommenden Jahrzehnten anhalten.

Schon in den letzten Jahrzehnten gab es in Österreich fast jedes Jahr einen Anstieg der Einwohnerzahl: in Summe von 7 Millionen im Jahr 1960 auf 8,5 Millionen im Jahr 2014. In den 1960er Jahren verdankte sich dieses Wachstum vor allem dem Babyboom. Damals gab es deutlich mehr Geburten als Sterbefälle. 30 Jahre später – in den 1990er Jahren – gab es noch einmal einen kleineren Geburtenanstieg, weil die Babyboomer damals selbst Kinder bekamen (Abb. 1). In den letzten 50 Jahren waren aber vor allem die internationalen Wanderungen für das Wachstum der Bevölkerung verantwortlich. In den frühen 1970er und 1990er Jahren sowie seit dem Jahr 2000 kamen deutlich mehr Personen neu ins Land als von hier weggezogen sind (Abb. 1).

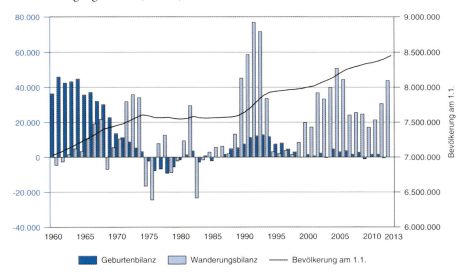

Abb. 1: Bevölkerungszahl und jährliche Veränderung des Bevölkerung durch Geburtenbilanz und Wanderungsbilanz, 1960–2013, absolute Zahlen. Anm.: Geburtenbilanz (= Geburten minus Sterbefälle); Wanderungsbilanz (=Einwanderung minus Auswanderung).

---

1 Besonderer Dank gilt Frau Bernadett Povazsai-Römhild, welche die demographischen und migrationsrelevanten Daten für Österreich recherchiert und visualisiert sowie das Manuskript durchgesehen hat.

Prognose für morgen: Mehr Ältere und mehr Zugewanderte

In den kommenden Jahrzehnten wird die Bevölkerung Österreichs laut Prognose weiter wachsen: von derzeit 8,5 Millionen Einwohnern (2014) auf 9,3 Millionen im Jahr 2050 (Abb. 2). Größer wird dabei vor allem die Zahl älterer Einwohnerinnen und Einwohner. Und größer wird zugleich der Anteil der zugewanderten Bevölkerung. Denn die Prognose einer weiter wachsenden Einwohnerzahl beruht auf einer zentralen Annahme: Auch zukünftig werden Migrantinnen und Migranten nach Österreich kommen. Die Prognose der Statistik Austria nimmt eine durchschnittliche Netto-Zuwanderung von rund 28.000 Personen pro Jahr an.

Ohne Zuwanderung würde Österreichs Bevölkerung hingegen bald zu schrumpfen beginnen: auf 8,1 Millionen im Jahr 2030 und auf 7,4 Millionen im Jahr 2050. Besonders deutlich würde sich dies auf die Bevölkerung im Erwerbsalter auswirken, weil junge Erwachsene einen Großteil der Zuwanderinnen und Zuwanderer ausmachen. Kämen sie nicht mehr ins Land, hätte dies sofort Auswirkungen auf die Gruppe der 20- bis 35-Jährigen. Zugleich würde die Geburtenzahl sinken, weil es dann in dieser Altersgruppe auch weniger potenzielle Mütter gäbe.

Wesentlichen Einfluss auf die zukünftige Entwicklung wird die Verschiebung der Gewichte zwischen den großen Altersgruppen haben. Die Zahl der Älteren (65+ J.) wird in den kommenden Jahrzehnten von derzeit 1,5 Millionen auf 2,6 Millionen Personen (2050) anwachsen. Gleichzeitig wird die Zahl der Erwachsenen im Haupterwerbsalter (20–64 J.) trotz Zuwanderung leicht schrumpfen: von derzeit 5,2 Millionen auf 5,0 Millionen Personen. Die Zahl der Kinder und Jugendlichen (0–19 J.) wird voraussichtlich bei 1,7 Millionen Personen stagnieren (Abb. 2) oder vielleicht noch etwas schrumpfen.

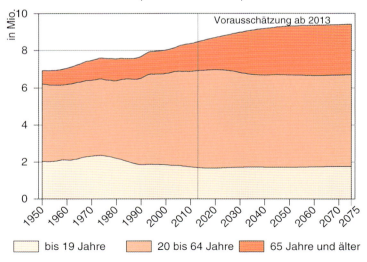

Abb. 2: Bevölkerung nach breiten Altersgruppen 1950 bis 2075.

Dass die Zahl der Menschen im Haupterwerbsalter und damit potenziell auch die Zahl der Erwerbstätigen schrumpft, hat einen klaren Grund. Es gibt heute und in Zukunft mehr Menschen, die sich in der letzten Phase ihres Berufslebens befinden und den Arbeitsmarkt in Richtung Pension verlassen werden. Dies wird sich verstärken, weil in den kommenden 20 Jahren die Babyboom-Generation in Ruhestand geht. Im Gegensatz dazu stagniert die Zahl der Jüngeren, die aus dem Bildungssystem auf den Arbeitsmarkt kommt. Die Differenz wird in den kommenden Jahren deutlich wachsen. Mitte der 2020er Jahre dürfte diese Differenz bereits etwa 27.000 Personen pro Jahr ausmachen, 2050 schon etwa das Doppelte (Abb. 3). Ab dem Jahr 2035 werden fast alle Angehörigen der Babyboom-Generation den Arbeitsmarkt verlassen haben.

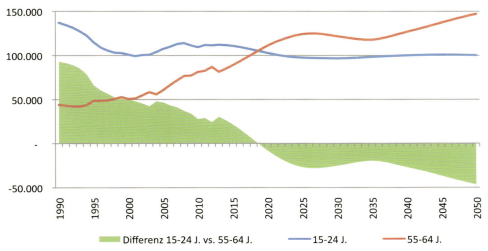

Abb. 3: *Altersgruppe mit Berufseintritt (15–24 J.) vs. Altersgruppe mit Berufsaustritt (55–64 J.).*

Zuwanderung nach Österreich

Neben der Alterung, die Österreichs Gesellschaft ergrauen lässt, spielen Zu- und Abwanderung für die zukünftige Entwicklung eine zentrale Rolle. Dadurch wird Österreichs Gesellschaft „bunter". Dies ist keine neue Entwicklung. Schon in jüngerer Vergangenheit gab es in der Regel mehr Zuwanderung als Abwanderung (Abb. 1):
- Klassische Anwerbung von Arbeitskräften spielte in Österreich nur in den 1960er und frühen 1970er Jahren eine Rolle. Hauptsächlich rekrutiert wurde damals in Jugoslawien und in der Türkei. Österreich holte in jener Zeit vor allem wenig qualifizierte Arbeitskräfte ins Land.
- In den 1990er Jahren gab es hingegen in erster Linie eine Zuwanderung von Flüchtlingen und Kriegsvertriebenen – zuerst aus Kroatien, dann aus Bosnien, schließlich aus dem Kosovo und aus Tschetschenien.
- Erst seit dem Jahr 2000 dominieren in Österreich die ökonomisch motivierte Zuwanderung sowie die Bildungsmigration aus anderen EU-Ländern (Abb. 4). Dies ist in erster Linie ein Resultat der Freizügigkeit innerhalb der EU sowie der Aufnahme neuer Mitgliedsstaaten durch drei EU-Erweiterungen (2004, 2007, 2013).

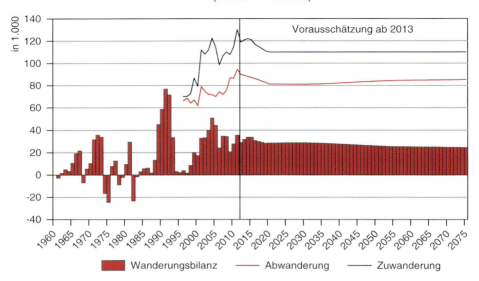

Abb. 4: Internationale Wanderungen 1961 bis 2075.

Seit dem Jahr 2001 bewegt sich die Zuwanderung in der Größenordnung von 100.000 bis 130.000 Personen pro Jahr. Im Gegenzug verlassen jedes Jahr 70.000 bis 90.000 Personen das Land (Abb. 4). In den letzten Jahren kamen vor allem Arbeitskräfte und Studierende im Rahmen der EU-Freizügigkeit ins Land. Im Schnitt hatten diese Zuwanderinnen und Zuwanderer aus anderen EU-Staaten eine höhere Qualifikation als der Durchschnitt der einheimischen Bevölkerung. Das unterscheidet diese Migranten auch deutlich von jenen, die Österreich in den 1960er und 1970er Jahren als gering qualifizierte Arbeitskräfte (damals „Gastarbeiter" genannt) angeworben hatte.

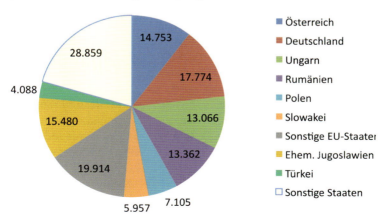

Abb. 5: Zuzüge nach Staatsbürgerschaft, 2012.

Neu-Zuwanderer kamen seit dem Jahr 2000 vor allem aus der Bundesrepublik Deutschland sowie aus benachbarten EU-Mitgliedsstaaten Ost-Mitteleuropas. Im Gegensatz zu früher spielte hingegen die Zuwanderung aus der Türkei und aus den Staaten des Westbalkans (= ehemaliges Jugoslawien) in den letzten Jahren quantitativ keine besondere Rolle. Die neue Struktur der Migration von und nach Österreich hat zur Folge, dass die in Deutschland Geborenen mit mehr als 200.000 Personen heute die größte Gruppe der Zugewanderten bilden. Zugleich leben nun rund 280.000 Personen mit Geburtsort in einem der seit 2004 beigetretenen EU-Mitgliedsstaaten im Land. Etliche von ihnen kamen allerdings schon vor dem EU-Beitritt ihrer Heimatländer nach Österreich. Zählt man alle Nachfolgestaaten Jugoslawiens zusammen, dann ist diese Ländergruppe weiterhin die wichtigste Herkunftsregion, auch wenn Zuwanderung aus diesen Ländern vor allem zwischen 1966 und 1973 sowie während der 1990er Jahre erfolgte.

Bei den Wegzügen fällt die Auswanderung österreichischer Staatsbürgerinnen und Staatsbürger stärker ins Gewicht. Klarerweise ist mit diesen Wegzügen ein gewisser Brain-Drain verbunden, denn unter den Auswanderern sind Hochqualifizierte besonders stark vertreten.

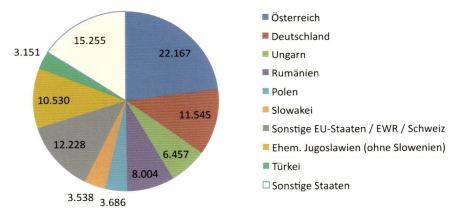

Abb. 6: *Wegzüge nach Staatsbürgerschaft, 2012.*

Das wachsende und das schrumpfende Österreich

Österreichs Bevölkerung wächst, aber sie wächst nicht überall. Wachsende Einwohnerzahlen finden sich vor allem nördlich der Alpen. Zuwächse gibt es im Vorarlberger Rheintal, im Inntal zwischen Imst und Kufstein, im Großraum Salzburg, im oberösterreichischen Zentralraum um Linz und Wels, im Großraum Wien, der von St. Pölten bis Bratislava und von Stockerau bis Wiener Neustadt reicht, schließlich im nördlichen und mittleren Burgenland. Am stärksten wächst die Bevölkerung im Umland von Wien (Abb. 7).

Südlich der Alpen geht die Bevölkerung hingegen zurück. Die Zone mit sinkender Einwohnerzahl reicht von Osttirol und dem Salzburger Lungau über große Teile Kärntens und der Steiermark bis ins südliche Burgenland. Ausnahmen sind der Raum Klagenfurt-Villach und der Großraum Graz, wo es ebenfalls einen Zuwachs an Einwohnern gibt (Abb. 7).

Die Ursachen dieser Entwicklung liegen auf der Hand: Zum einen gibt es eine Zuwanderung aus peripheren Räumen Österreichs in die urbanen Zentren. Zugleich wandern

Jungfamilien aus den Städten ins jeweilige Umland dieser Städte (Abb. 8). Hauptgewinner der innerösterreichischen Binnenwanderung ist die Ostregion – insbesondere das Wiener Umland und das nördliche Burgenland. Zum anderen ziehen ausländische Zuwanderer in erster Linie in die städtischen Agglomerationen sowie in touristisch attraktive Regionen (Abb. 9).

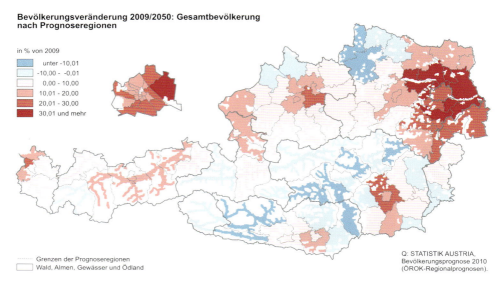

Abb. 7: *Erwartete Veränderung der Bevölkerung nach Prognose-Bezirken, 2009–2050, in %.*

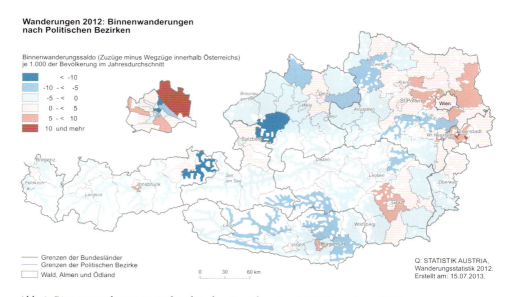

Abb. 8: *Binnenwanderungen nach politischen Bezirken, pro 1.000 Einwohner, 2012.*

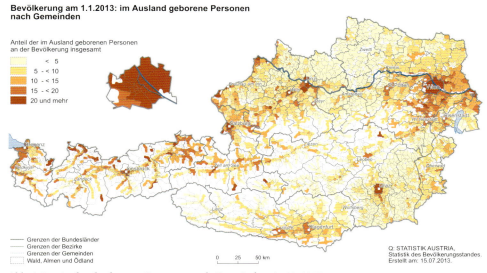

Abb. 9: Im Ausland geborene Personen nach Gemeinden, in %, 2013.

Konsequenzen für den Wohnbau

Für die Nachfrage nach Wohnraum bedeuten die skizzierten Entwicklungen:
- Nicht wachsen wird in Zukunft die Zahl der jungen Erwachsenen, die den Haushalt der Eltern verlassen und erstmals eine eigene Wohnung beziehen.
- Zusätzliche Nachfrage entsteht durch die Zuwanderung aus dem Ausland. Ein beträchtlicher Teil der Neu-Zuwanderer zieht nicht zu bereits im Inland lebenden Angehörigen und benötigt daher eine eigene Wohnung.
- Zu einer Veränderung der Nachfrage kommt es in jedem Fall durch die räumliche Mobilität. Städtische Agglomerationen benötigen in Zukunft mehr Wohnraum und daher auch mehr Wohnungsneubau. Zugleich steuert die vorhandene oder soeben neu gebaute Kapazität an Wohnraum bis zu einem gewissen Grad die Zuwanderung. Periphere Regionen werden zukünftig weniger Nachfrage haben.
- Eine Sonderstellung nehmen touristisch attraktive Regionen und Naherholungsgebiete im Einzugsbereich städtischer Agglomerationen ein. Da gibt es eine wachsende Nachfrage nach Zweitwohnsitzen und Ferienwohnungen.
- Etliche periphere Regionen werden zukünftig weniger Nachfrage nach Wohnraum und daher einen entsprechenden Leerstand haben.

Insgesamt lässt sich sagen: In Regionen Österreichs mit Bevölkerungswachstum wird auch die Nachfrage nach Wohnraum weiter steigen. Durch Scheidungen, Verkleinerung von Haushalten und einem überproportional starken Anstieg von Single-Haushalten sowie durch den Wunsch nach Zweitwohnsitzen steigt die Nachfrage in demographisch wachsenden Regionen schneller als die Zahl der Einwohnerinnen und Einwohner. In demographisch schrumpfenden Regionen kann dagegen der Rückbau von Kapazitäten zum Thema werden. Diesen unterschiedlichen Entwicklungen müssen Raumplanung, Wohnbau und Politik Rechnung tragen.

Neslihan Turan-Berger

Wohnpolitik ist Integrations- und Diversitätspolitik

Einleitung

Der Beitrag beschäftigt sich grundsätzlich mit Drittstaatsbürger/innen (ehem. Gastarbeiter/innen), deren Familien und Nachfahren in Wien sowie ihrer Integration im Wohnbereich. Der Beobachtungszeitraum beschränkt sich auf die Zeit seit 1989, dem Jahr der Einwanderung der Autorin nach Wien. Der Beitrag soll nicht nur aus der Sicht einer Stadtplanerin/Integrationsexpertin verfasst sein, sondern auch durch persönliche Erfahrungen und Beobachtungen als Wienerin mit „türkischem Migrationshintergrund" ergänzt werden.

Die Themenkomplexe „Bevölkerungsentwicklung", „Wohnpolitik" und „Integrationspolitik" sind ebenso wie „Bildungspolitik" und „Arbeitsmarktpolitik" Querschnittsthemen in der Stadtplanung und haben Wechselwirkungen. Derzeit ist Wien mit einem starken Bevölkerungswachstum konfrontiert und im Rahmen der Diskussionen zum Stadtentwicklungsplan 2025[1] finden alle oben genannten Themen mehrfach Berücksichtigung.

1. Begriffsdefinitionen

„Der Prozess der Integration von Menschen mit einem Migrationshintergrund besteht aus Annäherung, gegenseitiger Auseinandersetzung, Kommunikation, Finden von Gemeinsamkeiten, Feststellen von Unterschieden und der Übernahme gemeinschaftlicher Verantwortung zwischen Zugewanderten und der anwesenden Mehrheitsbevölkerung."[2]

Ein offenes demokratisches Klima in der Aufnahmegesellschaft ist die Basis für einen gleichberechtigten Zugang zum gesellschaftlichen Leben. Das Thema Integration ist leider sehr oft mit Negativbildern und Angst behaftet. Die Bereitschaft zur Teilhabe am Alltagsleben – im Sinne von öffentlichem, kulturellem und politischem Leben – und das Erlernen der Alltagssprache sind die wichtigsten Grundvoraussetzungen für Menschen mit Migrationshintergrund.

---

1 Der Stadtentwicklungsplan (STEP) Wien wird etwa alle 10 Jahre aktualisiert und ist die Leitlinie für jene Handlungen der Stadt, die sich räumlich auswirken und daher zu koordinieren sind. Der STEP 2025 soll im Sommer 2014 veröffentlicht werden.

2 Integration (Soziologie) – Integration von Menschen mit einem Migrationshintergrund, auf: http://de.wikipedia.org/wiki/Integration_(Soziologie), (letzter Abruf am 11.4. 2014).

2. Rückblick: Arbeitsmigration nach Österreich

Migrant/innen aus der Türkei können heuer, im Jahr 2014, und solche aus Ex-Jugoslawien in zwei Jahren *50 Jahre Arbeitsmigration* nach Österreich feiern.

Wirtschaftliche und politische Entwicklungen bestimmen die Ziele der globalen Wanderbewegungen – so war Österreich in der Phase des Wirtschaftswachstums Anfang der 1960er Jahre eines der Zielländer. Die damalige Politik hatte darauf reagiert und versucht, vor allem im Niedriglohnsegment die Mängel an heimischen Arbeitskräften mit ausländischen zu kompensieren.

In der ersten Welle galt ein strenges Rotationsprinzip mit einem jährlichen Kontingent. Österreich hat mit der Türkei und Ex-Jugoslawien die ersten Arbeitskräfte-Anwerbe-Abkommen abgeschlossen und über 250.000 überwiegend männliche neue Arbeitskräfte aufgenommen. Trotz des Anwerbestopps und gesetzlicher Verschärfungen nach der Ölkrise im Jahr 1973 kam es zu Familienzusammenführungen. „Viele der einstigen Gastarbeiter wurden österreichische Staatsbürger und bauten sich hierzulande eine neue Existenz auf. ( ) Österreich ist laut dem ‚Arbeitskreis Archiv der Migration' eine Migrationsgesellschaft, auch wenn dies immer noch gerne verdrängt und verleugnet werde, lautet die Kritik."[3]

Obwohl die gesamte Entwicklung der Arbeitsmigration mit all ihren Facetten über mehrere Generationen in weiten Bereichen des gesellschaftlichen Lebens ihre Spuren hinterlassen hat, gab es bis in die 1990er Jahre kaum erkennbare Strukturen im Zusammenhang mit „Migration und Integration" in der Verwaltung. Es waren zivilgesellschaftliche Entwicklungen, durch die bestehende oder neue Interessenvertretungen sowie Beratungsstellen überwiegend aus dem Sozialbereich begonnen haben, sich nach ihrem neuen Zielpublikum zu orientieren und die „Marktlücke" z. B. mit mehrsprachigen Beratungen zu füllen.

Der Anfang der 1990er Jahre war durch die Jugoslawienkriege, das Ende des Kalten Krieges bzw. den Zusammenbruch der Sowjetunion 1991 gekennzeichnet. In Wien wurde als „Krisenfeuerwehr"[4] der Wiener Integrationsfonds ins Leben gerufen, der in vielen Bereichen, wie z. B. Zugang zu Gemeindebauten oder Ausländerwahlrecht, die grundlegenden Vorarbeiten leistete.

Nach der Auflösung des Wiener Integrationsfonds wurde aufgrund von gesellschaftspolitischen Änderungen eine eigene Magistratsabteilung (MA 17) mit dem Schwerpunkt „Integrations- und Diversitätspolitik" gegründet.

3. Herausforderungen

„Wo Immigration stattfindet, richtet sie sich stets primär auf die städtischen Agglomerationen, weil sich hier den Zuwanderern das größte Arbeitsplatzangebot bietet. Die Städte waren und sind daher immer so etwas wie große ‚Integrationsmaschinen'."[5]

---

3 Stefan Lindner: Geschichtsbücher leugnen 50 Jahre Migration, auf: tirol.orf.at (letzter Abruf am 7.3.2014).
4 Vgl. dazu: Wiener Integrationsfonds wird aufgelöst, in: Wiener Zeitung, 12.6.2003.
5 Karl Czasny: Wohnbau und Integration, in: dieZUKUNFT.at, 03/2009 (letzter Abruf am 11.4.2014).

Folgende grundsätzliche Erkenntnisse und Fakten über „Armut und Ausgrenzung" bzw. „working poor" sind Grundlage für den Beitrag:

„MigrantInnen und Menschen mit Migrationshintergrund gehören neben AlleinerzieherInnen und älteren Frauen zu jenen Gruppen, die am häufigsten von Armut und sozialer Ausgrenzung betroffen sind."[6] – „Viermal mehr Drittstaatsangehörige als Österreicher sind Working Poor."[7]

Laut Armutskonferenz spielen folgende Faktoren dabei eine wesentliche Rolle:
- mangelnde Anerkennung von erworbenen Bildungsabschlüssen im Ausland, niedrige Bildung und geringe Bildungschancen für die Kinder
- eingeschränkter Zugang zum Arbeitsmarkt, schlecht bezahlte Jobs mit geringer Qualifikation, geringes Einkommen
- diskriminierende rechtliche Bestimmungen, Rassismus etc.
- Benachteiligung am Wohnungsmarkt: Zugangsbarrieren, prekäre Wohnqualität, schlecht ausgestattete, überbelegte, überteuerte Wohnungen, belastende Wohnumgebungen

Ergänzend existieren für viele Migrant/innen der ersten Generation folgende Erschwernisse für eine bessere Integration im Wohnbereich:
- fehlende Investitionsbereitschaft wegen Unsicherheiten am hiesigen Arbeits- und Wohnungsmarkt
- Geldtransfer in die Heimatländer (z. B. zur Unterstützung von Angehörigen)
- Grundstücks- und Immobilieninvestitionen in den Heimatländern als Zukunftsabsicherung für die Rückkehr spätestens nach Pensionierung
- zu wenig Kenntnisse über den hiesigen Wohnungsmarkt, Miet- und Wohnrecht
- Bereitschaft, überhöhte Mieten oder illegale Ablösen zu zahlen, da ein Aufenthaltstitel meistens nur mit einem Arbeitsplatz und adäquaten Wohnverhältnissen verbunden ist

4. Segmentierung des Wohnungsmarktes

Situation Ende des 20. Jahrhunderts

Die Aufteilung der Bevölkerung nach Rechtsverhältnissen der Wohnungen stellte sich in den Jahren 1998/99 in Wien wie folgt dar[8]:

Segmente des Wohnungsmarktes	*Inländer*	*Ausländer*
Gemeindewohnung	33 %	*
Genossenschaftswohnung	12,9 %	0,3 %
Eigentumswohnung/Eigenheim	18,7 %	4,4 %
Mietwohnung	29,3 %	61, 3 %
Dienst-/Werkswohnung	2,9 %	14,6 %
Untermiete	1,6 %	12,7 %
Sonstige	1,3 %	6,7 %

---

6   Auf: www.armutskonferenz.at (letzter Abruf am 11.4.2014).
7   Katharina Schmidt: working poor. Zum Leben zu wenig ..., auf: www.wienerzeitung.at, 2.8.2013.
8   Wiener Integrationsfonds (Hg.): MigrantInnen in Wien. Daten&Fakten&Recht, Report 2000, S. 46.

Gemeindewohnungen: 1998/99 waren die Gemeindewohnungen den ausländischen Bürger/innen nicht zugänglich, daher gab es auch keine offiziellen Zahlen dazu.

Private Mietwohnungen: Die hauptsächliche Wohnversorgung ausländischer Bürger/innen in den Jahren 1998/99 war mit 61,3 % das private Wohnungssegment. In diesem Zeitraum haben fast 90 % der Migrant/innen aus der Türkei und Ex-Jugoslawien im Altbausegment in Substandardwohnungen (Kategorie C oder D) gewohnt. Während die Wohnnutzfläche für österreichische Haushalte 42 m²/Person betrug, hatten die Migrant/innen aus Ex-Jugoslawien nur 20 m²/Person und jene aus der Türkei sogar nur 15 m²/Person.[9]

Genossenschaftswohnungen kamen in den Jahren 1998/99 für Wohnungssuchende mit Migrationshintergrund kaum in Frage. Viele Migrant/innen konnten den Finanzierungsbeitrag (Bau- und Grundkostenanteil) nicht aufbringen bzw. die Zutrittsvoraussetzungen in den meisten Fällen nicht erfüllen.

Eigentumswohnungen für ausländische Staatsbürger/innen werden seit 1967 über das Wiener Ausländergrunderwerbsgesetz geregelt. Dieses Segment war/ist für Migrant/innen einerseits wegen Nichterfüllen der Zutrittskriterien nicht zugänglich, andererseits aufgrund des unsicheren Aufenthaltsstatus in Österreich auch nicht interessant bzw. leistbar.

Wohnversorgung aktuell

Die Wohnsituation vieler Drittstaatsbürger/innen hat sich in den letzten 15 bis 20 Jahren in vielen Bereichen deutlich verbessert. Die Änderungen im Rechtsstatus und Auflockerungen durch das EU-Recht ermöglichen eine bessere Verteilung bzw. Durchmischung auf dem Wohnungsmarkt. Parallel dazu haben sich die Migrant/innen aus Drittstaaten mittlerweile in verschiedenen Gesellschaftsnischen etabliert. Ethnische Ökonomien versorgen nicht nur das eigene Klientel mit heimischen Produkten, sondern bieten allen Konsument/innen eine breitere Auswahl an Waren.

Hier ein kurzer Überblick über die aktuelle Verteilung der Drittstaatsbürger/innen in den Wohnungssegmenten (siehe dazu auch Abb. 1):

Gemeindewohnungen: Laut Integrationsmonitor von 2011[10] liegt der Anteil der Migrant/innen im kommunalen Bereich bei 49 %. Die starke Verlagerung vom Substandard-Mietwohnungssektor auf den Gemeindebau hat folgende Gründe:
- Zugang über die Schiene „Notfallswohnung" seit 2000: für aufenthaltsverfestigte Personen bei gesundheitsschädigenden Wohnverhältnissen und/oder für „Spekulationsopfer"
- Einbürgerungen
- Umsetzung der Antirassismus-Richtlinie des Europäischen Rates, wonach alle Menschen ungeachtet ihrer Herkunft und auch ungeachtet ihrer Staatsbürgerschaft u. a. bei der Vergabe kommunaler Wohnungen zu berücksichtigen sind (seit 2005)

„Durch die Erleichterung des Zugangs zu kommunalen und geförderten Mietwohnungen wurden zwar auf der einen Seite wichtige wohnungspolitische Benachteiligungen der Zuwanderer verringert. Auf der anderen Seite entstand damit jedoch zunehmend die Gefahr, dass sich nun auch hierzulande im Bereich des sozialen Wohnbaues Problemquar-

---

9 Ebda, S. 47.
10 Stadt Wien, Magistratsabteilung 17 – Integration und Diversität (Hg.): Integrations- und Diversitätsmonitor der Stadt Wien 2009–2011, Wien 2012.

tiere mit sehr hohen Anteilen von sozial schwachen Haushalten mit und ohne Immigrationshintergrund herausbilden. Letzteres wird vor allem durch die im geförderten Wohnbau etablierte anlagenbezogene Mietenkalkulation (Stichwort: ‚Kostenmiete') begünstigt. Diese hat nämlich sehr große Mietenunterschiede zwischen neueren und älteren Wohnhausanlagen zur Folge, welche ihrerseits dazu führen, dass man einkommensschwachen Haushalten primär Wohnungen in älteren Anlagen zuweist, anstatt sie eher gleichmäßig auf den Gesamtbestand der Sozialwohnungen zu verteilen."[11]

Die Stadtregierung hat auf die Verlagerung der Migrant/innen vom Substandard- auf das Gemeindebausegment reagiert und ab 2000 das Modell „Gebietsbetreuung Stadterneuerung" auch auf den Gemeindebaubereich ausgeweitet. Mehrsprachige, interdisziplinäre Teams betreuen seitdem die städtischen Wohnhausanlagen und wurden 2009 als „Wohnpartner" organisatorisch neu strukturiert.

Trotz der anerkannten Geschichte der kommunalen Wiener Wohnbauleistung seit dem „Roten Wien" ist eine Transformation gekoppelt mit einem Imageverlust zu beobachten. Viele Alteingesessene sind durch den Zuzug des neuen Publikums überfordert, dadurch ausgelöste Emotionen fördern eher ein Nebeneinander-Leben unterschiedlicher Kulturen als ein Zusammenleben.

„Allerdings kann die Wohnpolitik nicht alleine die Voraussetzungen für ein ‚friedliches Zusammenleben' herstellen, sondern auch andere Politikbereiche sind davon berührt. Dies betrifft insbesondere den Status von MigrantInnen – von vielen Interview-PartnerInnen wurden ‚die Ausländer' als ‚das Problem' beim Zusammenwohnen gesehen. MigrantInnen bleiben ‚Fremde', denen alle Störungen zugeschrieben werden, und das ist ein Ausfluss dessen, dass sie, mit geringer Bildung und wenig Aufstiegschancen, sozial marginalisiert und deklassiert sind."[12]

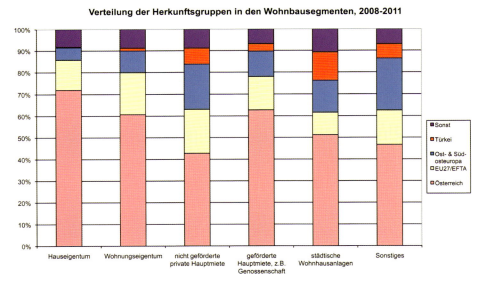

Abb. 1: Verteilung der Herkunftsgruppen auf die Wohnungssegmente in Wien.

---

11 Czasny: Wohnbau und Integration.
12 Institut für Konfliktforschung: „Hot spots" sozialer Konflikte und Gebietsbetreuung in Wiener Wohnhausanlagen, Wien 2008.

(Geförderte) Genossenschaftswohnungen: Laut Integrationsmonitor 2011 liegt der Anteil der Migrant/innen im Segment der Genossenschaftswohnungen bei 37 %. Im Vergleich zu den Werten von 1998/99 gibt es auch in diesem Segment einen deutlichen Zuwachs. Diese Entwicklung ist großteils dem geförderten Wohnbau mit seinem vielfältigen Angebot für breite Bevölkerungsschichten zuzuschreiben. Im Gefolge des Wiener Wohnbauförderungs- und Wohnhaussanierungsgesetzes – WWFSG 1989 konnte überdies ca. ein Drittel neu errichteter geförderter Wohnungen über das Wohnservice Wien auch an Wohnungssuchende mit Migrationshintergrund vergeben werden.

Mit der „Superförderung", einer Art „Objekt- und Subjektförderung in einem"[13], kann ergänzend zu einer Hauptförderung eine zusätzliche Kostenminderung für einkommensschwächere Bevölkerungsgruppen gewährt werden. Einkommensverhältnisse werden wegen der sozialen Treffsicherheit regelmäßig überprüft.

In dem Wohnmodell „Interethnische Nachbarschaft (W.I.E.N)", das im Zuge der Doktorarbeit der Autorin in den Jahren 1995 bis 2000 entstand, wurde erstmals die Hälfte der Wohnungen an Migrant/innen vergeben, mit dem Ziel ungezwungene interkulturelle Begegnungen und Integration zu fördern. Nach diesem Siegerprojekt des ersten Wiener Wohnbaupreises 2009 stand das Bauträgerauswahlverfahren 2010 unter der Leitidee „Interkulturelles Wohnen".

Im Rahmen des für den geförderten Neubaubereich etablierten Modells „Bauträgerwettbewerb" wurden im Jahr 2009 neben den Kriterien Architektur, Ökonomie und Ökologie mit der Einführung der vierten Säule „soziale Nachhaltigkeit" interkulturelle und integrative Projektbestandteile in den Bewertungsfokus gerückt.

Obwohl solche Projekte überwiegend eine mittlere Einkommensgruppe versorgen können, signalisieren sie die Bereitschaft der Wohnbaupolitik, neue Impulse für eine bessere soziokulturelle Durchmischung zu setzen. Themenbauten sind insgesamt sehr wichtig für die Integration im Wohnbereich, da mit den vorgegebenen inhaltlichen Zielen die gemeinsamen Interessen der künftigen Bewohner/innen angesprochen werden. Bei diesen Projekten wird üblicherweise auch großer Wert auf Projektbegleitung und -moderation gelegt. Diese Art von Bewohner/innenbeteiligung stärkt das Gemeinschaftsgefühl und begünstigt dadurch auch die Integrationsprozesse.

Seit 2012 lenkt das Land Wien rund ein Drittel des Neubauförderungsbudgets in das so genannte SMART-Wohnbauprogramm, das einerseits die Wohnkosten verringert, andererseits aber auch mit neuen planerischen Ansätzen kompakte Grundrisslösungen anbietet. Ziele, die mit diesem Programm verfolgt werden, sind: Mitbestimmung, kommunikationsfördernde Freiflächen, wohnungsergänzende gemeinschaftliche bzw. individuelle mietfreie Räume, Selbstbauangebote, flexible Planung (z. B. Teilbarkeit) der Wohnungen, Verschränkung von Wohnen und Arbeiten. Sehr geringe Eigenmittel- und Mietzinserfordernisse sowie zusätzliche Unterstützung durch die Superförderung sollen die SMART-Wohnungen auch für einkommensschwächere Haushalte leistbar machen.

Wohnungseigentum: Auch in diesem Segment gibt es einen Zuwachs an Bewohner/innen mit Migrationshintergrund, was bedeutet, dass sich ein steigender Prozentsatz von Migrant/innen (2012: 15 % Türkei-stämmig bzw. 21 % mit ex-jugoslawischer Herkunft)

---

13 Siehe zum Thema Objekt- und Subjektförderung auch: Christian Donner: Zeitgemäße Wohnungspolitik, in der vorliegenden Publikation.

bereits wirtschaftlich und gesellschaftlich etabliert hat und auch in diesem höherpreisigen Wohnungssegment Fuß fasst.[14]

Private Mietwohnungen: Im Jahr 2012 wohnten 83 % der Türkei-Stämmigen und 73 % der Migrant/innen aus Ex-Jugoslawien im privaten Mietwohnungssegment. 95 % der gesamten Wiener Bevölkerung ohne und 90 % mit Migrationshintergrund wohnten in einer Wohnung der Ausstattungskategorie A.[15]

5. Best Practices: Sanfte Stadterneuerung und geförderte Wohnhaussanierung

Wenn über sanfte Stadterneuerung der letzten vier Jahrzehnte in Wien gesprochen wird, geht es in erster Linie um die Erfolge zweier Institutionen in enger Zusammenarbeit mit Dienststellen der Stadt Wien, den *wohn*fonds_wien und die Gebietsbetreuungen.

Der *wohn*fonds_wien, der 1984 nach einem Beschluss des Wiener Gemeinderats gegründet wurde, administriert und koordiniert die geförderte Wohnbauentwicklung und die Wohnhaussanierung. Das Wiener Wohnbauförderungs- und Wohnhaussanierungsgesetz – WWFSG 1989 (Gesetz über die Förderung des Wohnungsneubaus und der Wohnhaussanierung und die Gewährung von Wohnbeihilfe) stellt seit 25 Jahren die gesetzliche Grundlage dafür dar. Darüber hinaus beauftragt der *wohn*fonds_wien regelmäßig Blocksanierungsstudien für besonders strukturschwache Grätzel der Stadt. Anhand dieser städtebaulichen Machbarkeitsstudien entstanden zahlreiche Pilotprojekte mit dem Ziel der Schaffung städtebaulicher Strukturverbesserung, der Wohnumfeld-Aufwertung, ökologischer Maßnahmen, neuer Freiflächen und Begrünungsmaßnahmen, der Etablierung von Gemeinschaftshofflächen, sozialer Infrastruktur, aber auch Optimierung der Nutzungsmischung durch wohnverträgliche Nutzungen in Erdgeschoßzonen etc. Diese Projekte konnten durch die Kombination von Wohnbauförderungen, Bezirksbudgets und in einigen Fällen mit EU-Förderungen realisiert werden.

Die *Gebietsbetreuungen* arbeiten seit 1974 im Auftrag der Stadt Wien in Stadterneuerungsgebieten und seit 2011 auch in angrenzenden inneren Stadtentwicklungsbereichen. Ihr Arbeitsbereich umfasst das Wohnen und Wohnumfeld, die Infrastruktur, Aktivierung sozialräumlicher Prozesse sowie die gemeinwesenorientierte Förderung des Zusammenlebens in der Stadt.

Durch die sanfte Stadterneuerung ist die Zahl der Substandardwohnungen von rund 25 Prozent in den 1970er Jahren auf heute rund 5 Prozent deutlich zurückgegangen. Die großzügigen Objektförderungen haben private Hauseigentümer/innen und Bauträger dazu motiviert, die Bausubstanz und den Wohnungsbestand umfassend zu erneuern, aber auch durch Aufstockungen und Dachgeschoßausbauten einen Beitrag zum steigenden Wohnraumbedarf zu leisten.

Mietzinserhöhungen konnten einerseits mit attraktiven Förderungen deutlich verringert werden, andererseits konnten Härtefälle mit Hilfe von Subjektförderungen (Wohnbeihilfe/Mietzinsbeihilfe) aufgefangen werden. Davon haben einkommensschwache Familien mit und ohne Migrationshintergrund stark profitiert.

---

14 Vgl. Statistik Austria und Kommission für Migrations- und Integrationsforschung: migration & integration. zahlen. daten. Indikatoren 2013, Wien 2013, S. 74 ff.
15 Integrations- und Diversitätsmonitor der Stadt Wien 2009–2011.

Ein weiterer wichtiger Effekt war die Verbesserung der sozialen und ethnischen Durchmischung der Bevölkerungs- und Einkommensgruppen und die Vermeidung von Gettobildungen, möglichst ohne Gentrifizierung.

6. Zukunftsperspektiven

Das Bevölkerungswachstum konfrontiert Wien mit einem steigenden Bedarf an leistbaren Wohnungen und hängt sehr stark mit Diversitäts- und Integrationsfragen zusammen. Wien braucht daher eine Weiterentwicklung der Best-Practice-Erfahrungen der letzten drei Jahrzehnte im geförderten Wohnhaussanierungs- und Neubaubereich. Wohnbauförderungspolitik hat Lenkungsfunktion für eine sozial ausgewogene Stadtentwicklung. Ein vielfältiges Angebot an leistbaren und bedarfsorientierten Wohnungen, die auf alle Marktsegmente und Bezirke verteilt sind, verhindert Segregation und Gettobildung und ermöglicht eine ausgewogene Verteilung verschiedener Bevölkerungsschichten und Ethnien.

Dadurch wird auch einer „Überlastung" des Bildungssystems vorgebeugt. Schulbildung spielt eine besonders wichtige Rolle im sozialen Aufstieg und ist ein wichtiger Baustein für die soziokulturelle Integration. Umgang mit interkulturellen Begegnungen schon in der Schule ist für die heranwachsenden Generationen wichtig und reduziert den gesellschaftspolitischen Druck. Mit einem kommunikationsfördernden Wohnumfeld bzw. entsprechenden sozialen Einrichtungen kann der ansonsten immer größer werdenden Problematik entgegengewirkt werden.

Integrativer Wohnbau ist daher:
- intelligent und nachhaltig
- flexibel und vielfältig
- bedarfsorientiert und generationengerecht
- sozial ausgewogen und leistbar
- kommunikativ und partizipativ
- interkulturell und identitätsfördernd
- barrierefrei und antidiskriminierend

Dienststellen und Fonds der Stadt Wien, Forschungsinstitute und Universitäten haben mittlerweile viele Erfahrungen mit sozialräumlichen Zusammenhängen und Prozessen in Wien. Immer knapper werdende Ressourcen machen es sinnvoll, auf Synergien zu setzen. Interdisziplinäre und ressortübergreifende Ansätze ermöglichen es, bestehende Potenziale zu nutzen.

Eine ressortübergreifende Schnittstellenkoordination kann dieses zentrale Wissensmanagement über die sozialräumliche Bevölkerungs- und Gesellschaftsentwicklung mit folgenden Aufgaben übernehmen:
- übergeordnete Strategie- und Projektentwicklung anhand von periodischen Monitorings verschiedener Ressorts und Institutionen, aber auch externen Fachleuten
- Stärkung der Netzwerke und Synergien durch Austausch
- Projektmanagement und Bündelung von Ressourcen und Förderbudgets
- Maßnahmenentwicklung gegen Spekulation, bei drohender Gettoisierung und Gentrifizierung
- regelmäßige Anpassung und Optimierung der Einkommensgrenzen für die geförderten Wohnungssegmente und der Vergabeprinzipien für Genossenschafts- und Gemeindewohnungen

- Entwicklung integrationsfördernder Maßnahmen im öffentlichen Raum durch partizipative Prozesse

Damit kann sichergestellt werden, dass die Stadt Wien bis zum Jahr 2035 durch ihre Diversität eine lebenswerte, prosperierende mitteleuropäische Metropole bleibt, in der Barrieren – in jeder Hinsicht – keine Rolle mehr spielen.

Christian Donner

Zeitgemäße Wohnungspolitik – Sozial orientiert und ökonomisch effizient

Angesichts der in Österreich vor der Nationalratswahl 2013 aufgeflammten wohnungspolitischen Diskussion scheint es angebracht, sich die grundsätzlichen Ziele und adäquaten Instrumente einer sozial orientierten und ökonomisch effizienten Mietwohnungspolitik vor Augen zu halten.

Die Aufgabe staatlicher Wohnungspolitik

Worin besteht die Aufgabe staatlicher Wohnungspolitik im Rahmen einer sozialen Marktwirtschaft? Primär in der Sicherung adäquater Wohnbedingungen für jene Haushalte, die auf dem freien Wohnungsmarkt Schwierigkeiten hätten, eine quantitativ und qualitativ akzeptable Wohnung zu tragbaren Kosten zu erlangen.

Einer Wohnungspolitik, welche dieser Aufgabe nachkommen will, stehen sowohl angebots- als auch nachfrageseitige Instrumente zur Verfügung. Zu den angebotsseitigen Instrumenten zählt zum einen der direkte öffentliche (meist kommunale) Wohnbau und der geförderte nicht-öffentliche Wohnbau. Das daraus resultierende Wohnungsangebot ist üblicherweise an geregelte Mieten geknüpft. Diese Instrumente werden gemeinhin unter dem Begriff Objektförderung zusammengefasst.

Nachfrageseitig werden von der Wohnungspolitik vor allem wohnungsspezifische Transferleistungen, wie z. B. Wohnbeihilfen, eingesetzt, die verschiedene Formen der Subjektförderung darstellen. Eine Zwischenstellung nehmen einkommensabhängige Mieten ein. Außerdem werden nachfrageseitige und angebotsseitige Instrumente in manchen Fällen durch Mietenregelungen für den privaten, nicht geförderten Mietwohnungssektor ergänzt.

Zur Mietenregelung im privaten Mietwohnungssektor

Grundsätzlich stellt sich die Frage, wie der private Mietwohnungssektor vom nationalen Gesetzgeber wahrgenommen wird: Nationale Gesetzgeber können der Meinung sein, dass eine freie Verwertbarkeit privater Mietwohnungen bestimmte Gruppen von Haushalten bei der Deckung ihres Wohnbedarfs einem inakzeptablen Druck aussetzt. Dieser Druck könnte Wohnungsnachfrager zwingen, ein Missverhältnis zwischen der Quantität und Qualität einer angebotenen Wohnung und der verlangten Miete hinzunehmen. Wenn bei nationalen Gesetzgebern diese Meinung vorherrscht, könnten private Vermieter theoretisch als „systemwidrig" angesehen werden.

Anders verhält es sich, wenn der (freie) private Mietwohnungssektor als systemkonform wahrgenommen wird, weil er z. B. mit größerer Flexibilität auf eine differenzierte Wohnungsnachfrage reagieren kann. Oder weil ein Wohnungswechsel mit geringeren Transaktionskosten verbunden ist als im Wohnungseigentumssektor. Wenn beim Gesetzgeber diese Betrachtungsweise dominiert, werden ertragsbeschränkende Mietenregelungen für diesen Sektor naturgemäß kein Mittel der Wahl sein.

Was spricht für, was spricht gegen Mietenregelungen? Geregelte private Mieten begünstigen Haushalte unterschiedlicher Einkommen, darunter auch solche, die für die betreffende Wohnung eine Marktmiete entrichten könnten. Gleichzeitig ist dann eine solcherart „verbilligte" Wohnung für einen anderen Haushalt mit geringerem Einkommen nicht verfügbar. Gelten die Mietenbeschränkungen aber für neue Mietwohnungen, dann werden entsprechende private Investitionen zurückgehen oder gar unterbleiben.

Jedenfalls führen längere Perioden stark marktunterschreitender geregelter privater Mieten tendenziell zu diversen Umgehungsstrategien („Ablösen" etc.), zu einem eventuell unnötigen Mehrkonsum von Wohnraum, zu einer reduzierten Wohnmobilität, zu Investitionsvermeidung seitens der Vermieter und letztlich zu vorzeitigem Bestandsverfall, wenn dieser nicht mit öffentlichen Förderungsmitteln aufgehalten wird.

Angesichts der negativen langfristigen Auswirkungen derartiger Mietenregelungen sollten diese daher nur bei einem krisenhaften Missverhältnis zwischen Wohnungsangebot und Wohnungsnachfrage und zeitlich begrenzt eingesetzt werden. Ein „Vorteil" gesetzlicher Beschränkungen für private Bestandsmieten besteht darin, dass sie keine unmittelbaren Kosten für die öffentliche Hand mit sich bringen.

Zur Wohnungsmarktstruktur

Miete oder Eigentum? Die Entscheidung der einzelnen Haushalte für eine bestimmte Rechtsform hängt auch von der jeweiligen Angebotsstruktur ab und diese wiederum ist regional unterschiedlich ausgebildet. Traditionellerweise ist z. B. der Anteil von Mietwohnungen im ländlichen Raum geringer als in Städten. Die öffentliche Hand sollte daher keine wünschenswerte Rechtsformverteilung definieren, sondern den Bürgern die grundsätzliche Wahlfreiheit zwischen den diversen Formen von Wohnungseigentum und Mietwohnungen belassen.

Die Rechtsformstruktur, d. h. die prozentualen Anteile, ergibt sich dann aus den Konsumpräferenzen der Wohnungsnachfrager, eingeschränkt durch das Verhältnis zwischen den individuellen Haushaltseinkommen und den Preisen und Mieten für die nachgefragten Wohnungen.

Objektförderung

Der Begriff Objektförderung wird eher im deutschsprachigen Raum verwendet, während in anderen Ländern überwiegend von angebotsseitigen Subventionen gesprochen wird. Letztere können entweder direkt an der physischen Produktion von Neubauwohnungen ansetzen, oder indirekt die finanzielle Position eines Investors in solche Wohnungen verbessern. So können etwa potenzielle Investoren durch Steuerbegünstigungen und Ähnliches dazu animiert werden, Mietwohnungen zu errichten. Beide Begriffe implizieren aber eine, überwiegend von der öffentlichen Hand angebotene, Begünstigung der Produktion von Mietwohnungen. Diese Begünstigung gegenüber nicht geförderten, marktkonform bereitgestellten Mietwohnungen kann diverse Kostenbereiche betreffen und die unterschiedlichsten Formen annehmen.

Die hauptsächliche, mit jeder Objektförderung verbundene Absicht der öffentlichen Hand besteht darin, dass die solcherart geförderten Mietwohnungen im Vergleich zu marktkonform erstellten Mietwohnungen „verbilligt" werden. Schon hier ist allerdings darauf hinzuweisen, dass häufig von einer echten Verbilligung keine Rede sein kann, da die physische Produktion von Wohnbauten nahezu ausschließlich auf den vorgelagerten Märkten (Boden-, Bau- und Finanzierungsmärkte) und unter Wettbewerbsbedingungen erfolgt. Die scheinbare „Verbilligung" ist dann also lediglich das Resultat einer teilweisen Kostentragung bzw. Kostenübernahme durch die öffentliche Hand. Im Gegenteil: das Vorhandensein der Förderung kann die Anbieter auf den vorgelagerten Märkten dazu verleiten, etwas großzügiger zu kalkulieren.

Die echten Produktionskosten einer Neubauwohnung ergeben sich im Wesentlichen aus den Grundanteilskosten, den Bau- und Baunebenkosten und den Zwischenfinanzierungskosten bis zum Nutzungsbeginn. Diese sind unter echten Wettbewerbsbedingungen projektspezifisch aber stark marktabhängig. Für den laufenden Wohnungsaufwand sind zusätzlich die während der Nutzungsperiode anfallenden Langzeitfinanzierungskosten zu berücksichtigen, die unter traditionellen Marktbedingungen real meist mehr als die Hälfte der eigentlichen Produktionskosten betragen. Mit der Objektförderung soll gewährleistet werden, dass die geförderten Wohnungen für einkommensschwächere Bevölkerungsschichten erschwinglich werden. Im Prinzip sollen daher die geförderten Mietwohnungen nach ihrer Fertigstellung zu marktunterschreitenden Mieten angeboten werden.

In Österreich wurden die entsprechenden Förderungen von den einzelnen Bundesländern in unterschiedlich großzügiger Weise gewährt (ermäßigte Baugrundstücke aus kommunalen Bodenreserven, begünstigte Darlehen, Baukostenzuschüsse etc.). Angesichts der hohen Produktions- und Finanzierungskosten jeder Neubauwohnung und angesichts der üblichen Förderungsdarlehen und Baukostenzuschüsse resultieren aus derartigen Förderungen hohe budgetäre Aufwendungen für die öffentliche Hand. Dennoch reichen diese Förderungen in der Regel nicht aus, um einkommensschwächeren Haushalten den Zugang zu einer Neubaumietwohnung zu sichern.

In Österreich wurde ein sehr großzügiges, aber auch aufwendiges Wohnbauförderungssystem entwickelt und damit ein eindrucksvolles Neubauvolumen geschaffen. Aber nicht unbedingt für jene, die es am notwendigsten gehabt hätten. Dieses Instrument hat nämlich auch viele Haushalte begünstigt, die aus eigener Kraft ihren Wohnungsbedarf decken hätten können.

Subjektförderung

Subjektförderungen dienen dazu, die Kaufkraft von Personen oder Haushalten zu stärken. Für Mieterhaushalte heißt das, dass ihr Einkommen durch öffentliche Transferleistungen erhöht werden soll, damit sie ihren Wohnungsaufwand eher oder überhaupt tragen und allenfalls eine bessere Wohnraumversorgung erlangen können.

Die wohnungsspezifische Subjektförderung ist zumindest in der Theorie sozial treffsicher, weil sie einkommensabhängige Zuschüsse der öffentlichen Hand zur Deckung eines angemessenen Wohnungsaufwands bereitstellt. Die Bemessung dieser Transferleistung unterliegt allerdings einer komplexen Interdependenz mehrerer Faktoren. Diese sind: die faktische individuelle Wohnraumversorgung (Nutzfläche, Ausstattung und Qualität), die für diese zu entrichtende Miete, die der Haushaltsstruktur angemessene Nutzfläche, der Referenzwert der entsprechenden örtlichen Quadratmetermiete, das individuelle Haushaltseinkommen und der bei diesem Einkommen dem Haushalt zumutbare Wohnungsaufwand.

Die Erfassung bzw. Festlegung dieser Werte erfolgt auf unterschiedliche Weise und ist mit stark abweichenden Unschärfen und Einschätzungen belastet. In Österreich wurden Wohnbeihilfen ursprünglich nur zur Ergänzung undifferenzierter Objektförderungen eingesetzt. Eine Gewährung derartiger Einkommenszuschüsse für private Mieter wurde kritisch bewertet, da sie den privaten Vermietern die Möglichkeit eröffnen, ihre Mieten weiter anzuheben, also den Förderungseffekt (teilweise) abzuschöpfen.

Im Laufe der Zeit hat sich aber die Überzeugung durchgesetzt, dass auch private Mieter Anrecht auf eine Unterstützung haben. Dementsprechend wurde die Wohnbeihilfe auch auf diesen Sektor ausgedehnt. Wenn allerdings die Bemessung der Wohnbeihilfen aufgrund von Marktmieten erfolgt, kann sich ein überhöhter Aufwand für die öffentliche Hand ergeben.

Schlussfolgerungen

Anhand dieser knappen Darstellung des prinzipiell verfügbaren wohnungspolitischen Instrumentariums lassen sich folgende Hauptelemente eines optimierten wohnungspolitischen Systems definieren:
- Bereitstellung eines konkurrierenden öffentlichen Mietwohnungsangebots, etwa in der gleichen Größenordnung wie der private Mietwohnungssektor. Damit würde wohnungssuchenden Haushalten eine realistische günstigere Alternative offenstehen. Gleichzeitig würden private Vermieter gezwungen, ihre Mieten knapper zu kalkulieren, um Leerstände zu vermeiden.
- Als Bauträger und Bewirtschafter dieser Wohnungsbestände sollten vorzugsweise ausgelagerte kommunale Wohnungsunternehmen agieren, die einer wirksamen öffentlichen Kontrolle unterliegen.
- Die öffentlichen Mietwohnungsbestände sollten nach Lage, Alter und Ausstattung möglichst differenziert sein. Dies gilt auch für die soziale Mischung ihrer Bewohner. Obwohl einkommensschwächere Haushalte grundsätzlich vorrangig Zugang zu diesen Wohnungen hätten, sollten Haushalte mit steigendem Einkommen ihr Wohnrecht nicht verlieren.
- Bei der Vergabe verfügbarer Wohnungen sollte auf ein ausgewogenes Verhältnis zwischen Wohnungsaufwand und Haushaltseinkommen geachtet werden.
- Die Finanzierung von kommunalen Neubauwohnungen sollte zur Gänze über begünstigte öffentliche Darlehen erfolgen, für deren Rückzahlung lediglich eine reale Wertsicherung vorzusehen ist. Damit erleidet die öffentliche Hand langfristig keinen Kapitalverlust.
- Die Refinanzierung dieser Darlehen könnte nach einer Anlaufphase aus den Mitteln eines staatlichen Pensionsfonds erfolgen, für den ebenfalls eine reale Wertsicherung mit staatlicher Garantie gelten sollte.

- In ähnlicher Weise, aber mit kürzerer Laufzeit (25 Jahre), könnte eine begünstigte Finanzierung von Wohnungseigentum erfolgen
- Kommunale Mieten sollten auf langfristiger echter Kostendeckung basieren (etwa 50 Jahre) und ähnlich den Marktmieten im privaten Sektor – allerdings auf einem entsprechend niedrigeren Niveau – differenziert werden.
- Die Berechnung von Wohnbeihilfen sollte auf der Grundlage der echten Kostenmieten für vergleichbare öffentliche Mietwohnungen erfolgen und in gleicher Höhe auch für alle anderen Wohnungsmarktsektoren gelten.

Barbara Ruhsmann

Die Wohnrechtsdebatte – Intro

Alle Experten, Interessenvertretungen und Parteien sind sich grundsätzlich einig: Das österreichische Wohnrecht bedarf dringend einer Reform. Zu groß sind die Ungerechtigkeiten, die im Lauf von Jahrzehnten im System des Wohnungsmarktes entstanden sind. Die Diskussion konzentriert sich dabei auf das Mietrechtsgesetz (MRG). Um eine Reform desselben vorzubereiten, wurde im Sommer 2013 von der damaligen Justizministerin Beatrix Karl eine Expertenkommission einberufen, die sich bislang aber auf keine Vorschläge einigen konnte. Zu unterschiedlich sind die Positionen, die jeweils auf eine lange, ideologisch fundierte Geschichte rekurrieren, in deren Verlauf die Argumente von Mietern und Vermietern, Markt-Befürwortern und Proponenten des Sozialstaats immer ausgefeilter, detailreicher und anscheinend auch kompromissloser wurden.

Da Geschichte, Gegenwart und Zukunft des Wohnrechts ein sehr wesentlicher Bestandteil österreichischer Wohn(bau)politik waren und sind, haben wir der laufenden Debatte in dieser Publikation vergleichsweise breiten Raum gegeben. Wir haben die Repräsentanten zweier Interessenvertretungen um ihre Beiträge gebeten: Michaela Schinnagl ist Leitende Juristin der Mietervereinigung, Udo Weinberger und Anton Holzapfel stehen als Präsident bzw. als Geschäftsführer an der Spitze des ÖVI – Österreichischer Verband der Immobilienwirtschaft. Die Beiträge geben einen guten Überblick über das widerstreitende Argumentarium und zeigen, wie schwierig es ist, tatsächlich zu einer Änderung der Gesetzeslage zu gelangen.

Anton Holzapfel und Udo Weinberger

Mietrecht Österreich in Vergangenheit, Gegenwart und Zukunft – Die Sicht der Immobilienwirtschaft[1]

Im Jahr 2014 gedenkt man intensiv des Beginns des Ersten Weltkriegs. Ein Beitrag, der sich mit Geschichte, Gegenwart und Zukunft des Mietrechts beschäftigt, kommt an diesem historischen Ereignis nicht vorbei. Aus Sicht der Immobilienwirtschaft ist aber eine Hundertjahrfeier weder heute noch 2017 angebracht. (1917 wurde der Friedenskronenzins eingeführt, Anm. d. Red.) Im Allgemein Bürgerlichen Gesetzbuch geht man im Regelfall von einer fairen Ausgeglichenheit von Leistung und Gegenleistung aus. Das Mietrechtsgesetz (MRG) hat gerade diese Äquivalenz vermissen lassen, über viele Jahrzehnte sogar in einem verfassungsrechtlich höchst bedenklichen Ausmaß. Noch im 21. Jahrhundert verursacht das versteinerte MRG eine große Reihe von Ungerechtigkeiten, nicht nur im Verhältnis Vermieter–Mieter, sondern auch und vor allem im Hinblick auf die nach wie vor große Zahl von privilegierten Altmietern. In einer von Wohlstand und Frieden geprägten Republik, die zu den reichsten der Welt zählt, sollte die jahrzehntelange, ideologisch geführte Diskussion einer objektiven, substanziellen Betrachtung weichen. Dieser Beitrag möchte dazu Anregungen liefern.

Das österreichische Mietrecht im Wellental der Geschichte

Der Terminus „Friedenskronenzins" erinnert noch heute an die Entstehung der mietrechtlichen Sondernormen. Das Mietrecht war von 1811 an als Materie des Allgemeinen Zivilrechts Bestandteil des Allgemeinen Bürgerlichen Gesetzbuches (ABGB). Mehr als einhundert Jahre gab es im Bestandrecht des ABGB keine zwingenden Schutzbestimmungen. Das ABGB Mietrecht war im Wesentlichen von Vertragsfreiheit gekennzeichnet. Der Vermieter konnte jederzeit kündigen, wenn nicht eine Befristung vereinbart war, und/oder er konnte den Mietzins anheben. Erst mit der 3. Teilnovelle 1916 wurden zwei nicht abdingbare Bestimmungen eingeführt, nämlich § 1096 Abs 1 letzter Satz und § 1117 letzter Satz.[2]

---

1 Grundlage für diesen Beitrag ist der Artikel von Mag. Udo Weinberger: 30 Jahre Mietrechtsgesetz, in: Wohnrechtliche Blätter (wobl) 25/2012, 300 ff. Dieser Artikel wurde von den Autoren umfassend aktualisiert und erweitert.
2 ABGB, § 1096 (1): Vermieter und Verpächter sind verpflichtet, das Bestandstück auf eigene Kosten in brauchbarem Stande zu übergeben und zu erhalten und die Bestandinhaber in dem bedungenen Gebrauche oder Genusse nicht zu stören. Ist das Bestandstück bei der Übergabe derart mangelhaft oder wird es während der Bestandzeit ohne Schuld des Bestandnehmers derart mangelhaft, daß es zu dem bedungenen Gebrauche nicht taugt, so ist der Bestandnehmer für die Dauer und in dem Maße der Unbrauchbarkeit von der Entrichtung des Zinses befreit. Auf diese Befreiung kann bei der Miete unbeweglicher Sachen im voraus nicht verzichtet werden.
ABGB, § 1117: Der Bestandnehmer ist berechtigt, auch vor Verlauf der bedungenen Zeit von dem Vertrag

Dass die Wohnsituation in der k.u.k Residenzstadt Wien spätestens mit Ausbruch des Ersten Weltkriegs legislative Schutzmaßnahmen erforderte, ist im Rückblick gesehen nachvollziehbar. Hatte Wien um 1880 noch knapp eine Million Einwohner, so verdoppelte sich deren Anzahl binnen 30 Jahren. Trotz massiver Bautätigkeit (Stichwort „Gründerzeit") war Wohnungsnot ein vorherrschendes Thema. Zum Schutz der Angehörigen von Frontsoldaten vor Zinserhöhungen und Delogierungen hatte man mit kriegswirtschaftlichen Notverordnungen den Mietzins auf den Status von 1.8.1914 eingefroren.

Dieser „Friedenszins", „Friedenskronenzins" oder „Kronenzins" genannte Mietzins war dann auch die Basis für das 1922 verabschiedete Mietengesetz. Novellierungen brachten für die Vermieter zeitweise die Möglichkeit, neu geschaffene oder erstmals vermietete Objekte zu einem freien Mietzins auf den Markt zu bringen. Spätestens mit dem Ausbruch des Zweiten Weltkriegs waren diese Ausnahmen wieder obsolet geworden. Nach 1945 wurde wiederum eine Reihe von Ausnahmen von der Mietzinsbindung geschaffen. Im Gefolge der verfassungsrechtlichen Aufhebung dieser Bestimmungen per 30.6.1954 wurde provisorisch ein Zinsstoppgesetz erlassen, das ein Einfrieren des Mietzinses für alle am 30.6.1954 der Preisregelung unterliegenden Räume vorsah. 1968 wurden die Möglichkeiten für freie Mietzinsvereinbarungen wieder gelockert, 1974 eingeschränkt.

Das ohnehin nur für „Mietrechtsarchäologen" (© Dr. Wolfgang Dirnbacher) verständliche Mietrecht sollte Ende der 1970er Jahre dann durch ein neues, modernes Mietrecht vereinheitlicht werden. Zu berücksichtigen war, dass neben den Bestimmungen des Mietengesetzes vor allem die Regelungen des Förderungsrechtes (Wohnbauförderungsgesetz – WFG 1954, WFG 1968) und jene der gemeinnützigen Wohnungswirtschaft (Wohnungsgemeinnützigkeitsgesetz – WGG 1940 dRGBl I 438 samt Durchführungsverordnung, WGG 1979) zu koordinieren waren.

Mit der Schaffung des Mietrechtsgesetzes (MRG) 1982 ist dies nur teilweise gelungen. Die Kategoriemieten des MRG waren von Anfang an (anders als die kostendeckende Miete des WGG) kein adäquates Mittel, um den Markt realistisch abzubilden und zu regulieren. 1994 wurde mit dem 3. Wohnrechtsänderungsgesetz (WÄG) das versteinerte System der Zwangsbewirtschaftung mietrechtlicher Altbauten durch den Richtwertmietzins abgelöst, der sich zu Beginn noch als taugliches Instrument erwies, qualitative Wohnraumversorgung im Mietzins zu berücksichtigen. Die Grenzen dieses Systems sind mittlerweile durch die massiven Qualitätssteigerungen bei Lage, Art und Ausstattung der Objekte und dem Fehlen einer dringend notwendigen periodischen Evaluierung (besonders virulent durch die 2006 erfolgte Abschaffung der Beiräte)[3] erreicht.

Waren weitere Mietrechtsreformen vor allem hinsichtlich der Befristungen (1997, 1999, 2002) und der Frage des Anwendungsbereiches (2002, 2006) durchaus vermieterfreundlich, schlägt das Pendel seit einigen Jahren in der öffentlichen Wahrnehmung wieder in eine andere Richtung. Die erweiterten Erhaltungspflichten (2006) des Vermieters bei Gesundheitsgefährdung ausgehend vom Inneren des Mietgegenstandes und die Kautionsregelung

---

ohne Kündigung abzustehen, wenn das Bestandstück in einem Zustand übergeben oder ohne seine Schuld in einen Zustand geraten ist, der es zu dem bedungenen Gebrauch untauglich macht, oder wenn ein beträchtlicher Teil durch Zufall auf eine längere Zeit entzogen oder unbrauchbar wird. Aus dem Grunde der Gesundheitsschädlichkeit gemieteter Wohnräume steht dieses Recht dem Mieter auch dann zu, wenn er im Vertrage darauf verzichtet oder die Beschaffenheit der Räume beim Vertragsabschluß gekannt hat.

3   Damit wurde die gesetzlich vorgesehene Evaluierung der Richtwerte und die notwendige Adaptierung der Beiratsempfehlungen unmöglich gemacht.

(Wohnrechtsnovelle – WRN 2009) zeigten schon diese Tendenz. Die konsumentenrechtlich begründete Judikatur des Obersten Gerichtshofs in Verbandsklagen („Klauselentscheidungen") zu Fragen der Erhaltungspflichten hat zu einer Situation der Rechtsunsicherheit geführt, die eine Antwort des Gesetzgebers seit Jahren erfordert. Diese unklare und vor allem als ungerecht empfundene Situation wird in Wahlkämpfen gerne herangezogen, um daraus politisches Kleingeld zu schlagen. Wie weit die ideologischen Gräben voneinander entfernt scheinen, ist auch aus dem jüngsten Regierungsprogramm zu ersehen[4]. Der Minimalkonsens dieses Programms lädt quasi zum offenen Dissens ein.

Mietrecht in Stichtagen

1.8.1914	Stichtag für den „Friedenskronenmietzins"
1916	3. Teilnovelle ABGB
1917	kriegswirtschaftliche Notverordnungen
1922	Mietengesetz neu eingeführt
1929	Ausnahmen vom Preisstopp
1939	strikter Preisschutz
1940	erstes Wohnungsgemeinnützigkeitsgesetz
1945	Ausnahmen vom Preisstopp
1948	Wohnhauswiederaufbaugesetz
30.6.1954	Zinsstoppgesetz
1.1.1968	freie Mietzinsvereinbarungen möglich
1.1.1974	Einschränkungen für Substandardwohnungen
1.1.1982	Mietrechtsgesetz neu, Erlassen von „Kategoriemieten"
1991	2. Wohnrechtsänderungsgesetz – WÄG
1994	3. Wohnrechtsänderungsgesetz – WÄG („Richtwertmietzins")
1997	Wohnrechtsnovelle – WRN 1997 (Befristungsregeln)
1999	Wohnrechtsnovelle – WRN 1999
2002	Wohnrechtsnovelle – WRN 2001 (Anwendungsbereich: Einfamilienhaus, Dachgeschoß)
2006	Wohnrechtsnovelle – WRN 2006 (Anwendungsbereich Zubauten, Erhaltungspflichten, § 10)
2007	Klauselentscheidungen: „Ausmalen", „Therme"
2009	Wohnrechtsnovelle – WRN 2009 (Kautionsregelung)

Mietrecht aktuell

Betrachtet man die Situation des Mietrechtes 30 Jahre nach Inkrafttreten des MRG in Österreich, bietet sich ein Blick auf eine heillos zerfurchte Landschaft. Der Versuch, den Regelungsumfang auch nur halbwegs übersichtlich einem juristischen Laien darzulegen, ist nahezu ein Ding der Unmöglichkeit. Gerechtfertigt wird das Gesetzesdickicht häufig

---

[4] Vgl. Erfolgreich. Österreich. Arbeitsprogramm der österreichischen Bundesregierung für die Jahre 2013 bis 2018, Unterkapitel „Leistbares Wohnen", S. 66 f, http://www.bka.gv.at.

mit dem Argument der Notwendigkeit, für faire Marktverhältnisse zu sorgen. Davon sind wir jedoch weit entfernt. Vielmehr hat sich eine Zwei-Klassen-Gesellschaft von Mietern und Vermietern etabliert. Nahezu sämtliche Marktteilnehmer – egal, ob auf Mieter- oder Vermieterseite – fühlen sich durch die Reglementierungen ungerecht behandelt. Einzig die Politik mag ihre Freude daran haben, nach dem Motto: Wenn sich alle Seiten ungerecht behandelt fühlen, dann nennt man das einen guten Kompromiss.

Analysiert man die Segmente des Wohnungsbestands, zeigt sich, dass Österreich ein klassisches Land der Eigenheimbesitzer ist: Rund die Hälfte des Wohnungsbestands wird von privaten Eigentümern selbst bewohnt. Der überwiegende Teil davon bewohnt ein Ein- oder Zweifamilienhaus. Für eine Anmietung eines dieser Objekte gilt das MRG schon einmal nicht.

Rund 24 % des Wohnungsbestandes stellen sozial gebundene Mietwohnungen (Kommunen, gemeinnützige Bauvereinigungen) dar, 16 % des Wohnungsbestands entfallen auf private Mietwohnungen.[5] Von österreichweit rund 1,5 Millionen als Hauptwohnsitz genutzten Hauptmietwohnungen werden mehr als die Hälfte (60 %) durch kommunale und gemeinnützige Vermieter vermietet.

Miete als großstädtisches Phänomen

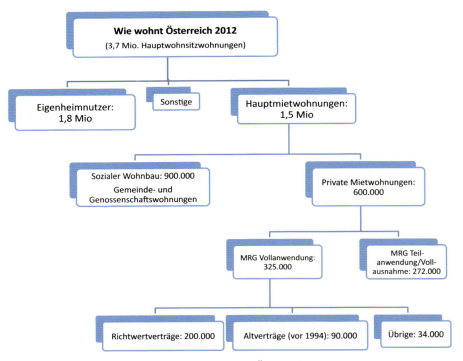

Abb. 1: Verteilung der Wohnformen Eigentum/Miete Österreich.

---

5 Vgl. Lugger, Amann (Hrsg.): Der soziale Wohnbau in Europa. Österreich als Vorbild, Wien, Juni 2006.

Der „klassische" private Mietwohnungsbestand, der noch dem Vollanwendungsbereich des Mietrechtsgesetzes (Altbau) unterliegt, nimmt mit rund 325.000 Wohnungen etwas weniger als ein Viertel des Mietwohnungsbestandes ein, ein Großteil davon befindet sich in Wien.[6] Dadurch, dass die Vollanwendung des Mietrechtsgesetzes primär auf das Gebäudealter abstellt, reduziert sich dessen wohnrechtliche Bedeutung auf Wien und einzelne größere Landeshauptstädte. Für das übrige Österreich hat der dem Vollanwendungsbereich des MRG unterliegende Mietwohnungsbestand hingegen nur marginale Bedeutung.

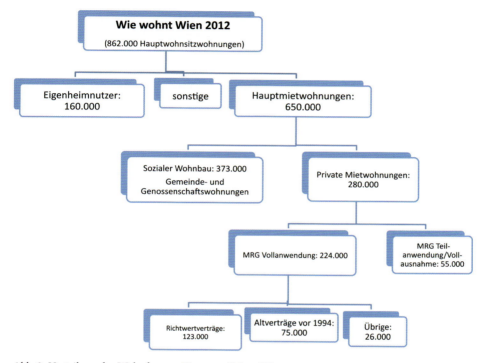

Abb. 2: Verteilung der Wohnformen Eigentum/Miete Wien.

Kurioses Mietrecht

Für den Praktiker erschließt sich das MRG in vielen Belangen längst nicht mehr durch das Studium des Gesetzes selbst, ohne sich gleichzeitig auch mit der umfangreichen Judikatur auseinanderzusetzen – dem Übergangsrecht, den Vorgängergesetzen, Konsumentenschutzbestimmungen sowie allfälligen Förderungsrechtsmaterien. Hat man diese Hürde erfolgreich genommen, setzt unmittelbar vernebelnde Betriebsblindheit ein, die vielen skurrilen Regelungen des MRG überhaupt noch als solche wahrzunehmen. Völliges Unverständnis und lächelndes Kopfschütteln erntet man, wenn man die hiesige Rechtslage ausländischen Mietern oder Vermietern zu erklären versucht:

---

6   Statistik Austria, Mikrozensus 2012, Sonderauswertung ÖVI – Österreichischer Verband der Immobilienwirtschaft.

Wie erklärt man etwa, dass ein Gebäude, das nach 1945 errichtet wurde, ein Neubau ist? Oder der Unternehmensmieter eines Geschäftslokales den gleichen Schutz wie ein Wohnungsmieter genießt? Oder für ein umfassend saniertes Gründerzeitgebäude, das sowohl in wirtschaftlicher als auch technischer Hinsicht einer Neuerrichtung gleichkommt, die gesetzlichen Mietzinsbeschränkungen gelten,[7] oder selbst für heute besonders nachgefragte Lagen deshalb kein Lagezuschlag zulässig ist, weil in der Zeit zwischen 1870 bis 1917 dort überwiegend mangelhafte Wohnungen gebaut wurden?

Allein die Frage, ob oder in welchem Umfang das Mietrechtsgesetz zur Anwendung gelangt, kommt mitunter einer historischen Detektivarbeit gleich: Wenn es zu klären gilt, ob eventuell ein Gebäudeteil nicht doch als Teil einer Kriegsruine „stehen geblieben" ist, oder allenfalls vor 40 Jahren ein Wohnhauswiederaufbaudarlehen nach einem Rückzahlungsbegünstigungsgesetz vorzeitig begünstigt zurückgezahlt wurde. Warum der Vermieter einen Nachlass von 25 % zu gewähren hat, wenn sich Mieter und Vermieter auf eine Befristung des Mietverhältnisses einigen, ist ebenfalls nur schwer verständlich. Oder noch besser: Erklärt sich der Vermieter im Mietvertrag dazu bereit, die Wärmeversorgungsanlage zu erhalten, darf er mehr Miete verlangen. Erklärt er sich dazu nicht bereit, muss er diese auch nicht erhalten (der Mieter auch nicht), allenfalls aber mit einem geminderten Mietzins bei Ausfall der Anlage leben. Nicht minder bezeichnend für den Zustand des Bestandsrechts ist es, dass seit den Klauselentscheidungen nicht einmal mehr elementare Fragen des Mietrechts mit hinreichender Klarheit beantwortet werden können.

Die Kuriositäten ließen sich beliebig fortsetzen. Es verwundert daher nicht, dass immer mehr Rechtsanwender zu dem Ergebnis gelangen, dass das MRG nicht mehr zeitgemäß ist und durch ein modernes Mietrecht abgelöst werden sollte. Die Forderungen kommen von allen Seiten und verständlicherweise aus unterschiedlichen Blickwinkeln: z. B. die Miethöhe transparenter (nachvollziehbar) machen, die Betriebskosten neu regeln, Instandhaltungsfragen klären, Investitionen ankurbeln sowie den Gebäudebestand verbessern.

Kein fairer Ausgleich von Leistung und Gegenleistung

Das MRG in seinem historisch gewachsenen Regelungsbestand ist weit davon entfernt, einen fairen Ausgleich zwischen Leistung und Gegenleistung sicherzustellen. Über Jahrzehnte hat sich darin ein System krass gleichheitswidriger Schutzregelungen entwickelt. Nicht zuletzt sei dabei auf die Ungerechtigkeit verwiesen zwischen jenen, die eine Wohnung suchen, und jenen, die eine Wohnung haben: Nach wie vor sind fast 30 % aller aufrechten privaten Mietverhältnisse, die dem MRG unterliegen, vor dem 1.3.1994 geschlossen worden, mit einer durchschnittlichen Mietbelastung von weniger als € 3,-/m².[8]

---

7 Vgl. dazu Karin Sammer: Mietzinsrechtliche Aspekte der innovativen Sanierung und Modernisierung von Gründerzeitgebäuden, in: immolex 2011/12, S. 332 ff.
8 Statistik Austria, Mikrozensus 2010, Sonderauswertung ÖVI.

Durchschnittlicher Wohnungsaufwand – Bestandsmieten (ohne BK, Garagen- und Heizkosten, einschließlich UST)	Österreich 2012 in €/m²	Wien 2012 in €/m²
Gemeindewohnungen	3,54	3,56
Genossenschaftswohnungen (inkl. Gemeinnützige BV)[1]	4,17	4,54
priv./gewerbl. vermietete Wohnungen (andere Hptmietw.)	5,22	5,27
darunter Altmietverträge im Vollanwendungsbereich (abgeschlossen vor 1994)	2,64	2,56
darunter Richtwertmieten (MV-Abschluss ab 1994)	5,90	6,08
darunter angemessene Mieten (MV-Abschluss ab 1994)	6,96	7,38
freie Mieten (Teilanwendung MRG)	6,31	7,73

Abb. 3: Wohnungsaufwand.

Zudem müssen Jungfamilien und neu am Wohnungsmarkt Suchende auch im geförderten und gemeinnützigen Bereich nicht unerhebliche Beträge aufwenden.[9]

Die Erkenntnis des Mieters, zu gleichen Konditionen keine neue Wohnung anmieten zu können, mag einerseits aus Sicht des Mieterschutzes verlockend und schützenswert erscheinen, führt aber zu erheblichen Nachteilen hinsichtlich Mobilität und Bedarf nach Flächenveränderung, etwa aufgrund geänderter Lebensverhältnisse. So werden auch die günstigen Bestandsflächen von Altmietverhältnissen wie „wohlerworbene Rechte" mit Zähnen und Klauen verteidigt, selbst wenn sie nicht mehr für die Deckung des eigenen Wohnbedürfnisses Verwendung finden. Ein funktionierender Mietensektor sollte jedoch die Mobilität der Haushalte ermöglichen. Am Markt können wir eine wesentlich höhere Mobilitätsbereitschaft derjenigen Mieterinnen und Mieter erkennen, die bereits Verträge zu den Konditionen des Richtwertmietzinses abgeschlossen haben. Sie können sich am Markt zu ähnlichen Konditionen auch alternativ versorgen, weshalb eine größere Bereitschaft zur Veränderung besteht – sei es, um einen berufsbedingten Wohnsitzwechsel leichter in Kauf zu nehmen oder die Wohnsituation geänderten Lebensumständen oder Ausstattungsansprüchen anzupassen.

Das Richtwertsystem und die Lockerung der Befristungsvorschriften haben sicher dazu beigetragen, dass zurückgehaltener Leerbestand wieder dem Markt zur Verfügung gestellt wurde und durch die erweiterten Ertragsmöglichkeiten auch in die Qualität der Wohnungen und der Häuser investiert wurde. Lag der Anteil der Kategorie-C- und D-Wohnungen Anfang der 1970er Jahre noch bei knapp 50 %, verfügen heute nur mehr rund 2 % über kein zeitgemäßes Badezimmer oder kein WC im Wohnungsinneren[10] und sind am Neuvermietungsmarkt weitgehend verschwunden.

---

9 Der Finanzierungsbeitrag (auch Eigenmittel, Baukostenbeitrag, Grundkostenbeitrag) ist jener Betrag, der vom WGG-Mieter oder Nutzungsberechtigten bei Abschluss des Anwartschafts- oder Mietvertrages bzw. bei Bezug als Beitrag zur Finanzierung der Grund- und/oder Baukosten an die gemeinnützige Bauvereinigung zu leisten ist.
Die Höhe des Finanzierungsbeitrages ist von verschiedenen Faktoren, wie z. B. der Größe des Bauvorhabens, und von den Förderungsmöglichkeiten abhängig. Bei Beendigung des Mietverhältnisses ist der Finanzierungsbeitrag grundsätzlich wieder an den WGG-Mieter zurückzuzahlen. Allerdings ist der Finanzierungsbeitrag nach der derzeit geltenden Regelung jährlich um 1 % abzuwerten (= „Verwohnung").

10 Vgl. Statistik Austria, Mikrozensus 2010.

Doch auch im Richtwertgesetz verbergen sich Skurrilitäten – wie etwa die Richtwerte der einzelnen Bundesländer an sich: Die „Geburtssünde" lag sicher darin, politisch motivierte, künstlich niedrig gehaltene Richtwerte festzulegen, obwohl diese ihren Ursprung in Grund- und Baupreisen haben sollten. Warum etwa die Steiermark oder Vorarlberg einen drastisch höheren Richtwert ausweisen als Wien, ist unverständlich und aus einem höheren Preisniveau in der Steiermark keineswegs ablesbar. Weil man die Wahrheit fürchtete, hat man gleich die zunächst gesetzlich festgelegte Neuberechnung nach zehn Jahren abgeschafft und als „Wahlzuckerl" die Indexierung im Wohnbereich auf zwei Jahre gestreckt. Auch der an sich statische Begriff der „mietrechtlichen Normwohnung"[11], auf dem die Bewertung der Zu- und Abschläge bei der Richtwertmietzinsbildung basiert, ist nach nunmehr zwanzig Jahren zu hinterfragen.

Höhere Standards bedingen auch höhere Kosten

Gerne übersehen wird, dass die zunehmenden Anforderungen an die Qualität, an Standards und Sicherheit im Hintergrund stetig Kosten verursachen. Verwiesen sei auch auf die Erfüllung laufend wachsender mietrechtlicher und öffentlich-rechtlicher Verpflichtungen: Erweiterung der Erhaltungspflichten (Wohnrechtsnovelle 2006, Klauselentscheidungen), elektrotechnische Schutzvorschriften (ElektrotechnikVO 2010), Verschärfungen der Bauordnungen (OIB-Richtlinien), womit zunehmend erhöhte Anforderungen an den Brandschutz, an die Barrierefreiheit und thermische Qualität der Gebäude gestellt werden.

Die Zukunft des Mietrechts

Was wäre nun als Nachfolgeregelung eines Mietrechtsgesetzes wünschenswert, das historisch seine Berechtigung hatte, heute aber in vieler Hinsicht nicht mehr adäquat ist? Zunächst sollten einige wesentliche Kernfragen des Wohnrechtes auf breiter Basis unter Teilnahme aller Marktteilnehmer vereinbart werden: Unstrittig wird hier der Schutz vor Wohnungslosigkeit ganz vorne stehen, weiters auch das Bedürfnis, den oftmals „schwächeren" Partner vor willkürlichen Handlungen des „stärkeren" Partners zu schützen.

---

11 § 2, Richtwertgesetz: „Die mietrechtliche Normwohnung ist eine Wohnung mit einer Nutzfläche zwischen 30 Quadratmeter und 130 Quadratmeter in brauchbarem Zustand, die aus Zimmer, Küche (Kochnische), Vorraum, Klosett und einer dem zeitgemäßen Standard entsprechenden Badegelegenheit (Baderaum oder Badenische) besteht, über eine Etagenheizung oder eine gleichwertige stationäre Heizung verfügt und in einem Gebäude mit ordnungsgemäßem Erhaltungszustand auf einer Liegenschaft mit durchschnittlicher Lage (Wohnumgebung) gelegen ist.
(2) Ein Gebäude befindet sich dann in ordnungsgemäßem Erhaltungszustand, wenn der Zustand seiner allgemeinen Teile nicht bloß vorübergehend einen ordentlichen Gebrauch der Wohnung gewährleistet. Ordnungsgemäß ist der Erhaltungszustand des Gebäudes jedenfalls dann nicht, wenn im Zeitpunkt der Vermietung Erhaltungsarbeiten im Sinn des § 3 Abs. 3 Z 2 MRG anstehen.
(3) Die durchschnittliche Lage (Wohnumgebung) ist nach der allgemeinen Verkehrsauffassung und der Erfahrung des täglichen Lebens zu beurteilen, wobei eine Lage (Wohnumgebung) mit einem überwiegenden Gebäudebestand, der in der Zeit von 1870 bis 1917 errichtet wurde und im Zeitpunkt der Errichtung überwiegend kleine, mangelhaft ausgestattete Wohnungen (Wohnungen der Ausstattungskategorie D) aufgewiesen hat, höchstens als durchschnittlich einzustufen ist."

Ein Wohnrecht für alle?

Ein neues Wohnrecht sollte für alle Wohnungsmietverhältnisse in gleichem Umfang gelten und z. B. nicht die Schutzwürdigkeit des Mieters mit dem Errichtungsjahr des Gebäudes verknüpfen. Damit wäre sichergestellt, dass alle Wohnungsmieter vor dem Gesetz als gleich schutzwürdig eingestuft werden. Schon per definitionem schließt ein Wohnrecht die Einbeziehung der Geschäftsraummiete aus.

Preisbildung als zentraler Punkt – Sozialpflichtigkeit versus soziale Treffsicherheit

Als zentrales Element ist jenes der Preisbildung zu lokalisieren. Spätestens an dieser Stelle werden ideologische Zielkonflikte aufbrechen. Eingriffe in die Eigentumsfreiheit sind zwar vom Europäischen Gerichtshof für Menschenrechte in einem gewissen Rahmen den Gesetzgebern zugestanden, sie müssen aber verhältnismäßig sein.[12]

Eine Rechtfertigung der Eingriffe in das Eigentumsrecht ist beispielsweise bei besonders prekären Wohnsituationen und wirtschaftspolitischen Änderungsprozessen gegeben. Jegliche weitere Einschränkung des Richtwertmietzinssystems muss daher auch die Faktoren der österreichischen Wohnraumversorgung berücksichtigen. Besonderes Augenmerk sollte hier zwei quantitativen Aspekten des sozialen Wohnbaus geschenkt werden: Zum einen ist Österreich nach den Niederlanden das europaweit am besten mit sozialen Wohnungen versorgte Land. Zum anderen ist die soziale Treffsicherheit bei der Wohnungsvergabe in diesem Sektor bei weitem nicht gegeben.

Mehr als die Hälfte (57 %) aller Hauptmietwohnungen in Wien stellen entweder Gemeindewohnungen dar (31 %) oder werden von gemeinnützigen Bauvereinigungen (26 %) vermietet. Auch in Wien sind daher rund 60 % der Hauptmietwohnungen dem sozialen Wohnbau (Gemeinde- und Genossenschaftswohnungen) zuzuordnen – ein international unerreichter Anteil. Mit öffentlichen Mitteln wurde damit ein großer Bestand an Wohnraum geschaffen, dessen Zweck es ist, all jenen leistbaren Wohnraum zur Verfügung zu stellen, die darauf angewiesen sind.

Mieter mit geringem Einkommen werden von den Wohnkosten am stärksten belastet. Mit dem extrem hohen Anteil an Sozialwohnungen sollte eine einkommensgerechte Wohnraumversorgung gut lösbar sein. Wie aus den jüngsten Auswertungen der Statistik Austria (EU-SILC, siehe Abb. 5) hervorgeht, profitieren aber gerade Bevölkerungsgruppen mit besonders niedrigem Einkommen nicht in entsprechendem Ausmaß vom sozialen

---

12 Ein jüngeres Judikat des Europäischen Gerichtshofs für Menschenrechte (Hutten-Czapska gg. Polen, Urteil vom 22.2.2005, Bsw. Nr. 35.014/97, Kammer IV) zeigt die grundlegenden Richtlinien auf: „Wie der EGMR ua im Fall Mellacher u.a./A v. 19.12.1989, A/169 ÖJZ 1990, 150. festgestellt hat, ist den Staaten im Bereich der Wohnungspolitik ein weiter Ermessensspielraum eingeräumt, was auch für die von ihnen vorgegebenen Richtwerte für die Bemessung und Herabsenkung des Mietzinses gilt. Wie bereits erwähnt, rechtfertigten die prekäre Wohnsituation und die Notwendigkeit der Transformation des in der kommunistischen Ära mit aller Härte vollzogenen Systems der Verteilung von Wohnressourcen die Einführung von gesetzgeberischen Notmaßnahmen im Zuge der auch in Polen einsetzenden demokratischen Reform. Der GH kommt somit zu dem Ergebnis, dass der Bf. angesichts der nachhaltigen Auswirkungen, welche die staatlichen Mietenregulierung auf ihr Eigentumsrecht hatte, eine unverhältnismäßige und übermäßige Last auferlegt wurde, die mit dem Allgemeininteresse nicht mehr gerechtfertigt werden kann. Verletzung von Art. 1 1. ZP EMRK."

Wohnbau. Es ist also einigermaßen sonderbar, dass sich die Debatte um leistbaren Wohnraum so stark auf die in privatem Eigentum stehenden Zinshäuser fokussiert. Man könnte den Eindruck bekommen, dass von einem veritablen Verteilungsproblem innerhalb des sozialen Wohnbaus abgelenkt werden soll. Solange die soziale Treffsicherheit im gemeinnützigen und kommunalen Sektor nicht verbessert wird, gibt es keinen Grund, privaten Vermietern marktferne Beschränkungen aufzuerlegen.

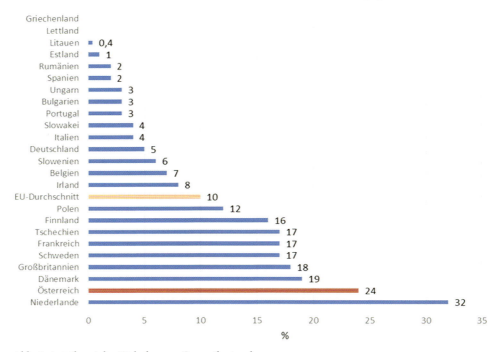

Abb. 4: Anteil sozialer Wohnbau an Gesamtbestand.

Als Miethöhen sollten marktübliche Preise, die einer Angemessenheitsüberprüfung unterliegen, vereinbart werden dürfen. Der Schutz des Mieters wird dadurch sichergestellt, dass die Überprüfbarkeit der zwischen ihm und dem Vermieter vereinbarten Miete möglich sein muss. Zur besseren Transparenz und damit zur Information für Mieter wie Vermieter könnten qualifizierte Mietpreisspiegel dienen, die nach deutschem Vorbild im öffentlichen Auftrag regelmäßig empirisch ermittelt werden könnten.

Einkommensgruppen (in % des Median)	Haus-eigentum	%	Wohnungs-eigentum	%	Gemeinde-wohnung	%	Genossenschafts-wohnung	%	sonstige Haupt-/ Untermiete	%	Mietfreie Wohnung/ Haus	%	Gesamt	%
niedrig (<60% des Medianeinkommens*)	290.000	24	77.000	6	188.000	16	137.000	11	387.000	32	122.000	10	1.201.000	100
mittel (60% bis 180% des Medianeinkommens)	3.182.000	51	596.000	9	387.000	6	869.000	14	935.000	15	332.000	5	6.301.000	100
hoch (> 180% des Medianeinkommens)	530.000	63	126.000	15	30.000	4	44.000	5	99.000	12	12.000	1	842.000	100

Abb. 5: Rechtsverhältnis an der Wohnung nach soziodemographischen Merkmalen[13].

Bewegliches Preissystem in einem Dauerschuldverhältnis

Noch weitergehender wäre die Idee, Leistung und Gegenleistung nicht auf den Zeitpunkt des Vertragsabschlusses festzuschreiben, sondern in periodischen Abständen zu evaluieren und gegebenenfalls anzupassen. Werden Investitionen (wie etwa Verbesserungen durch aufwendige thermische Sanierungen oder Ähnliches) vorgenommen, sollte dies preisbildend sein und Basis für eine neue Vereinbarung zwischen Mieter und Vermieter. Andererseits wäre es ganz evident, dass ein Vermieter, der nicht in die Erhaltung des Gebäudes investiert, in 10 oder 15 Jahren mit einem deutlichen Abschlag zu rechnen hat. Im Bereich der Gewerbeimmobilie, wo einander Profis gegenüberstehen und nicht die Emotion des Wohnens das Verhältnis Mieter–Vermieter belastet, ist diese Vorgehensweise durchaus marktgängig.

Neudefinition des Betriebskostenkatalogs

Hauptmietzins und Betriebskosten sind kommunizierende Gefäße. Der Begriff der Betriebskosten sollte reduziert werden auf primär verbrauchsabhängige Kosten, die die Mieter durch ihr Verhalten auslösen – wie etwa Wasser, Müll und Hausreinigung, Strom für allgemeine Teile und Betriebskosten für Gemeinschaftseinrichtungen –, sowie auf eine Verwaltungspauschale, die jene Leistungen abdeckt, die ausschließlich im Interesse der Mieter erbracht werden.

Umfassende Erhaltungspflicht

Die seit Jahren offenbar unlösbare Frage der Erhaltungspflicht des Vermieters im Innenbereich könnte ebenfalls einfach geregelt werden, wenn faire Preisüberprüfungsmechanismen sicherstellen, dass auch Vermieten leistbar bleibt. Dann – und nur dann – wäre zu überlegen, dass ein Vermieter jedenfalls für die Erhaltung der Wohnung und der mitvermieteten Ausstattung zu sorgen hat, zumindest uneingeschränkt im Bereich von unbefristeten

---

13 Quelle: Statistik Austria, EU SILC 2012, Tab.3.1a, Gesamt n = 8.344.000.
   Das äquivalisierte Nettohaushaltseinkommen (Medianeinkommen = 50 % beziehen mehr, 50 % beziehen weniger) liegt gemäß EU-SILC 2012 für einen Einpersonenhaushalt bei 21.807 €/Jahr und 1.817 €/Monat. Für Mehrpersonenhaushalte werden Gewichtungen nach EU-Skala vorgenommen: Für einen Mehrpersonenhaushalt ohne Kinder liegt das Medianeinkommen bei 27.055 €, für einen Mehrpersonenhaushalt mit 2 Kindern bei 20.263 €. Die Armutsgefährdungsschwelle liegt nach EU-SILC-Definition bei 60 % des Medianeinkommens = rund 13.084 €/im Jahr. Quelle: Statistik Austria, EU-SILC 2012, Tab. 1.2a.

Bestandverträgen. Bei unbefristeten Verträgen wäre weiters anzudenken, ob man es nicht den Vertragsparteien überlassen möchte, bestimmte Erhaltungsarbeiten unter Anrechnung auf die Mietzinsbildung bei Abschluss des Mietvertrages zu regeln. Auch die Frage des Konsumentenschutzes ließe sich in einem neuen Wohnungsmietrecht einfach lösen, indem die Bestimmungen des Konsumentenschutzgesetzes, welche für den Wohnungsmieter gelten sollen, expressis verbis in das Wohnungsmietrecht aufgenommen werden und deren Anwendbarkeit damit unabhängig von der Frage der Unternehmereigenschaften des Vermieters gesichert ist.

Schrittweise Anpassung von Altmietverträgen

Konsequenterweise wird man auch Wege finden müssen, den Bestand der Altmietverträge an das Marktniveau heranzuführen. Dies etwa im Falle einer oftmals notwendigen umfassenden (allenfalls auch thermischen) Sanierung des Gebäudes oder sonstiger Modernisierungsmaßnahmen. Die Eintrittsrechte seitens der Mieter sollten dahingehend abgeändert werden, dass anstatt des automatischen Eintritts ein Vormietrecht für privilegierte Eintrittsberechtigte bestehen soll, wobei der Vermieter die Möglichkeit hätte, die Wohnung in Qualität und Bestand an heutige Bedürfnisse anzupassen.

Herausforderungen und Fazit

Die Anforderungen an den heutigen Immobilienbestand sind sehr groß. Die thermische Qualität vieler älterer Bestandsimmobilien lässt zu wünschen übrig. Der Gebäudebestand ist ein wesentlicher Faktor für CO_2-Emmissionen. Da Investitionen in die thermische Qualität derzeit ausschließlich den Mietern zugute kommen, fehlen sämtliche Anreize für Liegenschaftseigentümer, die dafür notwendigen hohen Investitionskosten zu tätigen. Es ist zu bezweifeln, dass die Vorlage von Energieausweisen Wesentliches daran ändern wird. Warum nicht die Möglichkeit schaffen, Mieter an diesen Investitionen, die ihnen zugute kommen, mitzahlen zu lassen?

Auch die Anforderung an die Qualität des Nutzens von Wohngebäuden steigt. In einer sich immer weiter nach oben bewegenden Alterspyramide ist es wichtig, dass Wohnimmobilien möglichst lang von immer älter werdenden Menschen bewohnt werden können. Das Thema Barrierefreiheit ist daher nicht nur eines der öffentlichen Gebäude und gewerblich genutzten Immobilien, sondern immer mehr auch von Wohnimmobilien-Vermietern. Zuletzt sind es die Wohnungssuchenden selbst, die sich die Wohnung durchaus etwas kosten lassen wollen und dafür aber auch eine hohe Ausführungsqualität, gute Nutzbarkeit und ein entsprechendes Service des Vermieters erwarten. Welcher Mieter will heute noch eine abgewohnte Wohnung anmieten, um diese dann in Eigenregie sanieren zu müssen?

Dass heute für viele ein ganz anderer Lebens- und Wohnstandard Selbstverständlichkeit geworden ist, darf nicht darüber hinwegtäuschen, dass dafür auch ein angemessenes Entgelt zu zahlen ist. Fragen der Verteilungsgerechtigkeit können nur über ein ausreichendes Wohnungsangebot, nicht jedoch über Mietzinsregulierungssysteme, denen es an jeglicher sozialer Treffsicherheit fehlt, hergestellt werden. Österreich hat Besseres als unser heutiges Mietrechtsgesetz verdient.

Michaela Schinnagl und Martin Schmid

Österreichisches Mietrecht im Wandel der Zeit – Geschichte und Perspektiven

1. Einleitung

In letzter Zeit ist die Wohnungssituation der Österreicher wieder vermehrt in den Fokus der politischen Diskussion gerückt. Stetig steigende Mieten, vor allem in den Ballungszentren, zu geringe Wohnbauförderungsmittel und damit einhergehend permanente Knappheit an angebotenen Mietwohnungen stellen immer mehr Menschen vor wirkliche Herausforderungen und führen den Reformbedarf im Mietrecht vor Augen.

Der folgende Beitrag stellt die Entwicklung der mietrechtlichen Regelungen bis heute dar, geht auf aktuelle Probleme ein und diskutiert die Prämissen des Wohnungsmarktes. Dies auch vor allem zur Illustration, warum weiterhin ein effektiver Schutz der Mieter in Österreich notwendig ist und auf welchen Säulen dieser ruhen muss.

2. Mietrecht von der Monarchie bis zum heutigen Reformbedarf

Die Entwicklung der mietrechtlichen Spezialnormen bis zum heutigen Tag nahm ihren Anfang in den kaiserlichen Mieterschutzvorschriften während des Ersten Weltkrieges. Die Kündigungs- und Mietzinsbeschränkungen sollten vor allem dem Schutz der Familien von Soldaten dienen. Die Regelungslogik wurde – in wesentlich genauerem Umfang – für das Mietengesetz 1922 beibehalten und zugunsten des Mieterschutzes ausgeweitet. Die Beibehaltung der eigentlich für Kriegszeiten gedachten Mieterschutzvorschriften auch in Friedenszeiten sollte die grassierende Wohnungsnot insbesondere in den Großstädten lindern. Noch heute bestehende Rechte, wie etwa die Eintrittsrechte im Todesfall, wurden erstmals positiviert. Auch die nach wie vor geltende Regelungsdogmatik, dass nur Häuser, die bis zu einem gewissen Stichtag errichtet wurden, unter den Schutzbereich fallen, hielt bereits in das Mietengesetz 1922 Einzug.

Bis zum Ende der Ersten Republik im Jahr 1933 war die Entwicklung durch eher vermieterfreundliche Novellen gekennzeichnet.

Die Mietrechtsgesetzgebung zu Beginn der Zweiten Republik war hauptsächlich durch die Erfordernisse des Wiederaufbaus getrieben, außerdem wurde die heute noch bekannte Regelungstechnik des Voll- und Teilanwendungsbereichs geschaffen. Während im Vollanwendungsbereich auch der Mietzins geregelt wird, gelten im Teilanwendungsbereich – welcher hauptsächlich für „Neubauten" zur Geltung gelangt – nur gewisse Kernbereiche des Mieterschutzes, wie etwa der Kündigungsschutz.

Das Mietrechtsänderungsgesetz 1967 führte zu einer weitgehenden Liberalisierung für neu abgeschlossene Mietverhältnisse, insbesondere hinsichtlich des Mietzinses, aber auch des Kündigungsschutzes für neu errichtete Gebäude.

Das bis heute geltende MRG 1982 führte den Kategoriemietzins und Beschränkungen für unter dem MRÄG 1967 frei abgeschlossene Mieten ein und legte den Teilanwendungsbereich des nunmehr geltenden MRG mit dem Errichtungsjahr 1945 bzw. 1953 fest. Eine wesentliche Änderung erfuhr das MRG durch das 3. Wohnrechtsänderungsgesetz 1994, welches den Kategoriemietzins für Neumieten bei Wohnungen der Kategorie A, B oder C abschaffte und stattdessen das – auch für heutige Vertragsabschlüsse maßgebliche – Richtwertmietzinssystem einführte.

Eine für viele Objekte nach wie vor sehr wichtige Regel stammt aus den Rückzahlungsbegünstigungsgesetzen 1971 bzw. 1987, nämlich dass der Vermieter einen freien bzw. angemessenen Mietzins vereinbaren kann, wenn er einen öffentlichen Kredit vorzeitig zurückgezahlt hat.

In jüngerer Zeit kam es vor allem zur Ausweitung der Befristungsmöglichkeiten (1997), zur Liberalisierung für gewisse Objekte (Ein- und Zweiobjekthäuser, Dachgeschoßaus- und Zubauten, WRN – Wohnrechtsnovelle 2001 bzw. WRN 2006) und zur Kodifizierung von höchstgerichtlichen Entscheidungen, etwa dass der Vermieter auch bei einer erheblichen Gesundheitsgefährdung zur Erhaltung verpflichtet ist (WRN 2006). Die höchstumstrittene Thematik rund um die schadhafte Heiztherme erfuhr nur insoweit eine Regelung, als der Vermieter seit 2006 zum aliquoten Ersatz der Erneuerungskosten einer schadhaften Therme durch den Mieter bei Mietvertragsende verpflichtet ist.

Zuletzt wurde 2009 eine Rechtsschutzverbesserung für den Mieter hinsichtlich der Rückforderung der Kaution beschlossen, welche nunmehr im Außerstreitverfahren möglich ist – dies jedoch nur für Mietobjekte im Voll- oder Teilanwendungsbereich des MRG.

Insgesamt kann festgehalten werden, dass die Gesetze rund ums Wohnen mit jeder Novelle – trotz der oft „guten" Absicht des Gesetzgebers – eine Verkomplizierung erfahren haben. Vermieter als auch Mieter haben sich heute deshalb mit einer Vielzahl an verschiedenen Ebenen zu beschäftigen, die eine klare Beantwortung mietrechtlicher Fragen meist erschwert. Vor allem ergeben sich durch die Unterscheidung in Alt- und Neubau in § 1 MRG und die daran geknüpfte Anwendbarkeit zentraler Schutzbestimmungen stark divergierende Rechtsstellungen, die als nicht sachgerecht angesehen werden. So fällt etwa eine Wohnung in einem Haus, dass vor dem 8.5.1945 errichtet wurde, in das strenge Richtwertsystem, während für die Häuser, die nach diesem Stichtag errichtet wurden, dies nicht gilt. Aus heutiger Perspektive – 60 Jahre nach diesem Stichtag – ergibt sich daraus eine unsachliche Differenzierung und Ungleichbehandlung, die zu einer „Dreiklassengesellschaft der Mieter" – d. h. MRG, Teilanwendungsbereich MRG bzw. ABGB-Mietrecht – führt.

Über die Notwendigkeit zur Reform herrscht bei den meisten Stakeholdern Konsens, über die daraus abzuleitenden gesetzgeberischen Notwendigkeiten jedoch nicht.

3. Besonderheiten des Wohnungsmarktes

Vereinfacht dargestellt treffen zwei Sichtweisen aufeinander, wenn über die möglichen Reformschritte diskutiert wird: Die hauptsächlich von Vermieterseite vertretene Argumentation hat den freien Markt als Vorbild und lässt sich wie folgt – freilich verkürzt – darstellen: Die Aufhebung vor allem des Kündigungsschutzes sowie der Mietzinsregulierung und die Anpassung von Altmietverträgen auf das aktuelle Mietzinsniveau des freien Markts würde nach Auffassung der Vermietervertreter zu einer Attraktivierung des Investitionsgutes Wohnbau und damit in der Folge zu reger Verdichtungs-, Sanierungs- und Neubautätigkeit führen und letztendlich deren Auffassung nach ein Marktgleichgewicht zwischen Nachfrager (Mieter) und Anbietern (Vermieter) herstellen.

Es ist zwar verführerisch, dieser Logik zu folgen, da sie recht simpel ist. Doch schon die Grundlagen der Marktwirtschaft lehren uns, dass auf bestimmten Märkten die Sache anders gelagert sein kann, und die völlige Deregulierung nicht zum Besten für die Gesamtwirtschaft führt. Gerade die Wohnung ist nicht nur ein Grundrecht, sondern auch ein fundamentales Bedürfnis eines jeden Menschen, weshalb eine genaue Betrachtung des Wohnungsmarktes notwendig ist.

3.1 Besonderheiten des Guts „Wohnen"

Unserer marktwirtschaftlichen Ordnung liegt aus volkswirtschaftlicher Perspektive das Konzept des perfekten Marktes zu Grunde. Dieser Grundannahme werden jedoch Voraussetzungen unterstellt, die am Mietmarkt nicht zutreffen. Der Wohnungsmarkt kann nie dem Idealbild eines perfekt funktionierenden Markts entsprechen und gerade in der Gegenwart gibt es im Bereich des Mietwohnungsmarkts keinen ausgeglichenen, perfekt funktionierenden Markt mit einem stabilen Marktgleichgewicht. Vielmehr zeigt die aktuelle Situation, dass auf dem Wohnungsmarkt eine starke Unvollkommenheit besteht. Wohnungsknappheit und hohe Mietpreise sind nicht nur ein Wiener Problem; vielmehr ist leistbarer Wohnraum in ganz Österreich Mangelware.[1]

Für diese Marktfehler sind folgende Komponenten verantwortlich:

a) Heterogenes Gut Wohnen
In allererster Linie darf bzw. sollte niemals vergessen werden, dass Wohnen kein Gut ist, welches mit anderen Gütern verglichen werden kann.[2] In der Bedürfnispyramide stellt Wohnen ein vorrangiges, wenn nicht sogar existenzielles Bedürfnis dar. Wohnen war und ist ein menschliches Grundbedürfnis. Dauerhafter Konsumverzicht auf das Gut Wohnen ist nicht möglich, da die Wohnung zu den Lebensbedürfnissen eines Menschen zählt. Deswegen können – anders als bei Konsumgütern etwa – wohnungssuchende Menschen auf steigende Mietpreise nicht mit Nachfrageverzicht reagieren und durch das Zusammenspiel von Nachfrage und Preis ein Marktgleichgewicht herstellen.

b) Informationsasymmetrie (Marktintransparenz) am Mietmarkt
Darüber hinaus gibt es eine starke Informationsasymmetrie am Mietmarkt. Generell muss davon ausgegangen werden, dass der Vermieter über einen höheren Informationsstand über das Produkt Wohnung verfügt als der Mieter. In Folge bilden sich höhere Mietpreise, als sich bei vollkommener Information des Nachfragers (Mieters) eingestellt hätten.

---

1   Stefanie Ruep: Ein weites Stück zum Wohnraumglück, auf: http://derstandard.at/1381368468618/Ein-weites-Stueck-zum-Wohnraumglueck (abgefragt am 18.10.2013).
2   Josef Ostermayer: Anforderungen an das Mietrecht aus Sicht der Mieter, in: Johannes Stabentheiner (Hrsg.): Mietrecht in Europa, Wien: Manz 1996, S. 60; Johannes Stabentheiner: Wohnrecht und ABGB – Integration oder optimierte Verschränkung?, in: wobl 2009, 29 (33).

c) Machtasymmetrie am Mietmarkt
Weiters besteht aber auch eine Machtasymmetrie, da ein Mieter ein ungleich höheres Interesse als der Vermieter an einer durchgehenden Vertragspartnerschaft über eine Wohnung oder eine Geschäftsräumlichkeit hat. Während der Vermieter „höchstens" entgangene Mietzinszahlungen bei leer stehenden Objekten zu fürchten hat, droht dem Mieter bei nicht zeitgerechtem Abschluss die Obdachlosigkeit mit den verbundenen wirtschaftlichen und sozialen Folgen. Umso näher also etwa das Ende eines befristeten Bestandvertrages rückt, umso höher wird die Bereitschaft des Mieters sein, einen Mietvertrag zu einem Preis abzuschließen, den er bei gleicher Verhandlungsmacht nicht abgeschlossen hätte. Gerade die aktuelle Situation zeigt, dass es immer mehr Nachfrager geben wird als Anbieter von Bestandobjekten zur Verfügung stehen. Dies gilt generell im sehr lebenswerten Österreich, in den Ballungszentren aber ganz besonders.

d) Asymmetrie bei der Verhandlungsposition
Schon die Erläuternden Bemerkungen zur RV-MRG haben darauf hingewiesen, dass die Ungleichgewichtslage darin besteht, dass dem Mieter bei Abschluss des Mietvertrages die auf den Mietgegenstand bezogene betriebswirtschaftliche Erfahrung (Information) des Vermieters fehlt. Diese Ungleichgewichtslage sei abzubauen, d. h. auszugleichen etwa durch ein nachträgliches Mietzinsüberprüfungsrecht. Über das Konsumentenschutzgesetz hinausgehend sei diese Maßnahme geboten.[3]

e) Natürliche Marktfehler
Boden ist ein natürlich beschränktes Gut, die Verdichtung ist aus stadtplanerischen, denkmalschützerischen und technischen Gründen nur bis zu einem gewissen Grad möglich. Auch die Produktionsdauer von Neubauten muss beachtet werden. Diese ist langwierig und beansprucht im Durchschnitt drei, wenn nicht sogar fünf oder mehr Jahre. Bei steigender Bevölkerungszahl kommt es somit ganz natürlich zu fortdauernder Angebotsknappheit zum Nachteil der Mieter.

Zusammenfassend kann festgehalten werden, dass der Wohnungsmarkt von natürlichen Marktfehlern sowie Macht- und Informationsasymmetrien geprägt ist, und die radikale Dogmatik des freien Marktes – anders als bei manchen anderen Konsumgütern – nicht anwendbar ist.

3.2 Schlussfolgerungen für etwaige Reformschritte

Aus den dargestellten Gründen lässt sich folgern, dass eine Freigabe des Wohnungsmarktes zu ungerechten und nicht zu rechtfertigenden Verschiebungen zu Lasten der mietenden Menschen führen würde, unter Umständen aber sogar zu sozialen Verwerfungen, die wir bereits überwunden haben. Schaut man etwa zurück in das Vorkriegs-Wien, also vor jeglicher Regulierung des Mietmarktes, haben hart arbeitende Menschen in gesundheitsschädlichen, menschenunwürdigen Behausungen gewohnt. Die Grundeigentümer konnten ihren Profit durch Androhung des Rauswurfes jederzeit maximieren. Dies mag aus heutiger

---

3 Vgl. Gottfried Call und Joachim Tschütscher: Mietrechtsgesetz – 100 Fälle mit Lösungsvorschlägen, Wien 1986, S. 139 f.

Sicht zwar wie eine sehr ferne Vergangenheit erscheinen, aber die Abschaffung mietrechtlicher Schutznormen würde wohl – zumindest schleichend – zu ähnlichen Verhältnissen führen, die wir bereits überwunden geglaubt haben.

Neben den oben dargestellten volkswirtschaftlichen Gründen, die bisher nicht substantiell von Vermieterseite bestritten werden konnten, ist auch eine aufklärerische Argumentation zugunsten eines intelligent regulierten Wohnungsmarktes ins Treffen zu führen. Die soziale Gestaltung des Wohnungsmarktes ist aus dem Bild eines humanistischen Menschenbildes, welches die Würde des Menschen unangetastet lässt, geboten. Eine völlige Freigabe des Wohnungsmarktes in Wien etwa würde zu rasant ansteigenden Mieten führen.

Folglich ist eine intelligente Weiterentwicklung des Mietrechts notwendig. Die dargestellten Marktfehler stellen geradezu die Legitimation für wirtschaftspolitische oder zivilrechtliche Eingriffe zur Verbesserung dar. Es wäre unseres Erachtens fatal zu glauben, dass das Freigeben des Marktes und die Liberalisierung (freie Mieten, kein oder weniger Kündigungsschutz) automatisch zu mehr Neubauleistung und auch zu mehr verfügbarem Wohnraum im Altbestand führen würde.[4] Fenyves hat schon vor dreizehn Jahren zu Recht darauf verwiesen, „ dass allzu viel Deregulierung auch gefährlich sein kann."[5]

Die Annahme, dass sich der Mietmarkt am besten ohne jedes Regulativ entwickelt, ist durch nichts belegbar, es darf auf die Ausführungen zum *eben nicht* perfekten Mietmarkt verwiesen werden. Die Folge der Aufhebung jeglichen Preisschutzes führt nicht, wie oftmals illusioniert wird, zu einer Ausgewogenheit des Marktes, sondern vielmehr zu einem dramatischen Ansteigen des Mietpreisniveaus.[6] Dies kann rechtspolitisch nicht gewünscht sein. Hierzu wird nur auf ein Interview mit Jörg Wippel, Eigentümer des privaten Bauträgers WVG und Herausgeber der vorliegenden Publikation, verwiesen, der zur Kaufpreisbildung von Immobilien Folgendes festhält: „Dort wo es geförderten Wohnbau gibt, sind die Preise transparent. Je weniger Förderung, je weniger Regulative es gibt, umso mehr wird versucht herauszuholen. Dann wird der Wohnungsmarkt zum Goldgräbermarkt."[7]

Darüber hinaus besteht tendenziell die Gefahr, dass ein liberaler Markt missbraucht wird. Die sozialpolitische Zielsetzung des Gesetzgebers muss es auch weiterhin sein, Mietern das betreffende Gut „Wohnung" oder „Geschäftsräumlichkeit" zu einem fairen Preis zur Verfügung zu stellen, weil insbesondere eine Wohnung zur Deckung lebensnotwendiger Bedürfnisse erforderlich ist.

---

4 Vgl. Michael Stampfer: Die Anfänge des Mieterschutzes in Österreich, Wien: Manz 1995, S. 225: „Ein Schutzbereich für Bestandnehmer ist nach wie vor aktuell, weder völlig freie Preisbildung noch willkürliche Vermieterkündigung wäre wünschenswert. Historische (...) und aktuelle (...) Beispiele zeigen recht klar, dass breite Mieterschichten die eindeutigen Verlierer einer Deregulierung wären; die in Neubauleistungen gesetzten Kompensationserwartungen sind offenbar stets zu hoch gegriffen (...).″; Helmut Böhm: Das Mietrecht in Österreich, in: Stabentheiner: Mietrecht in Europa, 125 (131).
Zum Problem der Unterproduktion von neuem Wohnraum siehe auch Martin Putschögl: Starke Zweifel am Konjunkturpaket Wohnen, in: Der Standard 9, September 2013, http://derstandard.at/1378248516542/Starke-Zweifel-am-Konjunkturpaket-Wohnen (abgefragt 18.10.2013).

5 Attila Fenyves: Sachlicher und persönlicher Anwendungsbereich des Mietrechtsgesetzes, in: Martin Schauer und Johannes Stabentheiner: Erneuerung des Wohnrechts, 35 (38).

6 Vgl. etwa Helmut Böhm: Das Mietrecht in Österreich, in: Stabentheiner: Mietrecht in Europa, 125 (131).

7 Wie viel für Wohnung wirklich bezahlt wird, auf: http://www.vvvsa.at/presse/SKMBT_C22012111309381.pdf (abgefragt 18.10.2013).

4. Regulierungsansätze im Wohnungsmarkt

Es handelt sich unzweifelhaft um eine gesellschaftlich schwierige Herausforderung, die Versorgung mit qualitativ gutem Wohnraum zu leistbaren Preisen zu gewährleisten und dem Vermieter eine angemessene Verwertung seines Eigentums zu ermöglichen und gleichzeitig aber auch für die soziale Sicherheit der Mieter Sorge zu tragen. Doch zeigen all die dargelegten Kriterien, die ein Gleichgewicht am Wohnungsmarkt bzw. ein faires Gegenüberstehen von Mieter und Vermieter objektiv gesehen unmöglich machen, unseres Erachtens auf, dass es im Bereich der Versorgung mit existentiell notwendigen Gütern entsprechende ausgleichende Gesetze geben muss, um eine Versorgungsmöglichkeit für alle Betroffenen zu gewährleisten und die Festigkeit dieser Mietverhältnisse zu gewährleisten.

Sowohl die politisch Verantwortlichen als auch der Gesetzgeber tragen aus diesem Grunde eine hohe Verantwortung, um für die Wohnversorgung und den sozialen Frieden Sorge zu tragen. Der Staat ist verpflichtet, einen adäquaten Ausgleich zu schaffen, nicht nur im Interesse der Schutzbedürftigen, sondern im Gesamtinteresse der Gesellschaft an sozialem Frieden. Dies bedeutet, im Fall des Wohnens eben einen Mieterschutz (Preis- und Bestandschutz) sicherzustellen.[8] Der Schutz des Mieters, der insbesondere auf zwei Säulen, d. h. auf der Bestandsfestigkeit des Mietvertrages und einer Regulierung des Mietzinses beruht,[9] wurde bis dato von Wissenschaft, Praxis und Politik als ein Postulat ausgleichender Gerechtigkeit angesehen.[10]

Die Notwendigkeit und Sinnhaftigkeit von Einschränkungen in der Vertragsfreiheit bei Mietobjekten stand bis dato eigentlich außer Streit.[11] Die Notwendigkeit von Kündigungsbeschränkungen ist allgemein anerkannt. Forderungen von Interessenvertretern auf Vermieterseite nach einer Aufweichung des Kündigungsschutzes betreffen die Lebensstabilität und die Sicherheit in unserer Gesellschaft unmittelbar und direkt. Gerade solche für die gesamte Lebensgestaltung elementare Rechtsverhältnisse wie Mietverhältnisse sollen nicht aus jedem beliebigen, sondern nur aus einem wichtigen Grund aufgelöst werden können. Im höchst sensiblen Bereich des Mietrechts ist es auch gerechtfertigt, die wichtigen Gründe taxativ festzulegen. Beide Elemente – Preisschutz und Bestandfestigkeit – sind untrennbar miteinander verbunden.

Geht man von den Daten der Statistik Austria aus, gibt es ca. 1,4 Millionen Mietwohnungen. Davon unterliegen 597.700 dem Wohnungsgemeinnützigkeitsgesetz, bei 279.900 handelt es sich um Gemeindewohnungen, daneben gibt es noch 597.100 Wohnungen im privaten Eigentum. Von diesen unterliegen anscheinend rund 300.000 dem MRG (angeblich davon 220.000 in Wien), der Rest von 297.100 Wohnungen, also ca. 20% aller Mietwohnungen, würde somit dem ABGB unterliegen.[12] Für 1.177.600 Wohnungen (Gemeindewohnungen, MRG-Wohnungen sowie WGG-Objekte) sind die Regelungen des MRG

---

8   Johannes Stabentheiner: Ein neues Bezugsfeld der mietrechtlichen Betrachtung, in: Stabentheiner: Mietrecht in Europa, 21 (23).
9   Martin Schauer: Sachlicher und persönlicher Anwendungsbereich des Mietrechtsgesetzes, in: Schauer/Stabentheiner: Erneuerung des Wohnrechts, 17 (21).
10 So etwa Helmut Böhm: Miete und Zeit (gleiches Mietrecht für alle?), in: wobl 1997, 21 (FN *).
11 Helmut Böhm: Miete und Zeit (gleiches Mietrecht für alle?), wobl 1997, 21 (21); Michael Stampfer: Die Anfänge des Mieterschutzes in Österreich (1995), 225.
12 Land der Mieter und Hauseigentümer, auf: http://derstandard.at/1363707310291/Oesterreich-Land-der-Mieter-und-Hauseigentuemer (abgefragt 18.10.2013).

von Bedeutung. Wir müssen daher auch immer im Auge haben, dass jegliche Änderung im Mietrecht sozialpolitisch und wirtschaftspolitisch relevante Auswirkungen auf *1.177.600 Haushalte bzw. Familien (also rund 3 Mio. Menschen)* hat.

Die Finanzveranlagung in Zinshäuser oder Eigentumswohnungen nicht nur zum Eigenbedarf, sondern auch als „Vorsorgeobjekte", bleibt trotz des Bestehens von MRG-Mietverträgen attraktiv. Dies erkennt man auch daran, dass die Kaufpreise in den letzten Jahren dramatisch angestiegen sind.[13] Würden sich die Anleger durch die „Geisel" des Mietrechts bedroht fühlen, wären die Kaufpreise für Wohnungen – und nicht nur im Teilanwendungsbereich des MRG, sondern auch im Vollanwendungsbereich des MRG – nicht so gestiegen.

Für eine an sich mehr als wichtige Reform ist es notwendig, dass über die Säulen des Mietrechts und dessen Ziele ein politischer Kompromiss gefunden wird. Diese Hürde muss überwunden werden, um lösungsorientiert eine Reform für „leistbares Wohnen" zu schaffen. Wie in allen anderen Politbereichen muss zuerst eine Vorstellung über die Ziele in der Zukunft hergestellt werden. Dazu gehört unseres Erachtens die Versorgung aller Menschen mit adäquatem Wohnraum zu Preisen, welche auch von einem unteren Durchschnittsgehalt bezahlt werden könnten. Ist erst einmal ein Konsens über die Ziele gefunden, muss ein möglichst intelligenter Weg zur Zielerreichung beschritten werden. Dieses Ziel ist jedoch nicht über die Freigabe des Wohnungsmarktes zu erreichen. Die volkswirtschaftlichen Grundlagen des Wohnungsmarktes sind kein perfekter Markt, sondern ein Markt, der das Gleichgewicht zugunsten des Anbieters verschiebt. Ein „Mietrecht neu" muss deshalb weiterhin auf den zwei Säulen Bestandschutz und Mietzinsregulierung gebaut werden.

5. Fazit

Aber lassen wir doch einmal all diese theoretischen Diskussionen beiseite und bedenken Folgendes: London oder auch New York City sind sicherlich wunderbare Städte. Doch die Folgen von nicht reglementierten Wohnungsmärkten lassen sich dort sehr gut beobachten. Die Regeln des freien Marktes haben dazu geführt, dass die Topverdiener profitreich in exquisite Eigenheime investieren und hochqualitativen Wohnraum nutzen können. Sehr große Teile der Bevölkerung hingegen leben in desolaten, lauten, teuren und sehr engen Wohnungen. Soll das die Wohnperspektive für Österreich sein? Wohl kaum …

Mancherorts wird die Auffassung vertreten, dass „Österreich etwas Besseres als unser heutiges MRG verdienen"[14] würde. Dabei wird jedoch übersehen, dass das österreichische Mietrechtsgesetz – trotz seiner Komplexität – eine wichtige Säule zur Aufrechterhaltung des sozialen Friedens in Österreich ist und weiterhin sein muss. Die Komplexität der mietrechtlichen Bestimmungen ist daher kein Argument, das gegen die Notwendigkeit eines Mieterschutzes besteht. Wie wir wissen, ist die Welt, so auch die wohnrechtliche Welt, nicht immer „simpel gestrickt", wie wir alle uns das oft wünschen würden. Die mangelnde Übersichtlichkeit und Zerfurchung des Mietrechts ist letztendlich auch darauf zurückzuführen,

---

13 Nur ein Beispiel: Preise für Wiener Eigentumswohnungen legten 19 Prozent zu, vgl. http://derstandard.at/1375625831867/Preise-fuer-Wiener-Eigentumswohnungen-legten-19-Prozent-zu; ein Beispiel für Zinshäuser: http://kurier.at/wirtschaft/marktplatz/wiener-zinshaeuser-unter-dem-hammer/15.368.513 (abgefragt 18.10.2013).

14 Vgl. Anton Holzapfel und Udo Weinberger: Mietrecht Österreich – aus Sicht der Immobilienwirtschaft, in der vorliegenden Publikation.

dass das Erreichen eines politischen Kompromisses in diesem Gebiet immer schon schwer zu erreichen war. Dieser Umstand spricht aber nicht gegen die Notwendigkeit eines Mieterschutzes an sich, sondern für eine Weiterentwicklung.

Dem Mietrecht als einer der drei klassischen Wohnrechtsmaterien (neben dem Gemeinnützigkeits- und Wohnungseigentumsrecht) kommt sowohl in gesellschaftlicher als auch in wirtschaftlicher Hinsicht eine zentrale Bedeutung zu. Die Regelungen betreffen breite Teile der Bevölkerung. Das MRG gibt Sicherheit, fördert die Stabilität und hilft mit, Wohnungs- und Obdachlosigkeit zu verhindern.

Zum Abschluss eine beispielhafte Aufzählung einiger reformbedürftigen Problembereiche im derzeitigen Mietrecht:

Zersplitterung des Anwendungsbereiches
Für Vermieter und Mieter gestaltet sich das Aufspüren der für sie relevanten Bestimmungen häufig als Spießrutenlauf: Nicht nur das Errichtungsjahr des Hauses spielt eine Rolle, sondern auch, ob eventuell ein Dachgeschoß- oder Zubau vorliegt, der nach einem gewissen Stichtag errichtet wurde. Hinzu kommen Wohnbauförderungs- und Rückzahlungsbegünstigungsgesetze, die einzelne Bestimmungen des MRG anwendbar machen oder doch verdrängen. Eine Reform hat somit in erster Linie – auch im Sinne des Rechtsschutzes – objektive und leicht nachvollziehbare Kriterien für die Anwendbarkeit des MRG zu leisten. Dies insbesondere auch deshalb, da gerade im Teilanwendungsbereich des MRG bzw. im ABGB-Mietrecht ein Mieterschutz de facto nicht besteht. Obwohl dies in den medialen Berichten, aber auch im politischen Alltag, oftmals nicht beachtet wird, ist gerade eine Modernisierung des definitiv nicht zeitgemäßen ABGB-Bereichs mehr als notwendig, um auch bei diesen Mietverträgen das Schutzniveau der Mieter endlich anzuheben. Eine Harmonisierung und ein einheitlicher Rechtsschutz der Mieter würden endlich zu der seit Jahrzehnten gewünschten Rechtsklarheit und Rechtssicherheit für Vermieter und Mieter führen.

Mietzinshöhe – Preisschutz
Bei einem der im Regierungsübereinkommen ausdrücklich erklärten Ziele handelt es sich darum, Maßnahmen für ein „leistbares Wohnen" zu schaffen. Leistbarer Zugang zu Wohnraum im Bestand und Neubau soll und muss in der Zukunft gewährleistet werden. Dabei muss darauf Bedacht genommen werden, dass das Medianeinkommen eines unselbständigen Erwerbstätigen sich im Jahr 2011 auf 1.544,08 Euro netto pro Monat, bei Pensionisten sogar nur auf 1.224,42 Euro pro Monat belaufen hat. Definiert man leistbares Wohnen, werden sich die politisch Verantwortlichen, aber auch die Experten in der Reformgruppe Mietrecht im Justizministerium, bei einem zukunftsweisenden Mietrecht der gesellschaftspolitischen Debatte stellen müssen, was bei solchen Medianeinkommen Wohnen leisten darf und soll. Nur so wird man das Ziel einer angestrebten Wohnrechtsreform, d. h. insbesondere „leistbares Wohnen", erreichen können. Darüber hinaus müssen moderne Mietzinsregelungen transparent, klar und leicht verständlich sein. Durch eine klare gesetzliche Nennung der Zuschläge, aber auch durch eine verpflichtende schriftliche Angabe der Zu- und Abschläge zum Richtwert im Mietvertrag – und zwar der Art und der Höhe nach –, könnte

es einem Mieter in der Zukunft möglich sein, ohne Einholung eines Sachverständigengutachtens und ohne ein Gerichtsverfahren im Vorhinein abzuschätzen, ob der vereinbarte Hauptmietzins der Höhe nach tatsächlich gesetzlich gerechtfertigt ist. Dies ist momentan nicht der Fall. Diese Intransparenz – insbesondere beim Modell des Richtwertmietzinses – zwingt Mieter direkt in Konflikte und gerichtliche Verfahren mit ihren Vermietern.

Befristungsrecht
Die Bestandfestigkeit von Mietverhältnissen ist eine unentbehrliche Säule des Mieterschutzes schlechthin und für die Erhaltung des sozialen Friedens und die gesellschaftliche Stabilität unabdingbar. Gerade in Zeiten, in denen Wohnungen ein knappes Gut sind, ist ein umfassender Bestandschutz im öffentlichen Interesse gerechtfertigt und notwendig. Trotzdem schaut die Realität anders aus, da nahezu ausschließlich nur mehr befristete Mietverträge abgeschlossen werden. Befristeter Wohnraum hat ausnahmslos negative Auswirkungen auf Individuum und Gesellschaft und fordert von den betroffenen Mietern nicht zumutbare Mobilität mit erheblichem Kostenaufwand. Es ist ein Konsens darüber zu finden, ob nicht die Befristungsmöglichkeiten einzuschränken sind bzw. die Mindestbefristungsdauer von 3 auf 5 Jahre anzuheben ist, um den Menschen Planungssicherheit für ihr Leben zu geben.

Eingeschränkte Erhaltungsarbeiten
Derzeit ist im Vollanwendungsbereich des MRG (Altbau) nur die Erhaltungspflicht des Vermieters gegeben, wenn ernsthafte Schäden des Hauses vorliegen, allgemeine Teile betroffen sind oder eine ernstliche Gesundheitsgefahr vorliegt. Im Neubau herrscht überhaupt große Unklarheit über die Aufteilung der Erhaltungspflicht auf Vermieter bzw. Mieter. Im Bereich der Erhaltungs- und Wartungspflichten im Inneren eines Mietgegenstandes sollte die grundsätzliche Pflicht des Vermieters gesetzlich verankert werden, das vermietete Mietobjekt inklusive der Einrichtungen und mitvermieteten Fahrnisse während der gesamten Mietdauer zu erhalten. Im Gegenzug könnte der Mieter dazu verpflichtet werden, die Kosten kleinerer finanziell geringfügiger Reparaturen selbst zu tragen sowie die Wartung selbst vorzunehmen.

Maklerprovisionen
Vermittlungsprovisionen führen zu einer massiven Kostenbelastung der Mieter. Dies gerade im Zusammenhang mit den zahlreichen Befristungsabschlüssen. Wer als Mieter einen Makler damit beauftragen will, eine Wohnung für ihn zu suchen, wird außer im gehobenen Preissegment Probleme haben. In der Praxis sieht es aber dennoch immer so aus, dass der an sich für den Vermieter tätige Makler vom Mieter zu bezahlen ist, da dieser ja das Mietanbot unterschreibt. Dass es eigentlich der Vermieter ist, der die Wohnung am Markt anbietet, wird einfach ins Umgekehrte verdreht. Es erscheint mehr als gerechtfertigt, dass zukünftig Vermieter die Maklerprovision selbst tragen.

Die Liste der reformbedürftigen Regelungen im Mietrecht könnte noch lange und stetig weiter ergänzt werden. Doch momentan stellt sich vielmehr die Frage, welche realitätsnahen Perspektiven es gibt. Eine zukünftige Mietrechtsreform kann und wird unseres Erachtens nur Bestand haben, wenn es einerseits auch tatsächlich einen ernsthaften politischen Willen zu einem solchen Reformvorhaben gibt und sich andererseits die politischen Verantwortlichen, aber insbesondere auch die Experten der Reformgruppe Mietrecht im Justizministerium – trotz der entgegen gelagerten Interessen von Mietern und Vermietern – auf die Aufrechterhaltung der Grundwerte und Säulen des Mietrechts (Preis- und Bestandschutz) einigen. Nur losgelöst von partikularen Eigeninteressen können gemeinsam gute Lösungen für ein zukunftsweisendes und soziales Mietrecht erzielt und so dem Regierungsübereinkommen mit den Zielen für ein gerechtes, verständliches und transparentes Wohnrecht sowie der Leistbarkeit der Mieten entsprochen werden.

Ob jedoch all die politischen Verantwortungsträger, die Experten der Reformgruppe Mietrecht und sonstigen Stakeholder in der Wohn- und Immobilienbranche schon bereit sind, ihre politische und gesellschaftliche große Verantwortung – losgelöst von solchen Eigeninteressen – wahrzunehmen, das ist zurzeit die größte Frage. Das Infragestellen der Notwendigkeit mieterschutzrechtlicher Bestimmungen bereits dem Grunde nach durch die Interessenvertreter und Lobbyisten auf Vermieterseite und der damit einhergehende fehlende ernsthafte und sachlich faire Reformwille lässt momentan leider das Erreichen einer Mietrechtsreform in weiter Ferne erscheinen.[15]

---

15 Vgl. http://www.ots.at/presseaussendung/OTS_20140423_OTS0094/freie-miete-fuer-den-privaten-immobilienmarkt (abgefragt 23.4.2014).

Barbara Ruhsmann

„Re:think | Wohn.Bau.Politik."
Ein Innovationslabor[1]

Vorgeschichte

Im Herbst 2013 standen in Österreich Nationalratswahlen auf dem Programm. Es war nicht das erste Mal in der Geschichte österreichischer Wahlkämpfe, dass dabei das Thema Wohnen benützt wurde, um ideologische Positionen abzustecken und die WählerInnenschaft zu emotionalisieren. Wohnen geht uns schlussendlich alle etwas an – öffentliche Aufmerksamkeit ist den Parteien bei dieser Diskussion gewiss. Zur am häufigsten benutzten Phrase entwickelte sich das so genannte „leistbare Wohnen" – nicht ohne Grund. Tatsächlich ist es gegenwärtig für Wohnungsuchende, insbesondere in Österreichs Hauptstädten, schwer, Wohnraum zu finden, der einerseits dem Haushaltseinkommen und andererseits den Wohnwünschen entspricht. Warum das so ist, hat viele Ursachen: Seit Jahrzehnten stagnierende Reallöhne, gestiegene Mieten, höhere und damit teurere Qualitäten im Wohnbau, Zuzug in die Städte und damit Verknappung des Angebots, Beseitigung der billigen Substandard-Wohnungen durch Sanierungsoffensiven, höhere Ansprüche ans Wohnen bzw. die Größe des Wohnraums und noch vieles andere mehr.

Doch Wahlkampfzeiten zeichnen sich selten durch sachliche Durchdringung komplexer Problemstellungen aus. Und so blieb es bei vollmundigen Forderungen z. B. nach einer Wohnbauoffensive oder danach, Österreich zu einem Land der Haus- und Wohnungseigentümer zu machen, oder nach einem transparenten und fairen Mietrecht. Wie sehr all diesen Forderungen der Verwirklichungswille fehlt, stellte sich bereits wenige Monate nach den Nationalratswahlen heraus. Allerdings ist der Leidens- und Unmutsdruck bei vielen Betroffenen und bei etlichen Repräsentanten des Systems Wohnbau mittlerweile so groß, dass es nicht möglich sein wird, die Versprechen des Wahlkampfes, die in differenzierterer Form immerhin auch Eingang in das Regierungsprogramm gefunden haben, sang- und klanglos zu entsorgen.

Um die Diskussion über gegenwärtige und zukünftige Wohn(bau)politik lebendig zu erhalten, initiierte der Herausgeber dieser Publikation, Jörg Wippel, seines Zeichens geschäftsführender Gesellschafter des freien Bauträgers wvg, im März 2014 die Veranstaltung „Re:think | Wohn.Bau.Politik", die in Kooperation mit dem Europäischen Forum Alpbach organisiert wurde. Rund 100 Stakeholder des Systems Wohnbau wurden eingeladen, sich 1½ Tage lang intensiv untereinander auszutauschen und Ziele sowie Handlungsanweisungen für die Politik (und für sich selbst) zu erarbeiten. Es trafen aufeinander: Bauträger,

---

1   Das Innovationslabor „Re:think | Wohn.Bau.Politik" fand von 6. bis 7. März 2014 in der Seestadt Aspern in Wien statt. Es wurde vom Europäischen Forum Alpbach in Kooperation mit der wvg Bauträger Ges.m.b.H. organisiert und versammelte rund 80 Stakeholder des Systems Wohnbau, die in einem interaktiven Setting die Brennpunkte österreichischer Wohn(bau)politik lokalisierten und To-do-Listen und Handlungsanweisungen für die Verantwortungsträger des Systems erarbeiteten.

Architekten, Beamte, Politiker, Wissenschafter, Kreative, Vertreter der Banken, Journalisten, Investoren, „normale Wohnende", Rechtsexperten etc.

Relevante Themen

Im Vorfeld der Veranstaltung wurden die wesentlichen Themen und Fragestellungen der gegenwärtigen politischen, gesellschaftlichen und fachlichen Diskussion identifiziert:
- *Reform des Wohnrechts:* Welcher Mieter für welche Wohnung rechtens wie viel Geld zu bezahlen hat – das ist in Österreich oftmals eine undurchsichtige Angelegenheit. Mieter und Vermieter beklagen zahlreiche Ungerechtigkeiten im System. Die Forderung nach einer Reform des Wohnrechts wird nicht zuletzt deshalb immer dringlicher erhoben, weil leistbarer Wohnraum für einkommensschwächere Schichten der Bevölkerung immer knapper wird und derselbe nicht nur über den Neubau geschaffen werden kann, sondern aus dem Bestand sozusagen „herausgelöst" werden muss. Dazu braucht es auch gesetzliche Regelungen, die dafür sorgen, dass günstige Wohnungen und Menschen mit geringem Einkommen leichter „zueinanderfinden".
- *Leistbares Bauen:* Viele Architekten und Bauträger sind sich einig: Es wird auf zu hohem Niveau und damit zu teuer gebaut. Es braucht eine tabulose Diskussion darüber, in welcher Qualität für welche Zielgruppe gebaut werden soll. Mit den derzeit vorgeschriebenen Neubau-Standards kann in Wirklichkeit kein leistbarer Wohnraum geschaffen werden.
- *Wohnbauförderung:* Wie soll weiter mit der Wohnbauförderung umgegangen werden? Zurück zur Zweckwidmung? Braucht es neue Förder-Bestimmungen? Wohin soll die Wohnbauförderung zukünftig vorrangig fließen? Um das österreichische System der Wohnbauförderung weiterzuentwickeln, sollte z. B. gründlich darüber nachgedacht werden, wo tatsächlich Neubau gefördert werden muss und wo Bestandserhaltung.
- *Baukultur:* Mit dem Begriff „Baukultur" werden mittlerweile eine Vielzahl an Inhalten und Forderungen verknüpft, wie: ökologisch und ökonomisch nachhaltiges Bauen, Bürgernähe, Partizipationsprozesse, Schutz der Ressource Landschaft, Einhaltung der gesetzlich verankerten Raumordnungsziele etc.
- *Wohnpolitik:* Die große Zahl der Baustellen im Bereich Wohnen legt es nahe, eine Renaissance von Wohnpolitik zu fordern, vor allem auf Bundesebene. Die gegenwärtige wohnungspolitische Kompetenzverteilung muss überdacht werden. So wie die Verantwortlichkeiten derzeit verteilt sind, sind notwendige Reformen schwer umzusetzen.

Das Innovationslabor

Das Innovationslabor „Re:think | Wohn.Bau.Politik" fand Anfang März 2014 statt. Eine Zeit, die in Österreichs Innenpolitik gekennzeichnet war vom so genannten „Hypo-Skandal"[2] und daraus folgenden Nöten bei der Erstellung des Budgets, denen viele Wahlver-

---

2   Die Kärntner Hypo-Alpe-Adria-Bank musste 2009 notverstaatlicht werden. Seither sind über 2 Milliarden Euro Staatshilfe für die Rettung der Bank geflossen, Experten schätzen den weiteren Bedarf auf bis zu 18 Milliarden.

sprechen – darunter auch Sonder-Wohnbaumittel – zum Opfer fielen. Diese schwierige politische Situation verstärkte einerseits zivilgesellschaftliche Unzufriedenheit und auch Wut „auf die da oben", andererseits waren und sind gleichzeitig Phänomene der „Selbstermächtigung" zu beobachten nach dem Motto: Wenn schon die politisch Verantwortlichen nicht in der Lage sind, Probleme zu lösen, dann gehen wir es doch selbst an – seien wir konstruktiver und kreativer als die, die wir kritisieren. Der „Re:think"-Prozess war prototypisch für diesen Zeitgeist.

Abb. 1: TeilnehmerInnen des „Re:think | Wohn.Bau.Politik", 6. bis 7. März 2014, Seestadt Aspern.

Durch professionelle und innovative Moderation der Veranstaltung wurde ein Maximum an Dialog, Informationsaustausch und Perspektivenvielfalt erreicht. Hier eine kurze Zusammenfassung der wesentlichsten Ergebnisse und Forderungen der Arbeitsgruppen, die beim „Re:think" entstanden sind:

1. Es muss einen gesellschaftspolitischen Konsens darüber geben, dass Wohnen zwar eine Ware ist, aber eine der besonderen Art.
2. Raumordnung: Verletzungen der Raumordnungsziele müssen künftig Sanktionen nach sich ziehen. Die sensible und für die vitalen Interessen des Landes entscheidende Frage der Flächenwidmung darf nicht länger in der Verantwortung der Gemeinden sein, sondern muss Ländersache werden.
3. Grundsätzlich muss der Verdichtung des Bestands Vorrang eingeräumt werden vor dem Neubau auf der grünen Wiese.
4. Bereitstellung von leistbarem Wohnraum durch:
   - Soziale Verteilungsgerechtigkeit in allen Märkten, Rechtsmaterien, Normen.
   - Schaffung von klaren Vergabekriterien über alle Teilmärkte.
   - Vereinheitlichung der Weitergabe-Rechte bzw. der Eintrittsberechtigung von Dritten über alle Marktbereiche hinweg.

- Wohnungsmarkt-übergreifende Quote für sozial gebundene Wohnungen.
- Neue differenzierte und transparente Vergabe von Wohnungen – auch und gerade im geförderten Bereich, vor allem in Bezug auf „alte" von gemeinnützigen Bauträgern errichtete Wohnungen mit geringem Mietzins. Hier müssen Vergabekriterien geschaffen werden.
- Die Flächenwidmung muss bei Bedarf geförderte Bereiche vorsehen, in ländlichen Gebieten genauso wie im urbanen Bereich.
- Aufhebung des Weitergabe-Rechts von Wohnungen an Dritte.
- Preisbegrenzung bei Bodenveräußerung durch verpflichtende Ausweisung von Flächen für den sozialen Wohnbau.
- Bei Bedarf verpflichtender Ausweis von Flächen für den sozialen Wohnbau.
- Befristete Baulandwidmung.
5. Wohnpolitik ernstnehmen:
- Umsetzung der im Kapitel „Leistbar Wohnen" im Regierungsprogramm beschlossenen Maßnahmen.
- Bekenntnis zur Zweckwidmung der Wohnbauförderung.
- Wohnbauforschung, Wohnbedarfsforschung, Wohnbaukulturforschung muss nicht zuletzt via Wohnbauförderung wieder forciert werden.
- Die politische Verantwortung darf nicht auf Experten abgewälzt werden (am Beispiel der Reform des Wohnrechts: Die vom Justizminister eingesetzte Arbeitsgruppe kann im Letzten der Regierung nicht die Entscheidungsfindung bzw. die Verantwortung abnehmen). Und wenn Experten eingesetzt werden, braucht es von der Politik eine klare Zielvorgabe für Fachleute, Gremien etc.

Ein ebenso wichtiges Ergebnis des „Re:think | Wohn.Bau.Politik" ist die nachhaltige Aktivierung und Vernetzung der TeilnehmerInnen. Einige Arbeitsgruppen haben sich bereits zu Folgetreffen gefunden und verfolgen so unterschiedliche Ziele wie die Gründung einer Plattform zum Thema Wohn(bau)politik, die Erstellung eines Wohnbaukultur-Reports oder die Initiierung eines Calls beim Wiener Wissenschafts-, Forschungs- und Technologiefonds zur Entwicklung eines Evaluierungsmodells für soziale Durchmischung auf Stadtviertelebene. Einer Arbeitsgruppe ist es sogar gelungen, trotz knappen Zeitlimits bis zur Manuskriptabgabe noch einen Beitrag für diese Publikation zu verfassen.[3]

Weiter denken, weiter arbeiten

Es ist in der österreichischen Wohn(bau)politik ähnlich wie in vielen anderen Bereichen, z. B. der Bildungs- oder der Gesundheitspolitik: Betroffene registrieren einen gewissen „Reformstau". Die traditionellen Systeme stimmen mit den Bedürfnissen und Erfordernissen der Gegenwart nicht mehr überein. Mit gesetzlichen Regelungen, die vor Jahrzehnten formuliert wurden, stößt man heute an die Grenzen der Anwendbarkeit. Es ist wahrscheinlich nicht leicht, in einer Zeit wie dieser Regierungsverantwortung zu tragen, wo eine ganze Menge an innovativen und mutigen Entscheidungen notwendig ist.

Umso wichtiger sind zivilgesellschaftliche Bewegungen und Initiativen, die dafür sorgen, dass wichtige Themen kontinuierlich öffentlich diskutiert und Veränderungsvorschläge

---

3   Vgl. Beitrag von Felfernig, Fölzer, Hammer und Jany, S. 170–174.

gesammelt werden. Das Innovationslabor „Re:think | Wohn.Bau.Politik" war ein starker Impuls, um die wohn(bau)politische Diskussion, die im Zuge des Nationalratswahlkampfes 2013 so intensiv geführt wurde, auf qualifizierte Weise lebendig zu erhalten. „In jedem Bereich gibt es Menschen, die Verantwortung übernehmen wollen und sich bemühen, die entsprechenden Probleme zu lösen." So lautet die Devise, welche das Europäische Forum Alpbach ihren „Re:think"-Veranstaltungen voran stellt. Diese Menschen zu versammeln und ihnen Gehör zu verschaffen, wird weiter Ziel der wvg Bauträger Ges.m.b.H. in Kooperation mit dem Europäischen Forum Alpbach sein, das nicht zuletzt mit der vorliegenden Publikation wieder ein Stück weit verwirklicht wurde.

Marlies Felfernig, Christian Fölzer, Renate Hammer, Andrea Jany

Wohnbedürfnisse – Was wir wirklich brauchen
Ein Arbeitsbericht

„Viele ärgern sich über den Status quo der Wohnbaupolitik. Wir haben jene Menschen aus der Branche eingeladen, die Probleme lösen wollen. So bereiten wir mit dem Innovationslabor den Boden, auf dem neue Initiativen wachsen können", stellt Franz Fischler, Präsident des Europäischen Forums Alpbach die Absicht von „Re:think | Wohn.Bau.Politik" im März 2014[1] klar. Im Zuge der Veranstaltung entsteht eine interdisziplinäre Kleingruppe,[2] die sich mit der Grundsatzfrage nach tatsächlichen Wohnbedürfnissen auseinandersetzt. Klar wird bald: Ohne fundiertes Wissen darüber, was wir wirklich im Zusammenhang mit dem Wohnen brauchen, kann kein befriedigendes Konzept für den Wohnbau formuliert und keine zielführende Wohnbaupolitik gemacht werden.

Wohnbau als Exempel der Krise

Die Bereitstellung von ausreichend leistbarem Wohnraum wurde in Österreich spätestens mit der Einführung einer zweckgebundenen Wohnbausteuer im Jahr 1923 als wesentliche politische Verantwortung begriffen. Bis in die jüngste Vergangenheit hatte sich der heimische Wohnbau im internationalen Vergleich durch Stabilität in einer angemessenen Produktion ausgezeichnet. Durch die seit dem Jahr 2008 bestehende Finanz- und Wirtschaftskrise spitzt sich die konjunkturelle Situation zu, was grundlegende strukturelle Probleme offenkundig werden lässt.

Dabei geht es um die keineswegs neue Tatsache, dass unsere Ansprüche mit dem verfügbaren Angebot nicht mehr zur Deckung zu bringen sind. Dass unser Lebensstil – und damit auch unsere Art zu wohnen und Wohnraum zu organisieren – auf ökologischem Raubbau basiert, egal ob man Material- und Energieverbrauch oder CO_2-Emissionen und Bodenversiegelung betrachtet, ist und war bekannt, wird jedoch im Alltag allzu gern verdrängt.

Die aktuell neue und entscheidende Facette aber betrifft das Faktum, dass sich zunehmend mehr Menschen Wohnen in der angebotenen Form finanziell nicht mehr leisten können. Dies ist eine grundlegende, nicht zu leugnende Beeinträchtigung der Lebensqualität

---
1 Das Innovationslabor „Re:think | Wohn.Bau.Politik" fand von 6. bis 7. März 2014 in der Seestadt Aspern in Wien statt. Es wurde vom Europäischen Forum Alpbach in Kooperation mit der wvg Bauträger Ges.m.b.H. organisiert und versammelte rund 80 Stakeholder des Systems Wohnbau, die in einem interaktiven Setting die Brennpunkte österreichischer Wohn(bau)politik lokalisierten und To-do-Listen und Handlungsanweisungen für die Verantwortungsträger des Systems erarbeiteten. (Anm. d. Red.)
2 Marlies Felfernig (Juristin), Christian Fölzer (Ökonom), Patrick Gratzer (Soziologe), Renate Hammer (Architektin), Hannes Horvath (Ökonom), Andrea Jany (Architektin), Ewald Reinthaler (Land Oberösterreich).

in einem der reichsten Staaten der Erde. Dass ein allgemeines Problem der „Unterdeckung" besteht, musste zwangsläufig zuerst an der größten Investition, die wir in unserem Leben tätigen, nämlich der Beschaffung, Erhaltung und dem Betrieb von Wohnraum, sichtbar werden.

Wohnbau ist gegenwärtig kaum nachhaltig bereitzustellen. Dass der Effizienz und dem ökonomischen Wachstum soziale und ökologische Aspekte nachgeordnet wurden, wird nun offenkundig: Wohnen ist damit in einer Sackgasse. Ursachen dafür liegen in geänderten Rahmenbedingungen, die die Finanzierung für den Wohnbau erschweren. Die Finanzregelungen nach Basel III, der Einbruch am Wohnbauanleihenmarkt und – von besonderer Bedeutung – die Sparvorgaben im öffentlichen Haushalt haben dazu beigetragen, dass die Finanzierung sowohl von Sanierung als auch von Neubau nicht sichergestellt werden kann. Besonders der geförderte Wohnbau ist davon betroffen. Nachdem in den Jahren 2000 bis 2010 im Schnitt 30.000 Einheiten gefördert worden sind, wurden 2012 und 2013 nur 23.000 bzw. 23.700 Wohneinheiten einer Förderung unterzogen.[3] Personen mit geringem Einkommen sind von diesen Sparmaßnahmen besonders betroffen. Bei den Eigenheimen liegt das aktuelle Niveau der Förderzusicherungen um 27 % unter dem Zehnjahresdurchschnitt.[4] Eine weitere Maßnahme, die zu geringer Wohnbautätigkeit führt, ist die Senkung der Förderung von Bausparverträgen. Hier sind die verfügbaren Mittel von 2,2 Mrd. Euro auf 1,8 Mrd. Euro gesunken.[5] Zu betonen ist, dass diese finanziell krisenhafte Situation nicht nur die Nachfrageseite der Mieter, Eigenbedarfskäufer und „Häuslebauer", sondern vermehrt auch Vermieter, die Immobilienbranche und Wohnbauträger betrifft. Diese konnten bisher davon ausgehen, dass sich das System Wohnen trägt, schlicht aus der Tatsache, dass Wohnen ein Grundbedürfnis ist und jeder wohnen *muss*.

Zeitgleich herrscht in den urbanen Gebieten starker Zuzug und ein anhaltender Trend der Investition in Immobilien als Wertsicherung. Der Neubau kann dem Interesse zahlenmäßig nicht nachkommen. Hieraus ergibt sich ein Marktverhältnis, bei dem die Nachfrage stark über dem Angebot liegt. Die Immobilienpreise steigen kontinuierlich. Dies schlägt sich auf die Qualität vieler Wohnbauten, insbesondere der „Vorsorgewohnungen", nieder. Häufig entscheidet der beste Preis, nicht die Qualität oder das Konzept.

Nachdem die Krise nicht mehr nur unleugbar ist, sondern auch täglich wachsend das Leben immer größerer Gruppen beeinträchtigt, macht sich Ratlosigkeit breit und der Ruf nach politischer Lenkung wird laut. Ebenso wird aber auch der Handlungsdruck für die Politik immer größer. Um an einer Bewältigung der Krise arbeiten zu können, ist die Auseinandersetzung mit der Ausgangslage zentral.

Wohnen zwischen Anspruch und Bedürfnis

Die allem zugrunde liegende und entscheidende Frage ist: Wie sehen unsere Wohnbedürfnisse gegenwärtig konkret aus? Und in weiterer Folge: Was brauchen wir als physiologisch, sozial und kulturell definierte Wesen in Hinblick auf das Wohnen? Wo verläuft die Grenze

---

3   Quelle: Österreichischer Verband gemeinnütziger Bauvereinigungen, http://www.gbv.at (letzter Abruf im April 2014).
4   Quelle: IIBW – Institut für Immobilien, Bauen und Wohnen GmbH, Wohnbauförderung in Österreich 2012, http://www.iibw.at/DE (letzter Abruf im April 2014).
5   Quelle: Gewerkschaft Bau Holz, http://www.bau-holz.at (letzter Abruf im April 2014).

zwischen Anspruch und Bedürfnis? Wie decken wir unseren Bedarf, wenn wir ihn einmal kennen, und wo besteht Einsparungs- und Veränderungspotenzial?

Aus physiologischer Sicht ist festzustellen, dass der Lebensstil der Menschen, aber auch der Wohnbau nicht dem entsprechen, was Menschen eigentlich sind: ausdauernde Läufer, gleichwarme Wesen angepasst an den Wechsel von Temperaturen und Solarstrahlungsangebot über den Tages- und Jahreslauf. Dem zuwider handelnd verbringen wir 90 % unserer Lebenszeit in Innenräumen, die mit einem mittleren Beleuchtungsstärkeniveau von etwa 200 lx ausgestattet sind, während bereits bei Sonnenaufgang 7.000 lx die Regel sind. Dies erhöht sich bis zu 1.000.000 lx an einem klaren Sommertag. Wir wohnen und arbeiten sommers wie winters, Tag und Nacht in konstanten Temperaturen. Wechselnde Luftströmungen, wie sie im Außenraum entstehen, werden unterbunden. Wir sind an teils extrem wechselnde Geräuschpegel angepasst, Dauerlärm macht uns hingegen ebenso wie akustische Isolation krank. Durch unseren Lebensstil, auch manifestiert in den physiologischen Bedingungen, die unsere Wohnungen bieten, sind nicht-ansteckende Zivilisationskrankheiten im Vormarsch. Darüber nachzudenken, ob ein Balkon notwendig ist oder wie klein Fenster sein können und ob man sie wirklich öffnen können muss, bedeutet gegen die Basis menschlicher Bedürfnisse zu handeln. Aber auch die Konditionierung der Innenräume auf konstantem maximalem Komfort läuft der menschlichen Grundausstattung zuwider.

Noch unmittelbar erlebbarer als physiologische Anpassungen sind Veränderungen im Zusammenleben: Von zentraler Bedeutung für unser Sozialsystem ist der Generationenvertrag, dessen Einlösung angesichts der demographischen Entwicklung der Kinder- und jungen Erwachsenengeneration immer schwieriger wird. Eine weitere Herausforderung ist der Wohn- und Pflegestandard, der durch künftige Pensionen zu finanzieren ist. Eine zentrale Frage dabei lautet: Wie entgeht die stetig wachsende Zahl an Mindestpensionisten, die behaftet mit allen Erscheinungen des physiologischen Mangels oft jahrzehntelang Betreuung brauchen, der Armut? Dringlichst notwendig ist ein Wohnraum, den wir uns im Alter leisten können und der uns lange Selbständigkeit ermöglicht. Die Frage nach der Unabdingbarkeit von Barrierefreiheit bei gleichzeitiger Notwendigkeit zur Ertüchtigung ist in diesem Sinn nicht ausreichend untersucht. Klar scheint: Personen, die keine adäquaten Anforderungen und Reize vorfinden, sind stärker vom Abbau ihrer Konstitution betroffen.

Andere wesentliche Verschiebungen im sozialen Gefüge – wie die Entwicklung von Familienverbänden abseits der klassischen Kernfamilie, Single-Dasein im Alter oder erhöhte Arbeitsmobilität – brauchen Anpassungen des Wohnraums und vielleicht sogar grundlegende Änderungen der Wohnbaukonzeption. Die Wohnungen der Gegenwart bieten z. B. kein Abbild unserer kulturellen Realität des Lernens, Arbeitens oder Medieneinsatzes: Kinder kommen nicht mehr mittags aus der Schule und brauchen keinen Schreibtisch mehr, wie er im „Herrenzimmer" des 19. Jahrhunderts stand, um Hausübungen zu schreiben. Gespielt und gearbeitet wird vielfach am Bildschirm. Darum ist es notwendig, über einen förderlichen Bildschirmspielbereich oder einen Erholungs- und Rückzugsraum nachzudenken. Wie gestalten wir Anreize und Möglichkeiten zum körperlichen Ausgleich in der Wohnung, wie schaffen wir Bewegungsflächen und räumliche Herausforderungen im Wohnumfeld? Wie überzogen käme uns dabei die Forderung vor, 12,5 m² Straßenraum als Bewegungsfläche pro Wohneinheit mit Kind vorzuschreiben? Dem gegenüber sind aber Stellplatzverpflichtungen für Kraftfahrzeuge gesetzliche Normalität und Realität.

Schließlich wird es in Zukunft auch notwendig sein, den Wohnbau offen für weitere Entwicklungen zu halten. Was heute eine zentrale Anforderung beispielsweise unserer

Arbeitskultur oder Mobilität ist, kann morgen obsolet sein. Klar ist jedoch, dass sich unsere Physiologie nicht in Zeiträumen verändert, die für das Bauen relevant sind. Die Einhaltung von Grenzen sowohl möglicher Flexibilisierung als auch wirtschaftlicher Sparsamkeit liegen dort, wo Bedürfnisse unverrückbar sind.

Wissen als Basis für einen bedarfsgerechten Wohnbau

Was kann die richtige Reaktion auf eine jahrzehntelange Fehlentwicklung sein, deren Ziel Wachstum hieß und die Ansprüche, nicht Bedürfnisse realisierte? Wie: Mehr Wohnnutz- und mehr Siedlungsfläche pro Kopf, weniger Köpfe pro Wohnung und längere Verkehrswege, mehr Sicherheit, aber auch höherer technischer Aufwand für Schall-, Wärme- und Brandschutz. Grundrisskonzepte, die zerrieben werden zwischen Effizienzanforderungen einerseits und steigenden Standards andererseits, deren Sinnhaftigkeit oftmals nicht durch eine Kosten-Nutzen-Analyse hinterfragt wurde.

Was bleibt als Qualitätsmerkmal für den Wohnbau, wenn nicht mehr Leistbarkeit, geschweige denn umfassende Nachhaltigkeit erreicht werden können? Eines zeichnet sich ab: Wenn es uns nicht gelingt, Alternativen zu entwickeln und tatsächlich in Wohnbauten umzusetzen, wird auf den finanziellen Kollaps der soziale und schließlich der ökologische Zusammenbruch folgen. Was wir aktuell bewohnen, können wir uns in keiner der drei Dimensionen der Nachhaltigkeit leisten.

Was ist die notwendige Grundlage für sinnvolle Veränderung? Die Zusammenführung von Wissen aus unterschiedlichsten Disziplinen – wie Soziologie, Ökonomie, Ethnologie, Psychologie, Physiologie, Architektur oder Raumplanung, um nur einige zu nennen –, die sich aus ihrem Blickwinkel mit unseren Bedürfnissen befassen. Daraus abgeleitet kann eine Identifizierung von möglichen Wissensdefiziten erfolgen und eine fokussierte Erweiterung der nötigen Wissensgrundlage erarbeitet werden. Der umfassende Wissenstransfer interdisziplinärer Erkenntnisse in eine praxisorientierte Wohnbauforschung bildet die Basis für tragfähige Wohnbaukonzepte.

Ein konkreter erster Schritt wäre die Zusammenführung und Interpretation vorhandenen Wissens in einem Wohnbedürfnisreport. Dieser soll zur Basis für eine Vervollständigung des Kenntnisstandes und für eine experimentelle Umsetzung von Pilotprojekten werden. Aus diesen können schließlich Modelle für einen Ausgleich zwischen Ressourcen und Bedürfnissen im Wohnbau entwickelt werden.

Historisches Best-Practice

Zeiten der Krise bieten die Chance zur grundlegenden Erneuerung. Vorbild könnte hier das Projekt „Neues Frankfurt" der 1920er Jahre sein. Durch ein konsequentes Zusammenwirken von Politik, Verwaltung, Planung sowie privater und öffentlicher Hand entstanden hier innerhalb kürzester Zeit 12.000 Wohnungen, die sich durch besondere Innovationskraft auszeichneten. Dies deshalb, weil sie sich innerhalb von extrem begrenzten Möglichkeiten am tatsächlichen Bedarf und der Lebensrealität der BürgerInnen orientierten.

Ein weiteres Beispiel für gelungenen Neubau ist das so genannte „Modell Steiermark". Bedingt durch die Nachkriegsjahre war Österreich im Bereich der Wohnbautätigkeit ein reiner „Wohnversorger". Die Architektur war auf einfache, klare Standards reduziert, um damit eine schnellstmögliche und reibungsfreie Errichtung zu gewährleisten. Mitte der 1960er Jahre entstand in Graz jedoch etwas völlig Neues. An der Technischen Universität entwickelten sich Architektengruppen mit visionären Ansätzen, was eine Aufbruch-, aber auch Umbruchsituation nach sich zog. Als Erstes konnte die Werkgruppe um Friedrich Gross-Ransbach, Eugen Gross, Herrmann Pichler und Werner Hollomey ihre Ideale im großen Maßstab realisieren: In den Jahren 1972–78 wurde das Projekt „Terrassenhaussiedlung" in Graz mit mehr als 500 Wohneinheiten umgesetzt. Aufbau und Konzept waren für die damalige Zeit revolutionär. Nach dem Entwerfen, wo besonders die Aspekte des Städtebaus, der Kubatur, des Tragsystems und der Infrastruktur berücksichtigt worden sind, wurde erstmals den Wohnungswerbern im Wohnungsbau ein Mitspracherecht eingeräumt. Das Projekt wurde wissenschaftlich begleitet, um daraus für die Zukunft Erkenntnisse zu sammeln, die in das „Modell Steiermark" einflossen. Parallel dazu entstand eine kleinere Siedlung in Deutschlandsberg. Eilfried Huth baute in drei Bauetappen zwischen 1974 und 1981 insgesamt 65 Wohnungen. Das Projekt gilt als Vorreiter weiterer 11 Mitbestimmungsprojekte unter seiner Leitung. In der Folge rief das wohnungspolitische Experiment des „Modells Steiermark" internationale Anerkennung hervor. Mit breiter Unterstützung durch Landespolitik und Verwaltung konnte eine große Zahl von Projekten realisiert werden. Die Projektauswahl fand durch Wettbewerbe, Partizipation der BewohnerInnen und auf Basis einer Vielfalt an Wohngrundrissen statt.

Zusammenfassung

Wie gezeigt werden konnte, ist der Wohnbau in Österreich durch ein gewisses Maß an Stabilität geprägt. Bedingt durch Einsparungen des öffentlichen Sektors und der Wirtschaftskrise seit 2008 ist diese Stabilität jedoch nur noch in Ansätzen vorhanden. Als möglicher Lösungsweg kann eine genaue Analyse der Wohnbedürfnisse gesehen werden, die im Rahmen der Vorbereitungen für die Alpbacher Baukulturgespräche 2014[6] von einer Ad-hoc-Gruppe vorgeschlagen wurden. Vorbilder dabei können einerseits die Bauten der Zwischenkriegszeit in Frankfurt, aber auch die Wohnungen in der Steiermark ab den 1970er Jahren sein.

---

6   Die Alpbacher Baukulturgespräche sind fixer Bestandteil des internationalen und interdisziplinär ausgerichteten Europäischen Forums Alpbach. Sie stehen von 28. bis 29. August 2014 unter dem Motto „Lebenswerte und gerechte Städte schaffen".

Die Autorinnen und Autoren

Christian Aulinger ist Architekt, Bundesvorsitzender der Kammer der Architekten und Ingenieurkonsulenten sowie Gründer von trans_city – TC ZT GmbH, www.trans-city.at.

Christian Donner ist Architekt und Wohnungsforscher. Er hat zuletzt die Studie „Mietwohnungspolitik in Europa" (2011) publiziert, www.donner.at/christian.

Marlies Felfernig ist Dissertantin der Rechtswissenschaften und Mitglied einer Arbeitsgruppe, die sich bei „Re:think | Wohn.Bau.Politik" im März 2014 gebildet hat.

Franz Fischler ist Präsident des Europäischen Forums Alpbach und war langjähriger Agrarkommissar in der Europäischen Kommission. www.alpbach.org.

Christian Fölzer ist in der Abteilung Grundlagenarbeit der Gewerkschaft Bau Holz tätig und ist Mitglied einer Arbeitsgruppe, die sich bei „Re:think | Wohn.Bau.Politik" im März 2014 gebildet hat, www.bau-holz.at.

Silvia Forlati ist Architektin, Lehrbeauftragte an der Technischen Universität Wien und Gründerin von SHARE architects, www.share-arch.com.

Renate Hammer ist Architektin, Gesellschafterin und wissenschaftliche Mitarbeiterin des Institute of Building Research & Innovation GmbH sowie Mitglied einer Arbeitsgruppe, die sich bei „Re:think | Wohn.Bau.Politik" im März 2014 gebildet hat, www.building-research.at.

Anton Holzapfel ist Geschäftsführer des Österreichischen Verbandes der Immobilienwirtschaft (ÖVI) sowie der ÖVI-Immobilienakademie und ist Lehrbeauftragter an der Technischen Universität Wien, www.ovi.at.

Andrea Jany ist Dissertantin der Architektur an der Technischen Universität Graz mit dem Schwerpunkt „Sozialer Wohnbau – das Modell Steiermark" und Mitglied einer Arbeitsgruppe, die sich bei „Re:think | Wohn.Bau.Politik" im März 2014 gebildet hat.

Hermann Knoflacher ist ehemaliger Vorstand des Instituts für Verkehrsplanung und Verkehrstechnik der TU Wien, Mitglied des Club of Rome und globaler Fußgehervertreter der Vereinten Nationen.

Andrea Kunnert ist wissenschaftliche Mitarbeiterin des Österreichischen Instituts für Wirtschaftsforschung (WIFO) und betreut u. a. die Forschungsbereiche Bauwirtschaft, Wohnungsbau sowie Strukturwandel und Regionalentwicklung, www.wifo.ac.at.

Josef Mathis war 33 Jahre lang Bürgermeister der Vorarlberger Gemeinde Zwischenwasser.

Fritz Matzinger ist Architekt und Pionier des partizipativen Wohnbaus in Österreich, www.matzinger.at.

Rainer Münz leitet die Forschungsabteilung der Erste Group. Er ist Non-resident Fellow am Brüsseler Think Tank BRUEGEL und Senior Fellow am Hamburgischen Weltwirtschafts-Institut (HWWI).

Maik Novotny ist freier Architekturjournalist und schreibt u. a. für „Der Standard", „Falter" und „Bauwelt", http://maiknovotny.com.

Erich Raith ist Architekt, Lehrbeauftragter an der Technischen Universität Wien und Mitbegründer der Projektgemeinschaft „raith nonconform architektur vor ort", www.raith-nonconform.at.

Barbara Ruhsmann zeichnete für Konzeption und Organisation von Veranstaltungen des Europäischen Forums Alpbach verantwortlich und ist derzeit für die wvg Bauträger Ges.m.b.H. tätig, in deren Auftrag sie die inhaltliche Konzeption des „Re:think | Wohn.Bau.Politik" miterarbeitet hat.

Cornelia Schindler und Rudolf Szedenik sind Architekten und gründeten gemeinsam das Büro „s&s architekten", das v. a. im Bereich Wohnbau tätig ist, www.schindler-szedenik.at.

Michaela Schinnagl ist leitende Juristin der Mietervereinigung Österreichs, www.mietervereinigung.at.

Martin Schmid ist Mitglied des Vorstandes der Landesorganisation Wien der Mietervereinigung Österreichs.

Reinhard Seiß ist Raumplaner, Publizist und Filmemacher, Mitglied des Beirats für Baukultur im Bundeskanzleramt und Mitglied der Deutschen Akademie für Städtebau und Landesplanung.

Robert Temel ist selbständiger Architektur- und Stadtforscher in Wien mit dem Fokus auf Nutzung und Herstellung von Architektur und Stadt mit Schwerpunkt auf Wohnbau, Stadtplanung und öffentlichen Raum, http://temel.at.

Neslihan Turan-Berger ist Stadterneuerungs- und Integrationsexpertin, war Mitglied der Wiener Zuwanderungskommission und ist für den wohnfonds_wien tätig, www.wohnfonds.wien.at.

Gerlind Weber ist ehemaliger Vorstand des Instituts für Raumplanung und ländliche Neuordnung an der Universität für Bodenkultur Wien.

Udo Weinberger ist Geschäftsführer der Weinberger Biletti Immobilien GmbH sowie Präsident des Österreichischen Verbands der Immobilienwirtschaft (ÖVI), www.ovi.at.

Jörg Wippel ist geschäftsführender Gesellschafter der wvg Bauträger Ges.m.b.H. und Initiator der Alpbacher Baukulturgespräche, www.wvg.at.

Abbildungsverzeichnis

Cover
Erste Reihe (oben) von links nach rechts:
Abb. 1: Photograph Stephan Huger, © Stadt Wien – Wiener Wohnen
Abb. 2: © wvg Bauträger Ges.m.b.H.
Abb. 3: © raith nonconform architektur vor ort
Abb. 4: Fotograf Helmut Pierer, © PPAG architects ztgmbh
Zweite Reihe (unten) von links nach rechts:
Abb. 1: © Rupert Steiner
Abb. 2: © Gemeinde Zwischenwasser
Abb. 3: © Gregor Graf
Abb. 4: © GESIBA AG

Cornelia Schindler und Rudolf Szedenik – s&s architekten: Sozialer Wohnbau im 21. Jahrhundert
Abb. 1: © Alexander Schindler

Gerlind Weber: Zersiedelung – Die verkannte Zukunftsbelastung
Abb. 1: Quelle: Institut für Raumplanung und ländliche Neuordnung, Universität für Bodenkultur, Wien

Josef Mathis: Baukultur der Bürger – Best-Practice Zwischenwasser
Abb. 1: © Gemeinde Zwischenwasser
Abb. 2: © Gemeinde Zwischenwasser

Fritz Matzinger: Les Palétuviers – Von den Wurzeln des Wohnbaus
Abb. 1: © Gregor Graf
Abb. 2: © Fritz Matzinger

Maik Novotny: Lichtblicke im Hindernisparcours – Vom Entwurf zur gebauten Realität
Abb. 1, 2, 3: © Helmut Wimmer
Abb. 4: © Lukas Roth
Abb. 5: Fotograf Helmut Pierer, © PPAG architects ztgmbh
Abb. 6: © Rupert Steiner

Erich Raith: Gebäudetypologie als Thema der Stadtentwicklung
Abb. 1, 2, 3, 4: Quelle: Stadt Wien, MA 41 – Stadtvermessung, www.stadtvermessung.wien.at
Abb. 5, 6, 7, 9: © raith nonconform architektur vor ort

Rainer Münz: Das Österreich von morgen: Für wen wo gebaut werden muss
Abb. 1, 2, 3, 4, 5, 6, 7, 8, 9: Quelle: Statistik Austria

Neslihan Turan-Berger: Wohnpolitik ist Integrations- und Diversitätspolitik
Abb. 1: Quelle: Stadt Wien, Magistratsabteilung 17 – Integration und Diversität (Hg.): Integrations- und Diversitätsmonitor der Stadt Wien 2009–2011, mit freundlicher Genehmigung von August Gächter

Anton Holzapfel und Udo Weinberger: Mietrecht Österreich in Vergangenheit, Gegenwart und Zukunft – Die Sicht der Immobilienwirtschaft
Abb. 1, 2, 3: Quelle: Statistik Austria, Mikrozensus 2012, Sonderauswertung ÖVI – Österreichischer Verband der Immobilienwirtschaft
Abb. 4: Quelle: Österreichischer Verband gemeinnütziger Bauvereinigungen – Revisionsverband
Abb. 5: Quelle: Statistik Austria, EU-SILC 2012, Tab.3.1a

Barbara Ruhsmann: „Re:think | Wohn.Bau.Politik." Ein Innovationslabor
Abb. 1: © Europäisches Forum Alpbach, Luisa Puiu